# *Le roman de Paris*

*à travers les siècles*
*et la littérature*

Gilles Durieux

# *Le roman de Paris*

## *à travers les siècles et la littérature*

Albin Michel

L'auteur tient à remercier tout particulièrement Céline Hecquet
pour son aide et la qualité de ses recherches.


22, rue Huyghens, 75014 Paris

www.albin-michel.fr

ISBN 2-226-11568-4

*à Pierre Lescure*

Dans une grande capitale, les hommes vivent ensemble, l'un à l'autre étrangers, et l'un près de l'autre voyageurs.

Albert THIBAUDET
*Intérieurs*, 1924.

Prince, aux dames parisiennes
De bien parler donnez le prix ;
Quoi que l'on die d'Italiennes,
Il n'est bon bec que de Paris

François VILLON
« Ballade des femmes de Paris », 1461.

Tant que Paris ne périra
Gaîté du monde existera.

NOSTRADAMUS
1503-1566.

# *Prologue*

Balade dans Paris, à travers les âges et les amours. « Ballade des dames du temps jadis » chère au bon François Villon. Bal dans l'art et l'écriture, dans l'histoire et le cœur des choses. Déplions la carte de Paris. Elle devient, en chemin, carte du Tendre où chaque flânerie nous invente un parfum d'aventures, une pléiade de regards fascinés. Il y aura l'âme des logis, la couleur des strates, les ombres et décors des fresques d'hiver, des centaines de ruelles où couraient jadis les lais et les madrigaux, certains ponts où les amoureux se faufilent en cachette.

Aussi bien, les amoureux qui visitent Paris ne sont pas des lève-tard. Depuis qu'ils rêvent de découvrir la Lutèce d'hier, un pays plat, entre les bosses de deux collines, des forêts, des marécages, où un fleuve distrait, la Seine, s'est souvent permis de changer le cours des choses. Allons, debout !

Le grand rêve de visiter la ville aux cent clochers, pour certains la capitale du monde, commence par un café-crème au comptoir, quand bouchers, crémiers et épiciers relèvent leurs rideaux de fer. En route ! Pour fuir la banalité des provinces, se remplir de Paris, découvrir enfin ses semblables, assister aux vraies fêtes, savoir ce qu'il se passe, au fond, chez ces compatriotes sûrs d'eux, spirituels et pressés. Voir, échanger, sentir et mesurer les références communes. On s'élance dès que brille la lumière du jour, à nulle autre pareille. L'air de Paris a sa propre consistance. Dès lors, marcher, traîner ses guêtres, pour apprendre à regarder les Tuileries, le Louvre, Notre-Dame... Promenades dans des lieux-dits qui embaument la poésie : Grange-aux-Belles, rues des Lavandières-Sainte-Opportune, du Pont-aux-Biches, du Petit-Musc, cour du Panier-Fleuri, venelle des Faucheux… Qui dit mieux, élèves Carco, Fombeure, Prévert ? ! ! Tout est surprise devant la témérité, le culot même, de cette ville. Alors flânons, des « couronnes » au vieux Paris, le cœur battant de la capitale.

Dans cette patrie de l'histoire, vivants et fantômes se croisent, aucun n'a la langue dans sa poche ! Références, comparaisons, tentations, grand écart… L'admiration chez le Parisien est souvent atténuée par le rire, la dent dure ou l'égotisme. Mais il sait que vivre en ce lieu dépucelle quelque peu les esprits lents ou conformistes. Ici, il y a de tout, dans tous les domaines et pour tous les goûts, des centaines de styles et de manières, des milliers de visages incarnant des centaines de peuples différents.

Et cela crée de l'harmonie, de l'égalité, de l'unité… Parisiens et Parisiennes. On se parle. Chacun s'apostrophe sans périphrase. On se parle. Pour marquer des points, paraître à son aise, pour conquérir.

La toilette raffinée, le trottinement impertinent sous la jupe longue et déchirée comme par un coup de sabre ou, au contraire, la jupette avare de tissu, cela sied aux jolies femmes, sans contradiction apparente. Les regards d'hommes cillent sur les hanches. Leurs regards à elles vont plutôt aux jolies vitrines, tailleurs, robes, dessous… mises en images de chaleur et de chair, un temps, dans les vitrines des Galeries Lafayette, en mai 1999, juste avant le holà de la censure. Faisons comme elles, jetons un coup d'œil à l'immense vitrine ! Jouons au touriste, ayons la bougeotte ! Regardons le réel sous toutes ses couleurs. Voici Saint-Michel, le boulevard des Italiens, anciennement « boulevard du crime », les grands boulevards, la Courtille à Belleville que l'on descend pour le carnaval, le boulevard du Temple, la Chapelle ou l'Opéra. Puis le visiteur riche et pas pressé ira déjeuner à la Tour d'Argent, autrefois il serait allé au Café Anglais. Le visiteur modeste, lui, déjeune sur le pouce, dans une brasserie, chez le bougnat du coin, dans la bonne odeur de pain.

Et de nouveau, c'est la course aux monuments, aux carrefours où l'Histoire se trouve prise. Au second Empire, les banquiers logeaient leur maîtresse sur la Chaussée-d'Antin. Claudel raconte, lui, la misère qui sévissait à Saint-Denis, à la fin du XIXe siècle. À Clichy, les vagabonds couchaient dans des tuyaux à gaz prêts à servir. Vlaminck se mettra en colère contre les pauvres qui préfèrent chômer à Paris plutôt que d'être paysan ou bûcheron à la campagne. Hemingway évoque sa Contrescarpe, Maurice Fombeure sa rue du Vieux-Colombier, Carco son île Saint-Louis. Connaître Paris, c'est aussi saluer les grandes heures de son histoire : les rois, la Révolution, les soulèvements populaires, la prise des Tuileries, le siège de Paris par les Prussiens, la fête inoubliable du 11 novembre 1918... Mais aussi l'Occupation, les étoffes en fibre de bois, les privations.

Quelques autres visiteurs, pas du tout agoraphobes, ne découvrent Paris que par le métro, se régalant d'en faire le tour avec un seul ticket, et soulignent la qualité de l'hygiène publique : une fois par mois, on cire et on parfume ses couloirs avec un produit à base de lavande, jasmin, muguet, vanille et musc... D'autres descendent encore davantage et deviennent les familiers des égouts ou des catacombes, avec leurs couloirs ornés de crânes sous Denfert-Rochereau. À Paris, plus qu'ailleurs peut-être, difficile de penser à la mort. Mais les foules visitent toujours le Père-Lachaise, où la tombe d'Héloïse et d'Abélard détient la palme de la curiosité avec celles d'Édith Piaf et du spirite Kardec.

Et c'est alors que la tombée de la nuit crée une ville nouvelle. Les néons, les réclames, les lampadaires s'en donnent à cœur joie. Et voici les jeux d'argent, voici la chair, les parties fines, la drogue, le jazz, le plaisir, l'orgueil et la misère. *Paris by night*, le Moulin-Rouge, les Folies-Bergère...

On ne guérit pas de cette visite de Paris. Mais on y reviendra. Puisque Paris n'a pas de fin, vive la récidive ! Et curieusement on sort comme dopé de ce voyage à la fois dans les siècles et chez nos contemporains. Léon-Paul Fargue, qui aime Paris goulûment, évoque ce que l'on garde au cœur, après cette débauche d'images, de sensations, de prises de conscience, d'accolades : « Un mélange de courage et d'espérance. » Comme si l'on était venu prendre à Paris des consignes secrètes pour être heureux. Balzac résume en notre nom cette satisfaction : « Tous y trouveront ce qu'ils étaient venus chercher. »

*Première partie*

# À PARIS !

*Appréhensions*
*A priori*
*Paris s'éveille...*
*... et de bon matin descend dans la rue*
*La lumière du jour*
*Premières impressions*

# *Appréhensions*

Pour qui commence à pourchasser l'authentique, il n'est plus de repos. Il n'a de cesse qu'il n'ait appris à comprendre le langage des pierres. Le pavé qu'ont foulé les morts, les poignées de portes qu'ils ont saisies, les escaliers qu'ils ont gravis dans la frayeur ou dans la joie, les cheminées de pierre contre lesquelles ils se sont appuyés, les fenêtres où ils se sont accoudés, ces mille débris des temps passés dont Paris se compose se mettent à parler et à raconter les destinées dont ils furent les témoins imperturbables.

Friedrich SIEBURG
*De ma fenêtre*, 1938.

Une très ancienne ville est comme une mare, avec ses couleurs, ses reflets, ses fraîcheurs et sa bourbe, ses bouillonnements, ses maléfices, sa vie latente.

Une ville est femme, avec ses désirs et ses répulsions, ses élans et ses renoncements, ses pudeurs — ses pudeurs surtout.

Pour pénétrer le cœur d'une ville, pour en saisir les plus subtils secrets, il faut agir avec la plus infinie tendresse et aussi une patience parfois désespérante. Il faut la frôler sans être sournois, la caresser sans trop d'arrière-pensées, ceci pendant des siècles.

Le temps travaille pour ceux qui se placent hors du temps.

*À Paris !*

Il n'est pas *de Paris*, il ne *sait* pas sa ville, celui qui n'a pas fait l'expérience de ses fantômes. Se pétrir de grisaille, faire corps avec l'ombre indécise et fade des angles morts, s'intégrer à la foule moite qui jaillit ou qui suinte, aux mêmes heures, des métros, des gares, des cinémas ou des églises, être aussi bien le frère silencieux et distant du promeneur esseulé, du rêveur à la solitude ombrageuse, de l'illuminé, du mendiant, du pochard même : ceci nécessite un long et difficile apprentissage, une connaissance des gens et des lieux que seules peuvent conférer des années d'observation patiente.

Jacques YONNET
*Enchantements sur Paris*, 1954.

Mais moi, vivre à Paris ! Eh ! qu'y voudrais-je faire ?
Je ne sais ni tromper, ni feindre, ni mentir ;
Et quand je le pourrais, je n'y puis consentir.

Nicolas BOILEAU
*Satire I, Adieux d'un poète à la ville de Paris*, 1660.

Oui. Comme le marin de la légende, les vents et les courants l'avaient entraîné dans la zone d'influence du rocher aimanté et il ne pouvait résister. Tout ce qui lui venait à l'esprit l'y poussait de plus en plus vite, infailliblement. Son inquiétude latente était venue de la pensée que dans son malheureux pays de mauvais instruments œuvraient à de mauvaises fins et que, lui qui avait conscience de valoir mieux qu'eux, il aurait dû être là-bas pour essayer d'arrêter l'effusion de sang et faire prévaloir la clémence et la bonté.

(...) Sa décision était arrêtée : il irait à Paris.

Oui. La roche aimantée l'attirait, il lui fallait voguer jusqu'à ce qu'il s'y brisât. Il ignorait l'écueil et voyait à peine le danger. Il croyait qu'il lui suffirait de se présenter en France afin de prouver ses bonnes intentions qui, bien qu'elles n'eussent été mises à exécution qu'incomplètement, ne pouvaient manquer d'être reconnues avec gratitude. Il se voyait ensuite — par un mirage qui séduit tant de cœurs généreux — à même de faire du bien et, l'illusion aidant, il s'imagina qu'il aurait assez d'influence pour guider cette Révolution déchaînée et modifier sa course furieuse.

Charles DICKENS
*Un conte de deux villes*, 1859.

Le soir même de son arrivée, pendant qu'Angèle défaisait les malles, il éprouva l'âpre besoin de courir Paris, de battre de ses gros souliers de provincial ce pavé brûlant d'où il comptait faire jaillir des millions. Ce fut une vraie prise de possession. Il marcha pour marcher, allant le long des trottoirs, comme en pays conquis. Il avait la vision très nette de la bataille qu'il venait livrer, et il ne lui répugnait pas de se comparer à un habile crocheteur de serrures qui, par ruse ou par violence, va prendre sa part de la richesse commune qu'on lui a méchamment refusée jusque-là. S'il avait éprouvé le besoin d'une excuse, il aurait invoqué ses désirs étouffés pendant dix ans, sa misérable vie de province, ses fautes surtout, dont il rendait la société entière responsable. Mais à cette heure, dans cette émotion de joueur qui met enfin ses mains ardentes sur le tapis vert, il était tout à la joie, une joie à lui, où il y avait des satisfactions d'envieux et des espérances de fripon impuni. L'air de Paris le grisait, il croyait entendre, dans le roulement des voitures, les voix de Macbeth, qui lui criaient : Tu seras riche ! Pendant près de deux heures, il alla ainsi de rue en rue, goûtant les voluptés d'un homme qui se promène dans son vice. Il n'était pas revenu à Paris depuis l'heureuse année qu'il y avait passée comme étudiant. La nuit tombait : son rêve grandissait dans les clartés vives que les cafés et les magasins jetaient sur les trottoirs ; il se perdit.

Émile ZOLA
*La Curée*, 1872.

*À Paris !*

Ô Paris
Gare centrale débarcadère des volontés carrefour des inquiétudes.

Blaise CENDRARS, *Prose du Transsibérien et de la petite Jeanne de France*, 1913.

Pourquoi n'allez-vous pas à Paris ?
— Mais l'odeur des lys ! Mais l'odeur des lys !

— Les rives de la Seine ont aussi leurs fleuristes
— Mais pas assez tristes oh ! pas assez tristes !

Je suis malade du vert des feuilles et de chevaux
De servantes bousculées dans les remises du château

— Mais les rues de Paris ont aussi leurs servantes
— Que le diable tente ! que le diable tente !

Mais moi seul dans la grande nuit mouillée
L'odeur des lys et la campagne agenouillée

Cette amère montée du sol qui m'environne
Le désespoir et le bonheur de ne plaire à personne

— Tu périras d'oubli et dévoré d'orgueil
— Oui mais l'odeur des lys la liberté des feuilles !

René Guy CADOU, « Le Diable et son train », in *Œuvres poétiques complètes*, t. 2, 1973.

Elle était là devant lui, dans l'air de ce matin, l'énorme et brillante Babylone ; elle pendait, pareille à un gigantesque objet iridescent, à un joyau étincelant et dur, où il ne fallait pas songer à discerner la partie du tout, ni à délimiter les différences, pour le repos de l'esprit. Elle scintillait, tremblotait, se fondait devant lui, et ce qui ne semblait que surface, à la seconde même, paraissait n'être que profondeur, l'instant d'après.

Henry JAMES
*Les Ambassadeurs*, 1903.

Je prends mon vol vers Paris.

L'avion s'élance dans l'espace. L'Europe s'ouvre et s'étale largement. Moi, dans l'avion. Crépuscule. Vitesse 800, altitude 8 000. Déjà la France. Calé dans mon fauteuil, de mon regard je tombe vers le bas. Essaims de maisonnettes. À la limite de mon regard qui tombe là-bas, tout en bas, jardinets et maisonnettes, échiquiers, cheminées, ponts, usines, triangles, lignes, rails, routes, petits bourgs, bâtiments. Moi, à cette hauteur vertigineuse, volant dans un tintamarre inaudible et résonnant. Je vole. Moi, le fou. Je vole.

Je vole tout seul. Éjecté hors de l'orbite. Isolé. Derrière moi, fendant le ciel à 800 à l'heure, il y a mon tout, bagages, pensées, combinaisons, souvenirs, Berlin, l'Argentine, la Pologne, ceci, cela, réminiscences, petite clef, elle m'a dit, du poisson, il faudrait, à quoi bon, rue Hoza, le tout filant à 8 000 mètres d'altitude avec moi qui n'arrête pas d'associer, de peiner, de combiner, de conclure, moi, égaré, complètement perdu dans ma forêt. Moi et ma forêt. Moi et ma jungle, mon essaim, ma fourmilière qui se multiplie, pullule, comble tout. Coup d'œil en bas. C'est l'essaim, la fourmilière qui se multiplie, pullule, remplit tout. Je ne les vois pas, mais je sais qu'ils sont là. Sosies, multipliés par milliers. Moi, volant tout seul, et en bas, au-dessous, par dizaines et centaines de milliers, mes images répétées, reprises, mes « comme moi » qui vont pullulant, s'essaimant, s'imbriquant les uns dans les autres, se combinant dans leur grouillement mille fois multiplié je sais je connais je ne veux plus je ne sais plus moi eux moi. Moi emballé, emporté dans le vol de cette multiplication. Multipensée. Multi-existence.

Paris.

Tout — densifié, porté à la puissance *n*, au gigantisme — le sauvage beuglement de la Multiplication. Ô monstre ! Je vole ! Bête sans limites ! Je vole ! Répété à mille millions, le Sosie largement s'étale en remplissant et obstruant tout, et moi, j'atteins et je touche mon multiple imbricant. Emmêlement. Enchevêtrement... Hurlement, vacarme ! Tout à l'heure, je descendrai d'avion. Prendrai un taxi. Verrai un homme, et deux, et trois... en verrai mille... en verrai tout un million...

Witold GOMBROWICZ
*Journal*, tome 2, 1959-1969.

# *A priori*

L'homme sensuel moyen dont la patrie est la France et la ville Paris, et dont l'idéal est la vie libre, gaie, plaisante de Paris.

Matthew ARNOLD
*Mixed Essays*, 1879.

Léon était las d'aimer sans résultat ; puis il commençait à sentir cet accablement que vous cause la répétition de la même vie, lorsqu'aucun intérêt ne la dirige et qu'aucune espérance ne la soutient. Il était si ennuyé d'Yonville et des Yonvillais, que la vue de certaines gens, de certaines maisons l'irritait à n'y pouvoir tenir ; et le pharmacien tout bonhomme qu'il était, lui devenait complètement insupportable. Cependant la perspective d'une situation nouvelle l'effrayait autant qu'elle le séduisait.

Cette appréhension se tourna vite en impatience, et Paris alors agita pour lui, dans le lointain, la fanfare de ses bals masqués avec le rire de ses grisettes. Puisqu'il devait y terminer son droit, pourquoi ne partait-il pas ? Qui l'empêchait ? Et il se mit à faire des préparatifs intérieurs (...) Il se meubla dans sa tête un appartement. Il y mènerait une vie d'artiste ! Il prendrait des leçons de guitare ! Il aurait une robe de chambre, un béret basque, des pantoufles de velours bleu ! Et même il admirait déjà sur sa cheminée deux fleurets en sautoir, avec une tête de mort et la guitare au-dessus.

Gustave FLAUBERT
*Madame Bovary*, 1857.

Celle dont je veux dire l'aventure était une petite provinciale, platement honnête jusque-là. Sa vie, calme en apparence, s'écoulait dans son ménage, entre un mari très occupé et deux enfants, qu'elle élevait en femme irréprochable. Mais son cœur frémissait d'une curiosité inassouvie, d'une démangeaison d'inconnu. Elle songeait à Paris, sans cesse, et lisait avidement les journaux mondains. Le récit des fêtes, des toilettes, des joies, faisait bouillonner ses désirs ; mais elle était surtout mystérieusement troublée par les échos pleins de sous-entendus, par les voiles à demi soulevés en des phrases habiles, et qui laissent entrevoir des horizons de jouissances coupables et ravageantes.

De là-bas elle apercevait Paris dans une apothéose de luxe magnifique et corrompu.

Et pendant les longues nuits de rêve, bercée par le ronflement régulier de son mari qui dormait à ses côtés sur le dos, avec un foulard autour du crâne, elle songeait à ces hommes connus dont les noms apparaissent à la première page des journaux comme de grandes étoiles dans un ciel sombre ; et elle se figurait leur vie affolante, avec de continuelles débauches, des orgies antiques épouvantablement voluptueuses et des raffinements de sensualité si compliqués qu'elle ne pouvait même se les figurer.

Guy de MAUPASSANT
*Une aventure parisienne*, 1881.

Dans tous les domaines, le travail est placé au-dessus du bonheur, voilà l'essence de la vie parisienne. Ici l'on a prévu, contre la fatigue, des milliers de voitures ; contre l'ennui, des centaines de théâtres et de salles de spectacles ; contre l'ignorance, des centaines de musées, de bibliothèques et de salles de conférences. Ici l'on a soin, non seulement de l'homme mais aussi du cheval auquel on donne de belles routes ; la sollicitude s'étend jusqu'aux arbres, que l'on transporte sur des chariots spéciaux, en de nouveaux lieux de séjour, que l'on protège du vandalisme par des corbeilles de fer, auxquels on ménage les conditions d'humidité convenables, que l'on soigne en cas de maladie.

Boleslaw PRUS
*La Poupée*, 1887.

Aux paysans qui lui demandent si tel endroit de Paris est loin de tel autre, papa répond : « Peuh ! Il n'y a que la rivière à passer. »

Jules RENARD
*Journal*, 1895.

— Ah Paris ! s'écria Gabriel avec un enthousiasme gourmand. Tiens, Zazie, ajouta-t-il brusquement en désignant quelque chose très loin, regarde ! ! le métro ! !

— Le métro ? qu'elle fit.

Elle fronça les sourcils.

— L'aérien, bien sûr, dit Gabriel benoîtement. Avant que Zazie ait eu le temps de râler, il s'exclama de nouveau :

— Et ça ! là-bas ! ! regarde ! ! ! le Panthéon ! ! ! !

— C'est pas le Panthéon, dit Charles, c'est les Invalides.

— Vous allez pas recommencer, dit Zazie.

— Non mais, cria Gabriel, c'est peut-être pas le Panthéon ?

— Non, c'est les Invalides, répondit Charles.

Gabriel se tourna vers lui et le regarda dans la cornée des œils :

— T'en es sûr, qu'il lui demande, t'en es tellement sûr que ça ?

*À Paris !*

Charles ne répondit rien.

— De quoi que t'es absolument sûr ? qu'il insista Gabriel.

— J'ai trouvé, hurle alors Charles, ce truc-là, c'est pas les Invalides, c'est le Sacré-Cœur.

Raymond QUENEAU
*Zazie dans le métro*, 1959.

... Je bois ma seconde bière, et je lis le menu, quand je remarque un Américain, assis trois tabourets plus loin ; mais il a l'air si méchant, tant est grand le dégoût que lui inspire Paris, que j'ai peur de l'interpeller : « Hé ! Vous êtes américain ? » — Il est venu à Paris en s'imaginant qu'il allait se vautrer sous un cerisier en fleur, au soleil, avec de jolies filles sur les genoux et des danseurs à l'entour ; au lieu de cela, il a erré seul, sous la pluie, dans les rues, perdu au milieu de cet étrange jargon ; il ne sait même pas où est le quartier des filles, ni Notre-Dame ni même le petit café dont on lui a parlé aux U.S.A...

Jack KEROUAC
*Satori à Paris*, 1966.

# *Paris s'éveille...*

La Seine a créé le décor. Son lent abaissement a découvert peu à peu des terrains d'alluvions tendres qui demeurèrent marécageux. Si l'on désigne toujours le Bassin parisien sous le qualificatif de cuvette, le fragment qui nous intéresse serait plutôt un morceau de jatte, en quart de cercle, d'une jatte ressemblant à un plat à tarte, car les rebords, quoique plus élevés que le centre, ne se dressent que de façon modérée. La vue de l'Arc de Triomphe prise de l'Obélisque en est la preuve. Elle traverse notre champ tout entier.

Trois mille ans avant Jésus-Christ, des hommes résident déjà tout le long de la vallée de la Seine que dominent les sommets des collines : Chaillot, Monceau, Montmartre. Le site de l'île de la Cité les défendra mieux contre les bêtes et les voisins ; le courant les aide pour le transport du bois, puis des fruits de la terre, et Lutèce sera fondée, vers l'an 250 avant notre ère, avec des sentiers qui la relient aux groupes de huttes des environs. Le climat, extrêmement froid à l'origine, devient tempéré humide. La forêt se compose des espèces courantes : aulnes, bouleaux, coudriers, hêtres, ormes et tilleuls. Le chêne y est venu plus récemment. La faune sauvage, apprivoisée en partie, comportait deux races bien disparues : les castors et les lynx, que les dames peuvent regretter. La Seine reçoit désormais la Marne à Charenton et non plus en face de Gennevilliers. Elle-même, qui, du pont actuel d'Austerlitz à celui de l'Alma, formait vers le nord un méandre passant par la Bastille, au-delà de nos grands boulevards, baignant la gare Saint-Lazare, le boulevard Haussmann, le terrain au nord du rond-point des Champs-Élysées et celui de notre rue Marbeuf, a opté pour la ligne presque droite que suit son cours actuel.

René HÉRON DE VILLEFOSSE
*Le Cœur battant de Paris*, 1968.

Paris, qui s'appelait Lutèce jusqu'au IV^e^ siècle de l'ère chrétienne, tire son nom du pays des *Parisii*, qui existait bien avant cette époque. En l'an 52 avant J.-C., quand Jules César envoya le général Labienus contre l'oppidum, établi dans une île de la Seine reliée par deux ponts aux rives du fleuve, il y avait déjà un territoire occupé par les *Parisii*. C'est ainsi qu'ils sont désignés par Jules César dans ses *Commentaires*, au moment où il convoqua à une assemblée de Lutèce les peuples de la Gaule. Elle fut divisée en trois provinces, les *Tres Galliae*, l'Aquitaine, la Belgique et la Lyonnaise. Dans cette dernière, Lutetia devint Paris, suivant l'habitude des cités gauloises de s'incorporer les habitants qui leur imposaient souvent leur dénomination, comme Agendicum devint Sens (ad Senones) et Caesaro magnus, Beauvais (ad Bellovacos).

L'étymologie de *Parisii*, d'après certains archéologues, serait le mot celtique *Par*, signifiant bateau, qui aurait produit l'expression *Parisii*, bateliers. D'où l'emblème le plus ancien de Lutèce, une nef. On le trouve sculpté à la base des voûtes du palais romain des Thermes. Cette nef, ce seront les armes de Paris, Parisius, suivant la forme indéclinable de ce mot au V^e^ siècle.

Le terme de Paris apparaît déjà auparavant sur un milliaire de l'an 307. Lutèce y est dite « Cité des Parisiens », *Civitas Parisiorum*. L'empereur Julien, qui vécut vers 358, continue à la nommer *Civitas Parisiorum*. Il y passe deux hivers au cours de ses campagnes en Gaule et signale dans son ouvrage intitulé *Misopogon* que c'est une petite île enfermée dans les murs de son rempart et abordable seulement par deux ponts de bois.

André BLUM
*Paris reste Paris*, 1946.

Reprenons les quais de la Seine, route éternelle de la beauté parisienne, à peu près à cet endroit où Victor Hugo fait noyer son Javert dans le grand remous. Entre l'Hôtel de Ville et le quai des Morfondus, va commencer le magnifique paysage de pierre et d'eau, dans sa pleine splendeur.

Mais, le point où il convient de s'asseoir pour connaître cette splendeur dans son suprême ensemble, c'est ces bancs, sur le pont des Arts, qui font face à la pointe du Vert-Galant.

Là, devant les yeux du passant qui s'arrête et s'assied sur la vieille planche épaisse et fendillée, tout contre la balustrade à claire-voie de fer et de grillage, l'antique vaisseau de Paris, le vaisseau du blason sacré, du blason triomphal, apparaît dans toute sa gloire. Voici le grand pavois du Monde ! Parmi les arbres qui frissonnent, — ces arbres qui sont la parure de la ville et du fleuve, — un paysage unique de la Terre se révèle sous le doux ciel parisien.

(...) La Seine se souvient toujours d'être née aux flancs de la vineuse Bourgogne. Et ses deux rives se couronnent de tonneaux, en collier sans fin. Tonneaux aux douves de chêne ou de châtaignier, au fond rouge comme la lie du vieux vin, tonneaux ventrus qui s'égrènent et se chauffent au soleil des berges.

PIERRE-GAUTHIEZ<br>*Paris*, 1929.

Quand tout Paris tenait dans une île, dans l'île de la Cité et dans les nombreux îlots qui « l'escortaient », les eaux pluviales et les eaux ménagères s'écoulaient librement vers la Seine. À la longue, des monceaux d'immondices accumulés sur ses bords, les arrêtèrent, les retinrent et donnèrent naissance à d'immenses bourbiers. Il en fut ainsi après la conquête de la Gaule par César, quand les Romains firent de Paris une importante place de guerre et, quelques siècles plus tard, quand Clovis en fit sa capitale. Point de rues, alors, dans la Cité et dans les agglomérations urbaines établies sur les deux rives de la Seine, ou, du moins, point de rues pavées et nivelées, mais de véritables cloaques où les chevaux et les roues des chariots s'enfonçaient à demi dans une boue fétide.

Charles KUNSTLER
*Paris souterrain*, 1953.

Un Paris qui ne cessa point de s'agrandir concentriquement à l'île-mère, qu'on appelle encore la Cité. Il faut le voir à ses origines, comme toutes les localités qui sont devenues villes importantes, entouré de forêts drues dont il ne lui reste que les bois, plutôt les parcs, de Boulogne et de Vincennes. Les rudes haches et les pics des légions romaines, puis des Francs, des moines enfin, les ont défrichées. L'horizon s'éclaircit, si peu que ce fût. Deux montagnes apparurent, dénudées : Sainte-Geneviève au sud, Montmartre au nord.

(...) Nos deux monts furent voués à des martyrs : les saints Denis, Rustique et Èleuthère ; à une vierge : sainte Geneviève, dont le sort — moins le martyre précoce, — n'est pas sans analogie avec celui de Jeanne d'Arc. Elle sauva Paris d'Attila, qui en avait entrepris le siège. Pour lui être agréable, Clovis fit bâtir sur la montagne l'église des saints Pierre-et-Paul qui, au IX^e^ siècle, prit le nom de la sainte morte nonagénaire.

Henri BACHELIN
*Collines et buttes parisiennes*, 1944.

Les Capétiens, bien que domiciliés officiellement dans le palais de la Cité ne résidaient guère dans leur capitale.

Paris se développait sans ordre et sans méthode, la ville, trop à l'étroit dans son île, avait franchi les ponts ; sur la rive gauche s'étaient installés les étudiants et leurs maîtres, sous le patronage de l'Église ; sur la rive droite, les marchands de toute sorte, les gens des métiers, les seigneurs et les riches bourgeois, avaient établi leurs hôtels, leurs maisons, leurs boutiques, leurs échoppes. Paris se divisait en trois parties : la Cité, l'Université et la Ville.

A. de MONTGON
*Paris*, 1935.

La circonférence de Paris est de dix mille toises. On a tenté plusieurs fois de borner son enceinte ; les édifices ont franchi les limites ; les marais ont disparu et les campagnes reculent de jour en jour devant le marteau et l'équerre.

Louis Sébastien MERCIER
*Tableau de Paris*, « Ponts », 1781.

LE TOUR DE LA VILLE DE PARIS

Pour sçavoir le long de Paris,
Par où j'ay maintes fois esté,
Je vous en diray mon avis,
Pendant que je suis en santé ;
Je l'ay fait par joyeuseté,
Par maniere de passetemps,
Comme après sera recité,
Au vrai, ainsi que je l'entens.

Je partis un jour après Pasques,
En esté, qu'il estoit matin,
Dessous la porte Sainct-Jacques,
Après que j'eus bu un rantin :
Jusques à la porte Sainct-Martin,
Ay par moy conté, en un tas,
Quatre mille cinq cens pas pour fin,
Avec douze de mes pas.
Puis m'en allay à Sainct-Germain,

*À Paris !*

Où est assise la Tour de Nesle,
Où rencontray en mon chemin
Une très belle Damoiselle :
Je crois bien qu'elle estoit pucelle,
J'avois de la voir grand plaisir,
Et là trouvay, pas ne le cele,
Quatre mille neuf cens, sans faillir.

Ce jour devant j'ay devisé
Plus jusqu'à la Tour Sainct-Bernard :
Quand j'eus bien autour avisé,
Le lendemain pris l'autre part,
Où je courus sus tost ou tard,
Seulement puis la Tour du Bois,
Tirant à la Tour de Billy,
Où je trouvay pour une fois
Six mille neuf cens, point ne failly.

Le lendemain en voye me mis,
Et m'en allay faire le tour
Du bois de Vincennes, et puis,
Je mis bien la moitié d'un jour,
Car courus là, sans nul sejour,
Les pas huit mille neuf cens ;
L'on eut tandis bien fait un four,
Temoins ceux qui estoient presens.

« Rues de Paris », vers 1520,
in *Paris ridicule et burlesque au dix-septième siècle*, 1859.

## *.. et de bon matin descend dans la rue*

L'ombre s'évapore,
Et déjà l'aurore
De ses rayons dore
Les toits d'alentour ;
Les lampes pâlissent,
Les maisons blanchissent,
Les marchés s'emplissent,
On a vu le jour.

De la Villette,
Dans sa charette,
Suzon brouette
Ses fleurs sur le quai,
Et de Vincenne
Gros-Pierre amène
Ses fruits que traîne
Un âne efflanqué.

Déjà l'épicière,
Déjà la fruitière,
Déjà l'écaillère
Saute à bas du lit.
L'ouvrier travaille,
L'écrivain rimaille,

*À Paris !*

Le fainéant bâille,
Et le savant lit...

Marc-Antoine DESAUGIERS (1772-1827),
*Tableau de Paris.*

Quatre heures ! L'autre Paris s'éveille, le Paris du travail. C'est à peine si ces deux Paris se connaissent : celui qui se lève à midi, celui qui se couche à huit heures. Ils se regardent en face rarement, — mais trop souvent, — aux jours funestes des révolutions.

Paul FÉVAL, « La vie de Paris », in *Paris-Guide par les principaux écrivains et artistes de la France*, 1867.

Je suis le dauphin de la place Dauphine
Et la place Blanche a mauvaise mine
Les camions sont pleins de lait
Les balayeurs sont pleins de balais
Il est cinq heures, Paris s'éveille, Paris s'éveille.

Les travestis vont se raser
Les strip-teaseuses sont rhabillées
Les traversins sont écrasés
Les amoureux sont fatigués
Il est cinq heures, Paris s'éveille, Paris s'éveille.

Le café est dans les tasses
Les cafés nettoient leurs glaces
Et sur le boulevard Montparnasse
La gare n'est plus qu'une carcasse
Il est cinq heures, Paris s'éveille, Paris s'éveille.

Les banlieusards sont dans les gares
À la Villette, on tranche le lard

Paris by night regagne les cars
Les boulangers font des bâtards
Il est cinq heures, Paris s'éveille, Paris s'éveille.

La tour Eiffel a froid aux pieds
L'Arc de triomphe est ranimé
Et l'obélisque est bien dressé
Entre la nuit et la journée
Il est cinq heures, Paris s'éveille, Paris s'éveille.

Les journaux sont imprimés
Les ouvriers sont déprimés
Les gens se lèvent, ils sont brimés
C'est l'heure où je vais me coucher
Il est cinq heures Paris se lève
Il est cinq heures, je n'ai pas sommeil.

Jacques DUTRONC, Jacques LANZMANN, Anne SEGALEN
« Il est cinq heures, Paris s'éveille », 1968.

Six heures du matin. Le frisson frais du réveil court sur la ville. En dix minutes, toute la vie du faubourg se déclenche. Les boulangeries et les bars sont ouverts, depuis le petit jour. C'est au tour des crémiers, des fruitiers, des bouchers d'ôter leurs fermetures. Des femmes sortent, les cheveux en broussaille, les yeux encore gonflés de sommeil, des camisoles de cotonnade ou de pilou mal agrafées sur leurs gorges fatiguées. Le volant défraîchi d'un vieux jupon tombe sur leurs talons qui claquent dans des savates. Elles portent à la main le pot de fer-blanc où elles rapporteront quatre sous de lait aux pauvres mômes qui, là-haut, dans le logement empuanti par les exhalaisons humaines de toute une nuit, attendent leur pitance. L'homme, pendant ce temps, s'habille pour aller à l'atelier ou au chantier : large pantalon de velours, petite veste de toile, brodequins, casquette ou chapeau mou. Il jette sur son épaule sa pioche ou la bretelle de sa boîte à outils et il descend l'escalier qui, du haut au bas, résonne sous les semelles ferrées.

Des bonjours s'échangent. Par les portes entrouvertes des logements, des colères d'hommes, des criailleries de femmes, des glapissements d'enfants se répandent et remplissent la maison. Des matelas, des oreillers, des draps, posés sur les barres des fenêtres, prennent l'air.

Dans le bar, il y a déjà affluence autour du comptoir. On déguste le petit vin blanc du matin, le café noir ou crème, le vieux marc qui donne du cœur au ventre pour toute la journée. Certains, assis dans un coin, trempent un croissant d'un sou. On ne parle guère. La patronne n'est pas là. Le patron fait ses comptes de la veille tout en surveillant le service du garçon.

André BILLY
*Le Badaud de Paris et d'ailleurs*, 1959.

À sept heures du matin, pas un pied n'y fait retentir la dalle, pas un roulis de voiture n'y agace le pavé. Le Boulevard s'éveille tout au plus à huit heures au bruit de quelques cabriolets, sous la pesante démarche de rares porteurs chargés, aux cris de quelques ouvriers en blouse allant à leurs chantiers. Pas une persienne ne bouge, les boutiques sont fermées comme des huîtres. C'est un spectacle inconnu de bien des Parisiens, qui croient le Boulevard toujours paré, de même qu'ils croient, ainsi que le croit leur critique favori, les homards nés rouges. À neuf heures, le Boulevard se lave les pieds sur toute la ligne, ses boutiques ouvrent les yeux en montrant un affreux désordre intérieur. Quelques moments après, il est affairé comme une grisette, quelques paletots intrigants sillonnent ses trottoirs.

Honoré de BALZAC
*Le Diable à Paris*, 1844.

Comme la journée est propre à huit heures du matin : ceux qui la salissent ne sont pas encore sortis. Dans les rues les tricycles font des prouesses et sans plaisir les enfants se hâtent vers l'école, en changeant toutes les deux minutes leur cartable de bras ; lorsqu'on les dépasse on les entend causer gravement. Au bord des trottoirs les balayeurs activent la coulée de l'eau pour laver le ruisseau et chaque fois qu'ils rabattent contre la pierre leur balai de genêts ruisselants derrière lequel l'eau paraît courir, on entend dans l'air encore silencieux du matin un choc sonore, comme celui, au bord de la mer, d'une vague qui s'abat. On ferme les yeux : la répétition du son vous emplit l'oreille ; on aspire le vent encore frais : les poumons se dilatent ; on se sent plus allègre et plus neuf ; on rêve délicieusement que l'océan est à cinquante mètres, lorsque tout à coup un son inhumain vous déchire l'ouïe, vous réveille et par son monstrueux grincement vous replace en pleine cité.

Maurice SACHS
*Chronique joyeuse et scandaleuse*, 1948.

On entendit un angélus du matin, le bruit d'une boîte à lait. Trois ouvriers passèrent sur le boulevard, à bicyclette, la lanterne allumée, encore qu'il fît jour. Un gardien de la paix rentrant chez lui, où il trouverait peut-être un lit vide, Divine l'espéra car il était jeune, passa et ne les regarda même pas. Les poubelles sentaient l'évier et la femme de ménage. Leur odeur s'accrochait à la valenciennes blanche de la robe de Notre-Dame et aux festons des volants de la jaquette rose de Divine. Notre-Dame continuait à chanter et le nègre à sourire. Brusquement, tous trois, ils furent au bord du désespoir. La route merveilleuse était parcourue. Maintenant, c'était le boulevard plat et banal, asphalté, le boulevard de tout le monde, et si différent de ce sentier secret qu'ils venaient de frayer dans l'aube saoule d'un jour, avec leurs parfums, soieries, rires, chants à travers des maisons qui perdaient leurs tripes, des maisons fendues de front et où, continuant leur somme, restaient suspendus des vieillards des enfants des marlous — mary-lou-filles — fleurs, — des barmen, si différent de cette sente égarée, dis-je, que les trois enfants s'approchèrent d'un taxi pour échapper à l'ennui d'une rentrée en lieu commun.

Jean GENET
*Notre-Dame-des-Fleurs*, 1946.

Aux Tuileries, il s'était attardé en deux ou trois endroits, pour regarder. On eût dit que Paris et son étonnant printemps le retenaient dans sa flânerie. Le prompt matin parisien semait partout ses notes gaies : dans la douceur d'une brise ; dans l'embrun délicat d'un parfum ; dans le vol d'hirondelle, léger et rasant le sol, des jeunes filles, tête nue et long carton bouclé à la bretelle ; dans ce type de vieilles gens économes, béant au soleil matinal et à la tiédeur des murs où s'appuient les terrasses ; dans le petit monde officiel, vêtu de bleu, étiqueté de cuivre, des humbles râteleurs et ramasseurs de papiers ; dans le contraste sombre d'un prêtre à la démarche stricte et pressée, ou l'opposition aiguë d'un soldat guêtré de blanc, jambé de rouge... Strether suivait des yeux les petites figurines affairées, tout ce mouvement que l'on aurait pu prendre pour le tic-tac de cette grande horloge qu'est Paris.

Henry JAMES
*Les Ambassadeurs*, 1903.

Au spectacle de la rue dès le matin, coudes sur la barre d'appui, on voyait défiler les ambulants du balai, puis ceux du poisson frais — du moins à ce qu'ils criaient —, suivaient les rempailleurs de chaises ! Les raccommodeurs de faïence et de porcelaine ! les vitriers à l'accent italien ! les marchandes de graines pour les petits oiseaux, de chiffons et de ferraille à vendre. Derrière eux venait la vendeuse de papier d'Arménie fabriqué au fond d'une cour, dans un réduit. À Clignancourt. Rue ! Rue ! Des camelots, Paris, tu étais la capitale. Idéale. J'ai connu Bébert, le roi du stylo. Il rechargeait les siens avec de l'eau, et ça marchait ! Le salaud ! Grâce à son baratin, le Parisien vendrait n'importe quoi, n'importe où, n'importe quand. Du vent un jour de tempête à la terrasse des Galeries Lafayette. Par temps d'orage, des biscuits à la cuillère étalés sur une table, au fond d'un passage.

Clément LÉPIDIS
*Le Mal de Paris*, 1980.

## *La lumière du jour*

La diane chantait dans les cours des casernes,
Et le vent du matin soufflait sur les lanternes.
C'était l'heure où l'essaim des rêves malfaisants
Tord sur leurs oreillers les bruns adolescents ;
Où, comme un œil sanglant qui palpite et qui bouge,
La lampe sur le jour fait une tache rouge ;
Où l'âme, sous le poids du corps revêche et lourd,
Imite les combats de la lampe et du jour.
Comme un visage en pleurs que les brises essuient,
L'air est plein du frisson des choses qui s'enfuient,
Et l'homme est las d'écrire et la femme d'aimer.
Les maisons çà et là commençaient à fumer
Les femmes de plaisir, la paupière livide,
Bouche ouverte, dormaient de leur sommeil stupide ;
Les pauvresses, traînant leurs seins maigres et froids,
Soufflaient sur leurs tisons et soufflaient sur leurs doigts.
C'était l'heure où parmi le froid et la lésine
S'aggravent les douleurs des femmes en gésine ;
Comme un sanglot coupé par un sang écumeux,
Le chant du coq au loin déchirait l'air brumeux ;
Une mer de brouillards baignait les édifices,
Et les agonisants, dans le fond des hospices,
Poussaient leur dernier râle en hoquets inégaux.
Les débauchés rentraient, brisés par leurs travaux.
L'aurore grelottante en robe rose et verte

S'avançait lentement sur la Seine déserte,
Et le sombre Paris, en se frottant les yeux,
Empoignait ses outils, vieillard laborieux.

Charles BAUDELAIRE
« Le crépuscule du matin », *Les Fleurs du mal*, 1857.

Quand d'un rayon obscur l'aube blanchit à peine
Les pauvres toits penchés que reflète la Seine,
Sur un pont vermoulu des antiques quartiers,
Bien souvent je m'accoude et m'abîme en pitiés
Pour ces durs travailleurs, forçats de la matière,
Qui nous font nos plaisirs de toute leur misère.
Comme ils courent transis sur le quai plein d'éveil
Où l'ombre des grands murs dérobe le soleil !
Derrière eux la cité, qui mêle ses murmures
Aux roulements plaintifs des premières voitures,
Pour prière au ciel bleu pousse un cri de labeur.
J'écoute. — La loi sainte illumine mon cœur,
Et je vois, recueilli, la tête découverte,
L'aurore étinceler sur l'eau profonde et verte.

Paul BOURGET
*La Vie inquiète*, 1874.

*Jeudi 18 novembre* — La place de la Concorde à dix heures du matin ; il ne fait pas froid et l'on a pourtant la sensation de l'hiver. C'est vraiment le premier jour de brouillard, et c'est la fantasmagorie d'une ville du Nord que cette unique et merveilleuse place de la Concorde, silhouettant ses lampadaires, ses innombrables becs de gaz, les tritons de ses vasques et le profil de ses statues dans une brume ouatée et translucide où il y a de la nacre humide et des luisants de moire grise... C'est une vision d'apothéose que ce conciliabule de déesses couronnées, nos

Villes, siégeant dans cette estompe et cette vapeur où le soleil qui monte insinue des lueurs roses. C'est l'aiguille de l'obélisque mouillé et rajeuni de reflets, les vasques ruisselantes des deux bassins avec leur groupe de monstres et de naïades, et, comme une buée rousse, les arbres des Champs-Élysées apparus dans le brouillard.

Voie triomphale, l'avenue s'enfonce dans un halo fauve, entre les deux groupes épiques et cabrés des chevaux de Marly. Les premiers attelages filent, presque fantomatiques, mais gais et luisants dans la direction du Bois... À gauche et à droite, la vision de deux temples, des attiques et des colonnades, le Corps Législatif, la Madeleine... et, au pied du Palais-Bourbon, un flot de vapeur plus dense, plus blanc et plus froid au ras d'un parapet : la Seine.

Ô Paris gris de perle sur ciel couleur de vitre dépolie, Paris moite et brumeux de ce 18 novembre, Paris qui sera encore plus beau, ce soir, à l'heure où les théâtres et les cafés s'allument, je t'aime et je te salue, Paris de brouillard, Paris d'hiver !

Jean LORRAIN
*Journal*, 1897.

Ah ! que je suis fatigué. Tout de même, il est midi. Et midi, c'est une heure. Non, midi, ce n'est pas une heure, c'est midi. Ah ! je ne sais plus ce que je dis... Je dors à moitié... Et dire... et dire que si Paris était aux antipodes, il serait seulement minuit. Je pourrais encore dormir sept heures et je passerais pour un homme matinal ! Quel est l'idiot contrariant qui a fichu Paris de ce côté-ci du globe ?

Georges FEYDEAU
*Occupe-toi d'Amélie*, acte II, scène 1, 1908.

Je vis maintenant à Paris.

Konstantin Paustovsky a écrit : « Un homme peut mourir sans avoir vu Paris — pourtant il y est allé, l'a aperçu dans ses rêves et dans son imagination. »

Personne ne saurait mieux décrire le charme de Paris. Mes propres mots semblent inadéquats, mais, conformément à ses vœux (il m'a incitée à écrire), je vais essayer de décrire la magie et la fascination intangibles que Paris exerce sur moi.

Sa lumière suffit à enchanter les cœurs les plus endurcis. La lumière de Paris est bleue. Je ne veux pas dire par là que le ciel est bleu. Il ne l'est pas ! Mais la lumière est bleue. On ne saurait la comparer à aucune autre lumière du monde occidental. On a l'impression de porter des verres teintés en bleu, ce qui est beaucoup mieux que de tout voir en rose.

Marlène DIETRICH
*Marlène D. par*, 1984.

Coucher de soleil. Grenadine. L'heure était facile comme l'asphalte. Un apaisement tombait, malgré la brûlure des amers. J'attendais Léa à la brasserie de la Porte Maillot. Elle descendit de Montmartre, en coupé de louage, vêtue d'un manteau de loutre, vers les apéritifs à l'eau.

Paul MORAND
*Ouvert la nuit*, 1957.

Le dernier lambeau du jour donnait un air de féerie au paysage dans lequel la maison avançait en pointe comme un navire. On était au-dessus de ces arbres larges et singuliers qui garnissaient le bout de l'île, on voyait sur la gauche la Cité où déjà brillaient les réverbères, et le dessin du fleuve qui l'enserre, revient, la reprend et s'allie à l'autre bras, au-delà des arbres, à droite, qui cerne l'île Saint-Louis. Il y avait Notre-Dame, tellement plus belle du côté de l'abside que du côté du parvis, et les ponts, jouant à une marelle curieuse, d'arche en arche entre les îles, et là, en face, de la Cité à la rive droite... Et Paris, Paris ouvert comme un livre avec sa pente gauche plus voisine vers Sainte-Geneviève, le Panthéon, et l'autre feuillet, plein de caractères d'imprimerie difficiles à lire à cette heure jusqu'à cette aile blanche du Sacré-Cœur... Paris immense, et non pas dominé comme de la terrasse des Barbentane, Paris vu de son cœur, à son plus mystérieux, avec ses bruits voisins estompés par le fleuve multiple où descendait une péniche, une longue péniche aux bords peints au minium, avec du linge séchant sur des cordes et des ombres qui semblaient jouer à cache-cache à son bord... le ciel aussi avait son coin de minium...

Louis ARAGON
*Aurélien*, 1944.

# *Premières impressions*

Paris me paraissait devenu un labyrinthe. Étant à pied et voulant aller de l'église Saint-Eustache à la rue Saint-Honoré pour aller au Louvre, je me suis positivement égaré. Des vastes bâtiments ronds avec des issues irrégulières, et des petites rues plus larges que longues, c'était le comble de la folle architecture française, qui au génie innovateur de la nation paraissait chef-d'œuvre.

Giovanni Giacomo CASANOVA DE SEINGALT
*Histoire de ma vie*, tome X, 11, 1785-1798.

— Capédédious ! s'écrie-t-il en quittant le marchepied, qué les diligencés sont mauvaisés à Paris !

Il appelle un commissionnaire, et il est tout étonné qu'un air moqueur accueille ses questions et qu'un sourire malin de la part des passants termine l'analyse de son individu. Dans les promenades, il s'aperçoit qu'il est en arrière des modes, lui « qui les fésait vénir dans son endroit ». De par le monde, il trouve « plusieurs étrangers ridiculés à causé dé leur assent ». Il se moque de l'Alsacien et du Breton, et « trouvé même qué lé Parisiens ont généralément uné mauvaisé prrrononciation ».

— Poué moi, jé né rien à craindré, dit-il, et sérait bien malin, célui-là qui m'attrapéré ! j'ai tant lu, jé mé suis tant instruit avant mon départ, jé pris tant de conseils, et enfin jé suis si fin moi-mêmé !...

Honoré de BALZAC
*La Caricature*, 1831.

Il s'élança vers les Tuileries en rêvant de s'y promener jusqu'à l'heure où il irait dîner chez Véry. Voilà Lucien gambadant, sautillant, léger de bonheur, qui débouche sur la terrasse des Feuillants et la parcourt en examinant les promeneurs, les jolies femmes avec leurs adorateurs, les élégants, deux par deux, bras dessus bras dessous, se saluant les uns les autres par un coup d'œil en passant. Quelle différence de cette terrasse avec Beaulieu ! Les oiseaux de ce magnifique perchoir étaient autrement jolis que ceux d'Angoulême ! c'était tout le luxe de couleurs qui brille sur les familles ornithologiques des Indes ou de l'Amérique, comparé aux couleurs grises des oiseaux de l'Europe. Lucien passa deux heures cruelles dans les Tuileries : il y fit un violent retour sur lui-même et se jugea. D'abord il ne vit pas un seul habit à ses jeunes élégants... Après avoir reconnu qu'il y avait une mise du matin et une mise du soir, le poète aux émotions vives, au regard pénétrant, reconnut la laideur de sa défroque, les défectuosités qui frappaient de ridicule son habit dont la coupe était passée de mode, dont le bleu était faux, dont le collet était outrageusement disgracieux, dont les basques de devant trop longtemps portées, penchaient l'une vers l'autre ; les boutons avaient rougi, les plis dessinaient de fatales lignes blanches. Puis son gilet était trop court et la façon si grotesquement provinciale que, pour le cacher, il boutonna brusquement son habit...

— J'ai l'air du fils d'un apothicaire, d'un vrai courtaud de boutique ! se dit-il à lui-même avec rage...

Honoré de BALZAC
*Les Illusions perdues*, 1837.

Ma première sortie a eu lieu en mars. Un soleil pointu et un vent acide ; papa et moi dans un fiacre à pneumatiques. Avec ma cape rouge de Montigny et mon polo d'astrakan, j'ai l'air d'un pauvre petit garçon en jupe. (Et toutes mes chaussures devenues si larges !) Promenade à pas lents au Luxembourg, où mon noble père m'entretient des mérites comparés de la Nationale et de la bibliothèque Sainte-Geneviève. Le vent m'étourdit, et le soleil. Je trouve vraiment belles les grandes allées plates, mais l'abondance des enfants et l'absence des mauvaises herbes me choquent, l'une autant que l'autre.

COLETTE et WILLY
*Claudine à Paris*, 1901.

Quand ils se sont arrêtés sur la colline tout près derrière la gare, les demoiselles ont poussé un cri. À leurs pieds, s'étendant loin dans le paysage et se perdant dans des brumes écarlates, gisait le désert de pierres — Paris ! Sa couleur était rougeâtre, rousse, çà et là déchirée par un étrange signe sombre, par l'Arc de triomphe, par les tours de la cathédrale Notre-Dame ou par la tour Eiffel. Sur les confins imperceptibles à l'œil, les brumes se coloraient de traînées bleuâtres. Des fumées d'usines flottaient, montant des cheminées qui rappelaient de loin des cravaches grossières. Ces fouets précipitent la poussée du désert. Aucun écho de sa vie ne parvenait jusque-là. Il paraissait décédé et figé dans sa forme de pierre rugueuse. Une étrange émotion s'empara des passagers, émotion qu'on n'éprouve qu'à la vue des grands phénomènes de la nature, dans les montagnes, parmi les glaciers ou face à la mer.

Stefan ZEROMSKI
*Gens sans maison*, 1900.

— Tu as un peu de temps ?

— Il suffit que je sois rentré chez mon oncle pour le déjeuner.

— Dans quel quartier habite-t-il ?

— Tout près de la gare de Lyon.

— Oh ! alors, nous pouvons faire un tour à notre aise. Tu connais Paris ?

— Ma foi non. Je n'y suis venu que pour l'oral du concours. Et j'étais si abruti. Je me suis un peu promené dans le centre, le soir. Et le dimanche avant mon départ, j'ai visité quelques monuments au galop. Ça ne compte pas.

— Je suis très content de ce que tu me dis.

— Pourquoi ?

— Parce que j'ai une espèce de passion pour Paris ; et qu'à force de le connaître, je finis par ne plus pouvoir répondre à certaines questions que je me pose. Je voudrais y arriver pour la première fois ; recevoir le choc. Même ces volets là-haut, par exemple, ou l'arrangement des fenêtres dans les façades, n'avoir jamais vu ça, regarder ça avec des yeux neufs. C'est un peu ton cas.

— Oui.

— Mais peut-être que ce côté-là des choses ne t'intéresse pas ?

— Si, au contraire, beaucoup.

— Vrai ? Tant mieux... Alors, ta première impression de Paris ?

— Ce n'est déjà plus tout à fait la première.

— ... À la rigueur, soit.

— Et la toute première, il faut presque que je l'oublie. Elle a tellement été gâchée par la sale odeur des examens.

— Je comprends... Tu as vécu à Lyon ? Je ne connais pas Lyon. As-tu senti en arrivant ici une différence très considérable ?

— Oui, j'ai senti que pour la première fois de ma vie j'avais affaire à une grande ville.

— Mais Lyon est une grande ville ?

— Pas au sens que je veux dire. Pour un peu j'écrirais « grande-ville » avec un trait d'union. C'est quelque chose d'extrêmement nouveau. Je me répétais ça, il y a huit jours, dans mon wagon, en traversant la banlieue : « Un autre climat. Un autre temps. »

— Tiens ! Comme ça m'intéresse ! Et qu'est-ce qui en résulte à l'intérieur ? De l'exaltation ?

— Oui, mais tout de suite après, de l'abattement.

— Ah !... À quelle période en es-tu ?

— À l'abattement. Mais ça commence à passer.

Jules ROMAINS
*Les Hommes de bonne volonté*, 1932-1947.

Le soir était venu. Juliette redescendit la colline. Peu voyageuse, elle n'avait pas le sentiment de contempler Paris, mais d'être contemplée par lui et par chacun de ses édifices. Devant chaque coupole, chaque clocher, comme devant des microscopes géants, elle se sentait traversée et jugée par un siècle, une vertu, et son squelette, et les parties stables de son âme étaient différents pour chacun de ces radiums. Même devant les monuments dont elle attendait le moins qu'ils l'intimidassent, l'Institut océanographique, — la tour Eiffel surtout, d'un œil qu'elle s'apprêtait à colorer pour la nuit, — Juliette sentait sa vie et ses secrets à vif.

Jean GIRAUDOUX
*Juliette aux pays des hommes*, 1927.

Paris ! Voilà Paris !

Longtemps je me rappellerai ce bout de trottoir du boulevard de Clichy, cette faible lumière d'été, comme d'un été remémoré ou décrit, non pas véritable, et les couleurs, le trafic, les devantures des cafés (cinquante cafés à peu près sur le seul boulevard de Clichy), et la verte procession des arbres, la troupe des nuages, desquels pleut sur toute chose, en même temps que les rayons du soleil, une musique de joie, de malaise, d'espérance confuse et obstinée. Couleurs, couleurs, couleurs. Foule, foule, foule. Mouvement, soleil, musique.

Anna-Maria ORTESE
*Le Murmure de Paris*, 1978.

## *Un morceau sur le pouce*

Il se mit à descendre la rue Cardinet, en évitant le plus possible de poser ses espadrilles sur les flaques de neige boueuse. C'est par hasard que son regard accrocha une charcuterie illuminée. Il s'en approcha. Sur un fond de verdure, des jambages de boudin blanc formulaient un souhait : « Bonne Année. » Ainsi, c'était le nouvel An, ce soir ? Prévenu, il s'en rendit mieux compte à l'allure des passants endimanchés et chargés de paquets. Qu'est-ce qu'il fabriquait avec ses loques, au milieu de tout ça ? Il se hâta vers le square des Épinettes.

À cette heure, le jardin n'était plus qu'un carré sombre. Les quelques becs de gaz qui l'entouraient n'en éclairaient même pas les bordures. Mains dans les poches, Tréguier s'adossa contre l'un d'eux et attendit patiemment, rêvant à Zette. Il ne risquait guère d'être dérangé. Personne ne passait dans cette rue où s'élevaient les écoles du quartier, vidées par les vacances.

— Hé, Yves ! T'es là ?

Allons, La Glace n'avait pas oublié le rendez-vous ! Il hurlait de loin pour prévenir Tréguier qu'il venait de le repérer.

— J'ai à becter ! C'est pas l'Amérique, mais ça ira !

En abordant son ami, il lui brandit sous le nez un morceau de boudin qu'il tenait comme un cierge.

— Sens-moi ça, Breton ! Quelle odeur !

Il éclata de rire et vanta la qualité de sa marchandise.

— Du vrai pur porc, que j' te dis ! Bien sûr, c'est pas du boudin blanc. Mais ça prouve rien. L'autre, le blanc, coûtait trop grisolle. Ce qui veut pas dire qu'il a meilleur goût que ce p'tit mignon-là... Non, mais renifle-moi ça, fils ! Hein ? Quel parfum ! Du vrai boudin de cul-terreux !

Et déboutonnant sa veste :

— J'ai aussi un pain de deux livres. J'ai même engourdi une boîte de sardines à un étalage... Mais les vaches ! Elle est pleine de sciure...

Il hocha une tête scandalisée, rompit le pain sur ses genoux et critiqua, réprobateur :

— Si les commerçants s' mettent à exposer du toc à leurs vitrines maintenant, où qu'on va ? C'est à croire que ces mecs-là ont pas de mentalité !

Auguste LE BRETON
*La Loi des rues*, 1955.

# *Le bestiaire de Paris*

Où les chiens, les singes et les chevaux sont mieux traités que les humains ;

Où l'on voit des hommes remplir les fonctions de chevaux, de singes et de chiens.

Honoré de BALZAC
*La Caricature*, 1831.

À coup sûr, au treizième siècle, époque à laquelle l'actuelle rue Aubriot portait le nom de « Rüe à Singes », l'un des plus intéressants — et pittoresques — notables du quartier était le sieur Michel de Soucques. Celui-ci, avant que de se trouver possesseur de biens importants, avait dû être plus ou moins comédien ambulant ou montreur d'animaux : car il consacra le restant de sa vie à aider les uns et héberger les autres. Les bêtes de provenance exotique devaient, lorsque l'on craignait certaines épidémies, être placées en quarantaine avant que leurs propriétaires obtinssent le droit de les exhiber « ès voyes de la bonne ville ». Le sieur Michel recueillait ainsi les animaux que leurs montreurs ne pouvaient, faute de moyens, garder dans l'isolement sans qu'ils les aidassent à gagner leur pain. Sa demeure, la « Maison des Singes », a donné son nom à la rue. Un passage tout proche a conservé cette appellation.

Les ours, les papegeais (perroquets) donnaient lieu à la perception d'un droit d'entrée que l'on acquittait au passage du Petit-Châtelet, devant le Petit-Pont. Quant aux singes, les « Establissements des mestiers de Paris », par Étienne Boilève, Prévost de cette ville, indiquent ceci :

« Li Singes au Marchant doit quatre deniers, se il pour vendre le porte : et se li Singes est à home qui l'ait acheté pour son déduit, si es quites, et se li Singes est au joueur, jouer en doit devant le paagier, et par son jeu doit estre quite de toute la chose qu'il achète à son usage : et aussi tost li jongleur sont quites por un ver de chanson. »

Ce qui revient à dire que le montreur de bêtes, au lieu d'acquitter les quatre deniers d'octroi réclamés au marchand, paiera son dû en chansons et cabrioles. D'où provient notre locution : « Payer en monnaie de singe. »

Jacques YONNET
*Enchantements sur Paris*, 1954.

Des dogues, fournis par l'établissement[1] ou amenés par les amateurs, étaient lâchés contre des animaux sauvages de tous genres : sangliers, loups, et même, dans les grandes circonstances, léopards, tigres et lions, mais surtout contre des taureaux. Les jours de fête, pour allécher le public, on portait la mort du taureau sur les affiches, et cette partie du programme s'exécutait au son des fanfares les plus éclatantes. Des flèches, garnies de pétards et de fusées, étaient décochées à ces pauvres bêtes, affaiblies par l'âge et par le jeûne. Puis, lorsqu'elles étaient suffisamment exaspérées et ahuries, on les faisait déchirer par une meute. Le tout se terminait généralement par un feu d'artifice.

Victor FOURNEL
*Le Vieux Paris*, 1887.

1. En 1781, rue de l'Hôpital-Saint-Louis, s'ouvrit un amphithéâtre où l'on donnait des combats de taureaux. Cette pratique subsista jusqu'en 1843.

Paris était bloqué, affamé et râlant. Les moineaux se faisaient bien rares sur les toits, et les égouts se dépeuplaient. On mangeait n'importe quoi.

Guy de MAUPASSANT
*Deux amis*, 1883.

L'héroïsme, le tranquille courage, l'ingéniosité des Parisiennes pendant le siège furent incomparables ; elles incarnèrent l'âme de la France meurtrie et d'autant plus aimée. Soignant les malades, pansant les blessés, galvanisant les courages défaillants, elles savaient encore découvrir d'inespérées recettes pour accommoder les plus invraisemblables nourritures. Nous mangions du cheval, du chien, du chat les jours de fête... et c'est avec une gourmande émotion qu'on interrogeait la cuisinière : « Aurons-nous de l'âne, ce soir ? » Quant au pain, c'était un mélange gluant de son, de paille et d'avoine...

(...) Aux vitrines des Chevet, des Potel et Chabot, des charcutiers de luxe, quelques rares boîtes de conserves, des sacs de riz, des morues sèches... ; un peu partout d'extraordinaires victuailles, des pâtés de rats, de la fausse tête de veau en « osséine », des « saucissons d'éléphant ». Au jour de l'an de 1871, un sac de lentilles, deux livres de pommes de terre, des choux-fleurs élégamment enrubannés, remplaçaient avantageusement les traditionnels sacs de marrons glacés ; un camembert, un bouquet de poireaux, six œufs frais semblaient présent somptueux ; comme au temps de Ramsès, les oignons étaient dieux !

Les journaux, les almanachs offraient à leurs lectrices d'inattendues recettes : « ... Pour la gibelotte, faites un roux, passez-y le chat... » ; — « Chat au chasseur » ; — « Cheval à la mode » ; — « Horsesteaks » ; — « Gigeot de chien rôti » ; — « Potage à la gélatine » ; — « Beurre minéral... » On riait même de sa propre détresse : dans le *Charivari*, le bon Cham montrait une Parisienne lorgnant un brave monsieur tiqueté de trous de variole. « J'adore les gens grêlés..., ils me rappellent le gruyère ! »

Georges CAIN
*À travers Paris*, 1907.

Les auteurs de récits de voyages ont décrit les pêcheurs de la Seine comme des fous qui ne prennent jamais rien. Mais leur industrie était sérieuse et profitable. La plupart d'entre eux étaient de petits retraités qui ne savaient pas encore que leurs pensions seraient réduites à rien par l'inflation, ou des passionnés qui y passaient leurs journées ou demi-journées de congé. On prenait plus de poisson à Charenton, au confluent de la Seine et de la Marne, et à chaque extrémité de Paris, mais on pouvait faire de bonnes pêches à Paris même. Je ne pêchais pas, faute de matériel, et je préférais économiser l'argent pour m'équiper en vue de mes parties de pêche en Espagne. À cette époque, je ne savais jamais à quel moment j'aurais fini de travailler, ni quand je serais obligé de m'absenter et je ne voulais pas commencer à m'intéresser à la pêche qui a ses bons et ses mauvais moments. Mais je n'en observais pas moins avec attention les pêcheurs, cela m'intéressait et me profitait, et j'étais toujours heureux de constater que certains pouvaient pêcher dans la ville elle-même, avec tout le sérieux et l'application requis, et rapporter quelques bonnes fritures chez eux, à leurs familles.

Avec les pêcheurs et la vie sur le fleuve, les belles péniches et leurs mariniers vivant à bord, les remorqueurs avec leurs cheminées qui se rabattaient d'avant en arrière au passage des ponts, tirant tout un train de péniches, les grands ormes sur les berges de pierre, le long du fleuve, les platanes, et, par endroits, les peupliers, je ne pouvais jamais me sentir seul au bord de la Seine.

Ernest HEMINGWAY
*Paris est une fête*, 1964.

Jacques Simon, né à Bourganeuf, dans la Creuse, avait déjà deux jumeaux quand sa femme mit au monde trois garçons. L'Assistance Publique, apitoyée, lui fit don de deux chèvres. Huit jours plus tard, la mère et les bébés moururent, et Simon se retrouva avec ses jumeaux et ses chèvres. Comme les femmes du quartier venaient lui acheter du lait, le veuf eut alors l'idée de se procurer d'autres bêtes, et de se faire une spécialité de la vente du lait de chèvre pour les enfants et les malades. Bientôt, il en eut cinquante-deux, installées au cinquième, à quatre-vingt-dix marches du trottoir. Chaque bête avait un box individuel, et recevait une nourriture spéciale (carottes, foin iodure, foin avec herbes de menthe, etc.) selon les malades auxquels son lait était destiné. Chaque jour, Simon, vêtu d'un feutre à larges bords, d'une blouse recouverte d'une limousine, le pantalon gris dans des houseaux de cuir, un bâton ferré à la main, sortait quelques-unes de ses chèvres qu'il allait faire paître à Belleville, du côté des Buttes-Chaumont.

*Guide de Paris mystérieux*
F. Caradec et J.-R. Masson, 1972.

Les boutiques avaient encore leurs volets. Le troupeau de chèvres remonta la rue au son du pipeau et une voisine, au-dessus de nous, sortit sur le trottoir avec un grand pot. Le chevrier choisit l'une des chèvres laitières noires, aux pis lourds, pour la traire dans le pot, tandis que le chien poussait le troupeau vers le trottoir. Les chèvres regardaient autour d'elles, tordant le cou comme des touristes devant un paysage. Le chevrier prit l'argent, remercia la femme, et poursuivit sa route vers le haut de la rue en soufflant dans son pipeau et le chien guidait le troupeau hochant des cornes.

Je me remis à écrire et la voisine remonta l'escalier avec son lait de chèvre.

Ernest HEMINGWAY
*Paris est une fête*, 1964.

« Je chante les chiens calamiteux — revendique Baudelaire, au titre de Parisien de la rue — soit ceux qui errent, solitaires, dans les ravines sinueuses des immenses villes, soit ceux qui ont dit à l'homme abandonné, avec des yeux clignotants et spirituels : Prends-moi avec toi et de nos deux misères, nous ferons peut-être une espèce de bonheur ! »

Jean de Pierrefeu, qui vient de mourir, avait recueilli un de ces chiens errants ou plutôt c'était cet animal qui, trouvant le gîte à son goût, avait fini par l'adopter. Qu'on l'appelât Toto ne l'étonnait en rien. On avait dû lui donner tant de noms au cours de sa singulière existence qu'il s'était fait à tous et répondait aussi naturellement à l'un qu'à l'autre. « Va pour Toto ! » semblait-il dire en nous regardant. Ses concessions toutefois s'arrêtaient là, car Toto s'était réservé — dans le contrat qui le liait à son nouveau maître — de sortir et de rentrer aux heures qu'il s'était promises. Rien n'aurait pu l'en faire démordre. En effet, chaque dimanche on voyait Toto s'éloigner du domicile de l'écrivain, tourner l'angle de la première rue et ne revenir — guilleret — qu'un peu avant midi.

— Où va cette bête ? se demandait Pierrefeu que ces sorties hebdomadaires étonnaient par leur régularité. Drôle de cleb !

Mais, comme Toto se refusait à toute explication et ne manifestait, au cours de la semaine, aucune sorte d'envie déambulatoire, chacun prit bientôt l'habitude de le laisser aller, et il fallut qu'un jour son maître, en passant devant une église, l'aperçût gravement assis sur son derrière et tenant dans sa gueule la sébile d'un aveugle, dont il n'avait cessé de rester, à dates fixes, le fidèle compagnon.

Francis CARCO
*Nostalgie de Paris*, 1945.

Mais surtout, Paris avait faim. Devenu un grand village, Paris s'éveillait chaque matin au chant du coq. Les Parisiens avaient transformé leurs baignoires, leurs placards, leurs chambres d'amis en poulaillers. Des enfants élevaient des lapins dans les coffres à jouets de leurs chambres. Pour nourrir leur cheptel, ils allaient chaque matin, avant l'école, arracher quelques touffes d'herbe interdite dans les jardins publics.

Pour tout ce mois d'août, les Parisiens ne toucheraient avec leurs tickets de rationnement que deux œufs, 100 grammes d'huile, 80 grammes de margarine. La ration de viande était si réduite que les chansonniers prétendaient qu'on pouvait l'envelopper dans un ticket de métro — à condition que le ticket n'eût pas été poinçonné, sinon, la viande risquait de tomber par le trou. Car Paris s'efforçait de rire quand même.

Dominique LAPIERRE et Larry COLLINS
*Paris brûle-t-il ?*, 1964.

## RUE LINNÉ

Les pauvres animaux qu'on voit derrière les barreaux
des cages
qu'est-ce qu'ils n'entendent pas comme déconnages
que ce soit au Jardin des Plantes ou bien à Vincennes
au Zoo
qu'est-ce qu'ils n'entendent pas comme propos idiots
les pauvres animaux qu'on voit derrière les barreaux
des cages
sont bien à plaindre
d'avoir tant d'inepties à craindre
mais ils continuent à brouter avec sérénité
les pauvres animaux enfermés

Raymond QUENEAU
*Courir les rues*, 1967.

La mère Pampine, qui n'aimait rien, exécrait par-dessus tout les pigeons. Leur grâce lui était une offense. Quelques voisines serviles qu'elle tenait ferme sous sa coupe s'étaient empressées de partager cette haine. Plantin éparpillant des graines sur les toits avait soulevé une armée de boucliers. La mère Pampine avait alerté le gérant. La pollution des toits par les ramiers fut attribuée, en son entier, à Plantin. « S'il vous amuse, monsieur Plantin, lui fut-il signifié, de transformer les toits en champ de guano, vous serez seul à en payer le nettoyage. »

Les pigeons de Paris n'avaient pas bonne presse. On les accusait de décorer les maréchaux d'Empire du Louvre d'ordres que n'avait pas créés Napoléon. Aimer les bêtes fut déclaré crime par une municipalité des plus intéressées à distraire l'opinion de problèmes plus âcres. Le cœur serré, Plantin dut garder ses graines pour lui. Elles germaient pourtant, et produisaient d'horribles fleurs carnivores qui engloutissaient sans répugnance les fibromes, les loupes et la verrue velue de la mère Pampine. Il eût pu jeter ses graines la nuit, mais elles cliquetaient sur le zinc avec un bruit d'averse qui réveillait les voisins et les jetait hors d'haleine au matin dans la loge de la Gorgone. Il lançait, pourtant, héroïque et dans l'ombre, de la mie de pain silencieuse sur les toits. Le pigeon blanc le savait et considérait Plantin avec gratitude. Le pigeon blanc était la chanson vive et de haut vol d'Henri Plantin.

René FALLET
*Paris au mois d'août*, 1964.

Il serait vain de se dissimuler à quel point Paris manque aujourd'hui de crapauds. Il n'en était pas de même il y a moins d'un siècle, et les chasseurs de ces batraciens anoures se réunissaient chaque semaine dans un marché spécial, tenu sur un terrain vague proche du Jardin des Plantes, en bordure de la rue Geoffroy-Saint-Hilaire. Lorsqu'il avait plu les jours précédents, le marché était particulièrement animé, la marchandise abondante et les cours en baisse. On entassait les bêtes suivant leur grosseur dans des tonneaux défoncés, où les marchands plongeaient à chaque instant leurs bras nus, maniant leur récolte comme ils l'eussent fait de palourdes ou de pommes reinettes, et sans paraître se soucier du fameux venin si universellement redouté. Leurs premiers et plus importants clients furent des maraîchers anglais qui demandaient aux crapauds de les débarrasser des mouches, limaces, pucerons et autres bestioles néfastes à l'agriculture. Les jardiniers des environs de Paris suivirent bientôt leur exemple.

Guide de Paris mystérieux<br>F. Caradec et J.-R. Masson, 1972.

## *On appelle ça les touristes...*

Quelques jours après qu'ils se fussent refaits, il visita la ville et fut regardé avec une grande admiration par tout le monde, car le peuple de Paris est tellement sot, tellement badaud et stupide de nature, qu'un bateleur, un porteur de reliquailles, un muet avec ses clochettes, un vielleux au milieu d'un carrefour, rassembleront plus de gens que ne le ferait un bon prédicateur évangélique.

Ils le poursuivirent avec tant d'insistance qu'il fut contraint de se réfugier sur les tours de l'église Notre-Dame. Installé à cet endroit et voyant tant de gens autour de lui, il dit d'une voix claire :

« Je crois que ces maroufles veulent que je leur paye ici-même ma bienvenue et mon étrenne. C'est juste. Je vais leur payer à boire, mais ce sera que par ris. »

Alors en souriant, il détacha sa belle braguette et tirant en l'air sa mentule, les compissa si allégrement qu'il en noya deux cent soixante mille quatre cent dix-huit, sans compter les femmes et les petits enfants.

Quelques-uns d'entre eux échappèrent à ce pissefort en prenant leurs jambes à leur cou et quand ils furent au plus haut du quartier de l'Université, suant, toussant, crachant et hors d'haleine, ils commencèrent à blasphémer et à jurer, les uns de colère, les autres par ris : « Carymary, caramara ! Par Sainte-Mamie, nous voilà arrosés par ris ! » Depuis, la ville en fut appelée Paris : on l'appelait auparavant Leukèce, comme l'indique Strabon au livre IV, c'est-à-dire Blanchette, en grec, à cause de la blancheur des cuisses de la dame du lieu. Et parce que, lors de ce baptême tous les assistants jurèrent par les saints de leurs paroisses respectives, les Parisiens, qui sont composés de toutes sortes de gens et de pièces rapportées, sont naturellement bons jureurs et bons juristes, quelques peu imbus d'eux-mêmes, ce qui donne à penser à Joaninus de Barranco, au livre de l'abondance des marques de respect, qu'on les appelle *parrhesiens* en grec, c'est-à-dire qui ont bon bec.

Ceci fait, Gargantua considéra les cloches qui se trouvaient dans les tours en question, et les fit sonner harmonieusement. Ce faisant, il lui vint à l'idée qu'elles serviraient bien de clochettes pour sa jument qu'il voulait renvoyer à son père toute chargée de fromages de Brie et de harengs frais. De fait, il les emporta à la maison.

François Rabelais
*Gargantua*, 1534.

Je dois en convenir, le vicomte était tout à fait charmant. Il nous a fait faire en voiture le tour de Paris : décidément c'est une ville divine. Et la tour Eyefull ! c'est divin ! Voilà qui vous laisse une autre impression dans l'esprit que la tour de Londres. Vous comprenez, dès que vous vous éloignez tant soit peu de la tour de Londres, il suffit de deux pâtés de maisons pour vous la cacher. Tandis que la tour Eyefull, c'est vraiment quelque chose de remarquable : on en a plein la vue. Je suppose que c'est là l'origine historique du nom qu'on lui a donné.

Anita Loos
*Les hommes préfèrent les blondes*, 1928.

Nulle part, cependant, on n'a pu éprouver plus heureusement qu'à Paris la naïve et pourtant très sage insouciance de vivre ; c'est là qu'elle s'affirmait glorieusement dans la beauté des formes, la douceur du climat, la richesse et la tradition. Nous autres jeunes gens assumions toute une part de cette légèreté et y ajoutions aussi notre part ; les Chinois et les Scandinaves, les Espagnols et les Grecs, les Brésiliens et les Canadiens, chacun se sentait chez soi sur les rives de la Seine. Point de contrainte : il était permis de parler, de penser, de rire, de gronder, chacun vivait comme il lui plaisait, sociable ou solitaire, prodigue ou économe, dans la lune ou la bohème ; il y avait place pour toutes les originalités, toutes les possibilités s'offraient à vous ; il y avait là les sublimes restaurants à deux cents ou trois cents francs avec toutes les magies culinaires et les vins de toute sorte, avec des cognacs à se damner qui dataient des jours de Marengo ou de Waterloo ; mais on pouvait manger et boire presque aussi magnifiquement chez le marchand de vin du coin. Dans les restaurants que remplissaient les étudiants du quartier Latin, on obtenait pour quelques sous les petits plats les plus friands encadrant le succulent beefsteak, de plus du vin rouge ou blanc et une miche de délicieux pain blanc longue d'une aune. Vous pouviez vous vêtir comme il vous plaisait ; les étudiants se promenaient en bérets au boulevard Saint-Michel, les « rapins », les peintres s'exhibaient en feutres à larges bords et en vestes romantiques de velours noir, les ouvriers arpentaient sans gêne les boulevards les plus élégants dans leurs blouses bleues ou en manches de chemise, les nourrices en coiffes bretonnes largement plissées, les marchands de vin en tabliers bleus.

Stefan Zweig
*Le Monde d'hier*, 1942.

À partir de 1919, et même plus tôt, ce fut la ruée dans les cafés du boulevard Montparnasse et de quelques rues adjacentes, une nouvelle invasion des barbares. (...) Avec les Montparnos, tout changea. Sur douze cents mètres — le compte y est juste, ou presque — de la gare au carrefour de l'Observatoire-Port-Royal-Saint-Michel, Montparnasse accueillit et garda des représentants plus ou moins qualifiés du monde entier, de toutes les races. On y entendait toutes les langues, idiomes et jargons. Il paraît — on l'a écrit ! — que c'était la grande Université du monde. Elle manquait singulièrement de professeurs qualifiés. L'anarchie, à tous les sens du mot, y était à l'ordre du jour et des nuits, et faisait loi.

(...) Tous ces gens étaient chez eux dans ce pandémonium qu'ils avaient fait à leur mesure comme à leur image. Quand je m'y aventurais, j'avais l'impression d'être partout à la fois, hormis en France, et même à Paris.

Henri BACHELIN
*Collines et buttes parisiennes*, 1944.

Paris, 6 avril 1941.

Samedi et dimanche à Paris. Le soir, en compagnie du lieutenant-colonel Andois, à la Rôtisserie de la Reine Pédauque, près de la gare Saint-Lazare, puis à Tabarin. Là, une revue avec des femmes nues, devant un parterre d'officiers et de fonctionnaires de l'armée d'occupation, et devant un feu de peloton de bouchons de mousseux. Les corps sont bien faits, à l'exception des pieds déformés par la chaussure. Mais n'est-ce point aussi que le pied est la main dégradée ? Des représentations de ce genre sont entièrement réglées par le mécanisme du désir — l'aiguillon est infaillible, bien qu'il n'y en ait qu'un, et toujours le même. Le côté « coq gaulois » s'y montre aussi nettement. Les poules.

Puis au Monte-Cristo, un petit établissement où l'on s'étale sur des coussins bas. Coupes d'argent, plateaux de fruits et bouteilles luisaient dans la pénombre de la salle comme dans une chapelle orthodoxe ; le soin de nous tenir compagnie incombait à des jeunes filles, presque toutes filles d'émigrés russes, mais nées en France, qui papotaient en plusieurs langues. J'étais assis auprès d'une petite demoiselle mélancolique, d'une vingtaine d'années, et j'eus avec elle, dans les fumées du champagne, des conversations sur Pouchkine, Aksakov, et Andreïev, dont elle avait connu le fils.

Aujourd'hui dimanche, pluie incessante. Suis allé deux fois à la Madeleine dont les marches étaient tachetées de vert par les feuilles de buis ; à midi et le soir, chez Prunier. La ville est comme un jardin de longue date familier, maintenant à l'abandon, mais où l'on reconnaît cependant sentiers et chemins. Étonnant, cet état de conservation, en quelque sorte hellénistique, où probablement interviennent certaines habiletés de la haute administration. Sur quoi jouent les panneaux blancs de signalisation, dont l'armée a tapissé la ville — déchirures en quelque sorte dans un ensemble organique d'ancienne formation.

Ernst JÜNGER
*Premier journal parisien*, 1941-1943.

Paris, c'est une ville où on sait vivre, mais par laquelle il faut savoir se faire adopter. Tous ces types en chandail et col ouvert, armés de Kodak, qui veulent tout posséder en trois jours, nos filles, notre champagne, nos statues, jusqu'à notre joie de vivre, sont des petits rigolos. On appelle ça des touristes... Heureusement qu'on ne leur laisse rien voir. Le peu qu'on leur montre, d'ailleurs, ils l'emportent. Si on devait vraiment leur apprendre ce que c'est que Paris, il faudrait leur conseiller de devenir amoureux. Il leur suffirait de s'asseoir sur les bancs d'un square ou sur une terrasse tranquille et de regarder, sans rien dire, sans rien noter, sans guide et sans longue-vue, de se laisser pénétrer par l'air, par l'odeur, d'écouter l'accent des gens, jusqu'à ce qu'ils se sentent seuls, tout petits, humbles, amoureux, en ce moment, de cette ville secrète.

*Dites-nous, Monsieur Blaise Cendrars*,
enquêtes littéraires présentées par H. Richard, 1969.

Une heure le séparait du rencart avec Frédo, le deuxième demi-grossiste de la bande. Il allait en profiter pour relever les commandes. Il voulait voir ça de près. Il parcourut la liste de Liski et, après avoir traduit une adresse écrite en code, il démarra.

Avenue de l'Opéra, il réussit à caser la Comète entre deux cars d'étrangers. Ceux-ci, Kodaks en sautoir, lisaient le programme des réjouissances qui leur étaient promises. Ils s'excitaient d'avance, les mirontons. Paris by night !

Le Nantais se marra. Il connaissait le papier. Les agences qui fourguent le grand frisson aux lavedus à tant par tête de pipe. Les bals musette avec leurs numéros de danse apache à la noix. La rouille de champ' accompagnant les festivités. Rouille de champ' ? Du bois de campêche, oui ! Ils avaient le gosier accommodant, les joyeux touristes !

Auguste LE BRETON
*Razzia sur la chnouf*, 1954.

## CONSEILS AUX TOURISTES

Sur le boulevard Sébastopol
vous pourrez voir l'Acropole
boulevard de la Chapelle
le quartier de Whitechapel
boulevard Jourdan
le Vatican
porte de Pantin
le Kremlin
quai de la Mégisserie
Istamboul et Sainte-Sophie
dans la rue de Beaune
le Pentagone
rue Saint-Marc
saint-Marc
rue de Traktir

*On appelle ça les touristes...*

le pont des Soupirs
rue des Beaux-Arts
Time Square
avenue de la porte de Montrouge
la place Rouge
et si l'averse se déverse
vous trouverez refuge au Café du Commerce

Raymond QUENEAU
*Courir les rues*, 1967.

D'abord le commencement. L'autel de la Madeleine est une gigantesque sculpture de marbre qui la représente (Marie-Magdalena) aussi grande qu'un pâté de maisons et entourée d'anges et d'archanges. Elle tend les mains dans une posture michelangélique. Les anges ont d'énormes ailes ruisselantes. L'ensemble est long comme tout un quartier. Cette église est une longue et étroite bâtisse, une des plus étranges au monde. Pas de clocher, rien de gothique, plutôt, à mon avis, le style temple grec. (Pourquoi donc voudriez-vous que j'aille voir la tour Eiffel avec ses côtes en acier de Bucky Buckmaster, et son ozone ? Ce que ça peut être fastidieux de monter en ascenseur et d'attraper mal aux oreilles pour être monté à quatre cents mètres en l'air. J'ai déjà fait ça, sur l'Empire State Building, de nuit, dans la brume, avec mon éditeur.)

(...) Dans la vieille église de Saint-Germain-des-Prés, l'après-midi suivant, j'ai vu plusieurs Parisiennes qui versaient presque des larmes tout en priant sous un vieux mur souillé par le sang et la pluie. J'ai dit : « Ah ha, les femmes de Paris » et j'ai vu la grandeur de ce Paris qui peut à la fois pleurer sur les folies de la Révolution et, en même temps, se réjouir d'être débarrassé de ces nobles au long nez.

Jack KEROUAC
*Satori à Paris*, 1966.

*Vivre à Paris... être de passage*

Les touristes s'émerveillent des tubulures bariolées et des échafaudages apparents de Beaubourg. Moi, en sortant de la bibliothèque du deuxième étage, je regarde Paris. Les mêmes touristes sont heureux de repérer Notre-Dame, pas loin. Demain, de là-bas, ils repéreront Beaubourg, avec la même joie...

Tonino BENACQUISTA
*Trois carrés rouges sur fond noir*, 1990.

# *Les provinciaux montés à Paris*

Si m'excuse de mon langage
Rude, malotru et sauvage,
Car né ne suis pas de Paris.

JEAN de MEUNG
*Le Roman de la Rose*, XIIIe siècle.

Rien n'est plus plaisant à voir pour le malin Parisien qu'un jeune homme échappé de la province, arrivé « par le coche » comme on dit. Tout lui paraît nouveau ; il va frapper à une maison pour laquelle il a une lettre de recommandation ; il dit au portier que « son cousin » l'attend ; il salue profondément les domestiques et pense, en entrant, culbuter la dame qui le reçoit ; s'il s'assied, c'est de côté et sur l'encoignure d'une chaise. Vous le distinguerez à son air étonné de tous les objets ; il craint qu'on ne soupe point, parce qu'il est neuf heures et demie ; et quand l'homme au triple menton et à panse large vient annoncer qu'on a servi, il ne sait ce que cela veut dire.

Louis Sébastien MERCIER, *Tableau de Paris*,
« Le nouveau débarqué », 1781.

Sous le rapport zoologique, le provincial appartient à la classe des bimanes de la seconde espèce. Il a le verbe haut, le teint carminé, la peau rude, la taille matérielle, le dos légèrement voûté, les épaules saillantes, les bras en dehors, les jambes en dedans, les mains et les pieds généralement hors de proportion avec le reste de son corps, sans doute à cause de l'exercice perpétuel dans lequel il les entretient. Pour lui, marcher est la condition première de l'existence. Lorsqu'il se trouve à Paris, il a déjà fait, avant que personne soit levé à son hôtel, le tour des quais et des boulevards ; sur chacun il achète un chausson ou un morceau de flan ; mais cela ne nuit en rien à son estomac, chez lequel tous les poteaux qu'il heurte accélèrent prodigieusement la digestion.

Honoré de BALZAC
*La Caricature*, 1831.

D'où viennent-ils ? car bien rarement ils sont de Paris. Le Parisien naît à Quimper ou à Carcassonne les trois quarts du temps. Mettons que Paul soit Marseillais et Virginie Normande. Ils s'aiment peut-être quand ils ont un moment.

Paul FÉVAL, « La vie de Paris »,
in *Paris-Guide par les principaux écrivains et artistes de la France*, 1867.

« Tu as connu Morin, n'est-ce pas, et tu te rappelles son grand magasin de mercerie sur le quai de La Rochelle ?

— Oui, parfaitement.

— Eh bien, sache qu'en 1862 ou 63, Morin alla passer quinze jours à Paris, pour son plaisir, ou ses plaisirs, mais sous prétexte de renouveler ses approvisionnements. Tu sais ce que sont, pour un commerçant de province, quinze jours de Paris. Cela vous met le feu dans le sang. Tous les soirs des spectacles, des frôlements de femmes, une continuelle excitation d'esprit. On devient fou. On ne voit plus que danseuses en maillot, actrices décolletées, jambes rondes, épaules grasses, tout cela presque à portée de la main, sans qu'on ose ou qu'on puisse y toucher. C'est à peine si on goûte, une fois ou deux, à quelques mets inférieurs. Et l'on s'en va, le cœur encore tout secoué, l'âme émoustillée, avec une espèce de démangeaison de baisers qui vous chatouillent les lèvres. »

Guy de MAUPASSANT
*Ce cochon de Morin*, 1882.

*Quatrième partie*

# PARIS EN FÊTE

*Dimanches et jours de fête*
*Le zinc*
*Les belles nuits de Paris*
*Bastringues et caboulots*
*Un mot du refrain*
*Paris galant*
*La grande putain*

# *Dimanches et jours de fête*

Comme il faisait une chaleur de trente-trois degrés, le boulevard Bourdon se trouvait absolument désert.

Plus bas, le canal Saint-Martin, fermé par les deux écluses, étalait en ligne droite son eau couleur d'encre. Il y avait au milieu un bateau de bois, et sur la berge deux rangs de barriques.

Au-delà du canal, entre les maisons que séparent des chantiers, le grand ciel pur se découpait en plaques d'outremer, et sous la réverbération du soleil, les façades blanches, les toits d'ardoises, les quais de granit éblouissaient. Une rumeur confuse montait au loin dans l'atmosphère tiède ; et tout semblait engourdi par le désœuvrement du dimanche et la tristesse des jours d'été.

Deux hommes parurent.

L'un venait de la Bastille, l'autre du Jardin des Plantes. Le plus grand, vêtu de toile, marchait le chapeau en arrière, le gilet déboutonné et sa cravate à la main. Le plus petit, dont le corps disparaissait dans une redingote marron, baissait la tête sous une casquette à visière pointue.

Quand ils furent arrivés au milieu du boulevard, ils s'assirent, à la même minute, sur le même banc.

Pour s'essuyer le front, ils retirèrent leurs coiffures, que chacun posa près de soi ; et le petit homme aperçut, écrit dans le chapeau de son voisin : Bouvard ; pendant que celui-ci distinguait aisément dans la casquette du particulier en redingote le mot : Pécuchet.

« Tiens, dit-il, nous avons eu la même idée, celle d'inscrire notre nom dans nos couvre-chefs. »

Gustave FLAUBERT
*Bouvard et Pécuchet*, 1881.

Parmi ces lieux de rendez-vous où la gaieté des pauvres gens éclate, le Point-du-Jour est un des plus fréquentés. Les facilités peu dispendieuses des bateaux-mouches aident à la vogue de cet endroit, que les affûts de la police en quête de bonneteaux n'ont pu tarir.

Qu'il y ait, dans cette horde de familles qui s'entasse sur les deux rives, quelques gredins épars, quelques pierreuses égarées, cela est sûr ; mais, en somme, ni les uns ni les autres ne donnent une couleur spéciale au Point-du-Jour, dont la nuance ouvrière et petite bourgeoise est des plus tranchées et des plus nettes.

Il faut y aller, un dimanche, pour assister au sincère spectacle de cette banlieue en fête, puis les jours de soleil moyen, de splendides firmaments se reflètent dans cette Seine, dont les eaux renversent la course pommelée des nuages !

C'est là que la fête du dimanche bat le plein ; partout des restaurants arborant de fallacieuses étiquettes : « Matelotes, lapins, fritures, vin de bourgogne et piccolo à 1 franc le litre », et partout des tables sont mises sous des tonnelles dont les verts squelettes sont à peine habillés de feuilles. Des annonces de repas de corps, de noces et de festins, s'étalent sur le fronton des plus fastueux qui affichent, comme une promesse de belle tenue et de fine chère, des serviettes pliées en bateaux, en éventails, en petits canards, en fleurs, des serviettes sculptées par ces surprenants garçons de marchands de vins, dénués de favoris et porteurs d'une moustache en brosse à dents sous un nez dont les ailes rougies se piquent. Partout, des tirs avec un œuf perché sur un jet d'eau, et les épaules des assistants s'entassent, tandis que des détonations se succèdent, sans qu'une pipe tombe, sans que l'œuf atteint cesse sa gigue. Des gens s'enfoncent des doigts entre les lèvres et sifflent : « Par ici ! Viens donc !... Hé, Louis ! » Et des bateaux débarquent de nouvelles fournées de monde ; les tables des jardinets s'emplissent, les garçons volent sur le gravier, jonglent avec des consommations toutes versées dans des verres, s'élancent, une pièce d'argent dans la bouche, et jettent au galop la monnaie sur les tables mal calées qui boitent ; des enfants, charriés dans de petites voitures amarrées sous des bosquets, se réveillent et piaillent ; des serpents en caoutchouc, dont la queue trempe dans des bouteilles, sont amorcés par d'indulgentes mères, que l'affreuse grimace de leurs enfants enchante ; une fois le biberon chargé d'eau blanche, le piaulement se tait et la maman achève, en compagnie du papa, de vider son litre. Ces joies simples ancrent le célibataire dans sa volonté désormais affermie de ne pas procréer de mioches, de ne pas rouler de petites voitures, de ne pas assister aux mutations des serviettes et aux épinglements des langes ; des bribes de musique flottent dans le jardin, le silence se rétablit pendant quelques secondes ; on écoute des tronçons de chansonnettes qui s'échappent du concert voisin, au travers d'une voix pointue, comme assaisonnée d'aigre échalote.

Joris-Karl HUYSMANS
*Croquis parisiens*, 1886.

Paris était entouré, non seulement de sa muraille percée de barrières, mais d'une ceinture de guinguettes. Les citadins y allaient d'autant plus volontiers que nourriture et boisson y coûtaient moins cher, la banlieue étant indemne de droits d'octroi. Ce fut au XVIIIe siècle que, la liberté des mœurs ayant repris après la mort de Louis XIV, nobles et gens distingués festoyèrent librement chez eux, abandonnant cabarets et guinguettes au *profanum vulgus*. On entend bien que la vie est autrement complexe. La messe n'ignorait pas les guinguettes, et la clientèle distinguée ne cessa point d'y fréquenter : ce n'est qu'une indication.

À la Courtille donc, on vient, de Paris, dimanche, lundi, jours de fête chômée. Quoique les courtils n'aient pas disparu de Paris même, ils sont isolés et cachés derrière des façades d'immeubles qui ne paient pas de mine. La Courtille en possède un plus grand nombre sur un espace beaucoup plus réduit, et en plein air : pas de guinguette qui n'ait son jardin ou son bosquet. Il n'est que de planter, par artifice d'imagination, à proximité des barrières de Belleville et de Ménilmontant, en deçà comme en delà, un véritable village tel qu'on en peut voir encore loin de Paris, mais où le dixième, au moins, des habitants, vivrait moins de l'exploitation des jardins et des vignes que d'une clientèle fervente de distractions où l'estomac (et les jambes pour la danse) joue un rôle de premier plan. Ce décor établi dans ses grandes lignes, ajoutons, par de brèves touches, l'inconfort — dont nul ne souffrait, — de la voirie et des salles, l'absence d'éclairage public, de lieux d'aisance, le tout à la rue pour Paris, le tout aux jardins ou aux champs pour la banlieue (...).

Certains apportent le fricot : à la guinguette, ils ne paieront que pain, vin et salade. Crasseux, le patron fait l'article pour les victuailles qu'il débite lui-même. On marchande. Il se fait payer sur-le-champ. On s'empiffre. On s'abreuve. Deux musiciens apparaissent. On se met à danser, tandis qu'un manant frappe sur la table pour qu'on lui apporte chopine, que d'autres se servent du pot d'étain, que celui-ci, revenant du comptoir avec son fricot, en répand la sauce sur des épaules, que celui-là hurle de trouver un poulet dans son œuf, que cette fille retourne la salade avec ses mains, qu'on se porte des santés, qu'un racoleur cherche à enrôler des recrues, qu'on rit, qu'on se bouscule, si bien que la note finit en disputes et en rixes.

Henri BACHELIN
*Collines et buttes parisiennes*, 1944.

À la Chapelle, le dimanche est véritablement un dimanche, et la métamorphose du quartier est complète. Les grandes voitures, conduites par des industriels à moustache en patte de lapin, tournent autour de l'Étoile ou quittent Paris. Les boutiques sont fermées, hormis quelques charcuteries dont les patrons songent aux dîners froids de leurs coadministrés. Par grappes, par pelotons, les familles de fleuristes, de crémiers, de cordonniers et de zingueurs défilent entre la station Jaurès et le pont du chemin de fer du Nord, large morceau de boulevard aéré qui tient lieu de promenade des Anglais, de plage et de parc de Saint-Cloud.

Le mari, déjà juteux de vermouth, sifflote au derrière de ses fils. L'épouse fidèle et solide appuie sur le trottoir son pas de villageoise. La jeune fille à marier hume les fumets de l'Engadine-Express ou du Paris-Bucarest, qui emmènent son cœur loin des frontières géographiques et sentimentales. Les cafés retentissent de poules au gibier, de compétitions au billard russe. Tous ceux qui, pour une raison ou pour une autre, n'ont pas répondu aux appels de *L'Humanité* ou de quelque autre organisation donnent à la Chapelle une couleur bourgeoise, une atmosphère de considération que l'on ne trouve pas ailleurs...

Léon-Paul Fargue
*Le Piéton de Paris*, 1939.

À Belleville, c'était printemps tous les dimanches. De janvier à décembre, on restait le matin avec sa régulière dans les draps, et, comme nous n'avions pas de salle de bains, nous allions aux douches de la rue Rampal, où l'on retrouvait nos habitudes. Certains s'y rendaient en famille avec les enfants, la grand-mère. D'autres prenaient une cabine à deux pour quarante sous moins cher. Sous la douche on chantait, à tour de rôle on se savonnait ; alors, sous l'eau chaude et la vapeur, sous la mousse, on inventait des trucs. On improvisait. On appelait ça le « concours Lépine ». On en sortait comme un sou neuf et on retrouvait au café les copains, chez Vazelles, à la taverne Sabaut, où la discussion battait son plein tandis que le patron ronflait devant son casier à monnaie. Une heure pile, du bout des rues on entendait de loin le bruit des fourchettes sur les assiettes. Après le repas, avec les amis, on prenait, pour Nogent, un taxi. Pour Auteuil ou Longchamp, un car en face de la Vielleuse. Sur le boulevard. Sans bouger du quartier, on pouvait aussi se payer du bon vivre dans l'arrondissement. Forcément, nous avions tout chez nous, à portée de la main : des bals-musette ! des cafés ! des cinés ! Les Buttes-Chaumont, n'en parlons pas !

Des hectares de pelouses et de fleurs ! un lac ! une grotte. Un belvédère.

Clément LÉPIDIS
*Le Mal de Paris*, 1980.

Nous sommes au premier jour de l'an. La nuit s'est passée le ventre à table ; les brocs ont circulé depuis la veille, et les têtes alourdies s'inclinent sous le poids de l'ivresse. Mais à peine le jaune soleil de janvier a-t-il percé la brume, que de toute part le son des cloches éclate. Arrière, le sommeil ! Arrière, l'ivresse ! C'est le signal de la fête par excellence, de la fête populaire entre toutes, de la fête religieuse, renouvelée du paganisme, dans laquelle s'incarne toute une époque : c'est la Fête des Fous ; la Fête des Cornards ; la Fête des Innocents.

Avant le jour, les chanoines et les ecclésiastiques ont été arrachés de leur couche et conduits, dans un état complet de nudité, à Notre-Dame, où on les a aspergés d'eau. Après quoi ils ont été autorisés à s'habiller, mais d'une façon grotesque et bouffonne. Puis ils ont élu, de bonne volonté, parmi les clercs et les sous-diacres, un évêque, un archevêque, voire un pape des Fous, qu'ils ont confirmé dans sa dignité par des cérémonies burlesques.

Alors a commencé la messe. La foule, accourue au son des cloches, a pu contempler les traits du prélat improvisé. Il trône dans le chœur, à la place habituelle de l'évêque, revêtu de tous les insignes de son titre, avec la croix pastorale sur la poitrine, la mitre en tête et la crosse à la main. On l'encense avec du boudin et de la saucisse, et aussi avec de vieux souliers qui empoisonnent l'air. Sur l'autel, on mange et on boit, sans s'inquiéter de l'officiant. Proche des piliers, on joue aux dés ou à d'autres jeux. Et, dans la nef, les clercs et les sous-diacres, masqués, barbouillés de moût, vêtus en fous, en bêtes monstrueuses, en bateleurs, en hommes dissolus, conduisent des rondes au milieu des nefs et sautent et courent par toute l'église, en faisant des contorsions étranges et en hurlant des paroles mal sonnantes.

Mais ce n'est là que la première partie de la fête. Quand la messe a été dite, la foule, mêlée aux prêtres et aux clercs, dans les transports de sa joie et de son ivresse, a profané l'église d'une manière plus criminelle encore. La licence n'a plus de bornes. On s'excite aux plus grandes extravagances. L'église, en ce moment, ne le cède à aucun mauvais lieu sous le rapport de l'immoralité. Puis, quand on est las de ces joyeusetés, on sort du temple pour se livrer à de nouvelles insanités. Les sous-diacres sont juchés sur des tombereaux pleins d'ordures, d'où, vêtus en baladins ou en femmes, ils jettent des immondices à la populace qui s'empresse autour d'eux. De distance en distance, le cortège fait halte, et l'on peut voir à la lueur des torches — car la nuit est venue — ces personnages de caractère sacerdotal montés sur des théâtres, dressés exprès pour leurs folies, où ils renouvellent leurs parades lubriques.

Edmond NEUKOMM
*Fêtes et spectacles du vieux Paris*, 1886.

Le mercredi, le jeudi et le vendredi saints, sous l'ancien prétexte d'aller entendre l'office des ténèbres à Longchamp, petit village à quatre milles de Paris, tout le monde sort de la ville ; c'est à qui étalera la plus magnifique voiture, les chevaux les plus fringants, la livrée la plus belle.

Les femmes couvertes de pierreries s'y font voir, car l'existence d'une femme, à Paris, consiste surtout à être regardée. Les carrosses à la file offrent tous les états allant, reculant, roulant dans les allées sèches ou fangeuses du bois de Boulogne.

La courtisane s'y distingue par un plus grand faste ; telle a orné ses chevaux de marcassites. Les princes y font voir les dernières inventions des selliers les plus célèbres, et guident quelquefois eux-mêmes les coursiers. Les hommes à cheval et à pied, pêle-mêle, confondus, lorgnent toutes les femmes. Le peuple boit et s'enivre ; l'église est déserte ; les cabarets sont pleins ; et c'est ainsi qu'on pleure la passion de Jésus-Christ.

Louis Sébastien MERCIER, *Tableau de Paris*,
« Longchamp », 1781.

« Quelle fête ce sera, mes amis, quelle fête !

— Vous ne savez pas ? Tous les souverains viendront incognito, en bourgeois, pour voir ça.

— Il paraît que l'Empereur de Russie est arrivé ; il compte se promener partout avec le prince de Galles.

— Oh ! pour une fête, ce sera une fête ! »

Ce sera une fête ; ce que M. Patissot, bourgeois de Paris, appelle une fête : une de ces innombrables cohues qui, pendant quinze heures, roulent d'un bout à l'autre de la cité toutes les laideurs physiques chamarrées d'oripeaux, une houle de corps en transpiration où ballotteront, à côté de la lourde commère à rubans tricolores, engraissée derrière son comptoir et geignant d'essoufflement, l'employé rachitique remorquant sa femme et son mioche, l'ouvrier portant le sien à califourchon sur la tête, le provincial, ahuri, à la physionomie de crétin stupéfait, le palefrenier rasé, légèrement, encore parfumé d'écurie. Et les étrangers costumés en singes, des Anglaises pareilles à des girafes, et le porteur d'eau débarbouillé, et la phalange innombrable des petits bourgeois, rentiers inoffensifs que tout amuse. Ô bousculade, éreintement, sueurs et poussière, vociférations, remous de chair humaine, extermination des cors aux pieds, ahurissement de toute pensée, senteurs affreuses, remuements inutiles, haleines des multitudes, brises à l'ail, donnez à M. Patissot toute la joie que peut contenir son cœur !

Guy de MAUPASSANT
*Les Dimanches d'un bourgeois de Paris*, 1880.

L'obscurité est venue. Soir de paye. Veille de fête. Après le dîner, les lampes s'éteignent dans les salles à manger que décorent des calendriers de la Samaritaine ou de Pygmalion. Les gosses se couchent. La mère, éreintée par sa journée de lavoir, s'endort sur sa chaise, la tête dans l'édredon. L'homme descend « pour faire un tour » ; il va rentrer tout de suite : le temps de respirer un peu ; ou bien il prétexte un meeting, mais il promet de partir avant la fin. Ou bien, s'ils n'ont pas d'enfants, sa femme chausse ses bottines, plante un peigne dans son chignon, et les voilà tous les deux dans la rue, silencieux, embarrassés, rêvant de mille distractions qui coûtent trop cher.

Mais c'est demain le 14 juillet. Il y a un bal au carrefour. « On y va ? — Ben oui, quoi ! On verra ! » Ils y vont. Elle a pris son bras. Il roule une cigarette. Elle se regarde dans les glaces des boulangeries.

À frais communs, les mastroquets des quatre coins ont édifié une estrade tendue de calicot rouge avec des festons de lanternes vénitiennes qui vont s'accrocher aux réverbères. Cela répand un éclairage de fin d'incendie qui donne à tous les visages une expression d'hébétement satisfait. Tout le monde rit ; tout le monde boit. Une polka se déchaîne. Le piston, pour se faire remarquer, précipite le mouvement et l'ophicléide, qui manque de souffle, fait ses rentrées trop tard. Mais les danseurs ne sont pas difficiles. Ils dansent pour eux, sans se préoccuper de la mesure. La musique n'est qu'un bruit qui tient leurs jambes en activité et, quand elle cesse, c'est comme si le fil qui agitait les pantins se brisait tout à coup ; les bras retombent, les pieds s'immobilisent ; le cavalier salue et tourne le dos ; sa compagne d'un instant sourit, gênée, redresse une mèche et court rejoindre ses amies adossées, en groupe, à la devanture d'une boutique. Elles n'ont pas d'amants, mais ce soir l'amour rôde, elles l'attendent, le voici...

Ce sont trois jeunes gens très distingués, coiffés de canotiers à rubans verts, la boutonnière fleurie, les cheveux brillants de pommade. « Mesdemoiselles, commence le plus audacieux, permettez-nous de vous offrir quelque chose. Il fait sérieusement soif, hein, vous autres ? » Les compères approuvent : « Tu parles ! — Et comment ! » Tout de suite ils s'enhardissent. Chacun a choisi sa chacune, l'a déshabillée d'un coup d'œil, a jugé s'il y avait, oui ou non, « quelque chose à faire ». Mais un soir de 14 juillet, après deux tours de valse, il y a toujours « quelque chose à faire ». Ils le savent. Ils mènent l'affaire avec rondeur.

André BILLY
*Le Badaud de Paris et d'ailleurs*, 1959.

Je me souviens de la famille Raguenot, partie aux Buttes voir le feu d'artifice. À douze au moins, en comptant les mioches. Des moutards à la grand-mère, les voilà donc en file indienne sur le trottoir. Le grand-père avait pris un peu d'avance tant il se sentait guilleret en cette période de réjouissance. Son litre de beaujolais dans le cornet, il avait fêté la prise de la Bastille à sa manière. Bref, dans une forme éblouissante, si bien à point qu'il lâche toute la ribambelle et bifurque de la rue Rébeval à la rue du Général-Lassalle. Rue Dénoyez, il s'assoit à la terrasse du Vieux Saumur et commande une chopine, puis une autre. Bon Dieu que la Révolution a du bon ! Gaillard, le voilà qui gueule comme cela ne lui était pas arrivé depuis son mariage avec Églantine. Au-dessus de sa tête éclatent les fusées des Buttes, où le cherchent sa femme justement, et sa fille et son gendre, et les gamins, qui en profitent pour s'éclipser sur les pelouses et jouer avec d'autres mômes à touche-pipi dans les taillis ! Gagné par une ultime jeunesse, le vieux Raguenot picole à présent dans les bras d'une veuve à une table du Tabac Garaud. La cinquantaine bien conservée, un beau morceau, la poitrine roulée dans du jersey, les lèvres dessinées. Frémissantes. Raguenot en perd la boule, surtout quand, là-haut, dans le ciel, au-dessus des quatre arrondissements, c'est la fête au grand complet. Soudain apparaît la retraite aux flambeaux. Le bouquet. Raguenot réclame un lampion et s'en va, au bras de sa veuve, poursuivre dans le faubourg sa nouba. Aux Buttes, on le cherche toujours, bien entendu. Bah ! pense-t-on, le pépé, on le récupérera une fois revenu à la maison. Mais la nuit passe, et le vieux se paye du bon temps jusqu'au 15, puis le lendemain, dans le lit de la rue Dénoyez, où il récupère vingt ans de sa vie. Métamorphosé. Tout neuf grâce à la Bastille. Grâce à 89. Quand il revient chez lui, le 16 au matin, rue des Envierges, le commissaire du quartier est là, peaufinant son enquête. Dans les yeux du vieux pétille un 14 juillet comme il n'en vivra jamais plus.

Clément LÉPIDIS
*Le Mal de Paris*, 1980.

# *Le zinc*

L'usage du café fut introduit pour la première fois, à Paris, en 1669, par Soliman-Aga, ambassadeur de la Porte Ottomane. Quelque temps après, un Arménien, du nom de Pascal, établit un café à la foire Saint-Germain (où est situé le marché de ce nom), puis au quai de l'École ; et un Sicilien, François Procope, vint ensuite se fixer à Paris, et s'établit, en 1689, dans la rue des Fossés-Saint-Germain (aujourd'hui rue de l'Ancienne-Comédie), en face du théâtre de la Comédie-Française. Il se forma bientôt à Paris d'autres établissements de ce genre ; mais celui de Procope fut toujours le plus renommé ; c'était le lieu de réunion des gens de lettres. Le café de la Régence, place du Palais-Royal, obtint aussi une grande célébrité, surtout à cause des joueurs d'échecs.

J.-F. Destigny
*Histoire de Paris racontée à la jeunesse*, 1844.

« Bien sûr, disait Lagoupille dans une comédie célèbre. Si je vais au café, c'est pour prendre un café ; ça n'est pas pour prendre un lavement ! »

Ce n'était pas tout à fait exact au temps que Courteline écrivait, entre deux soucoupes, sur la table de marbre, ses immortelles satires. Ce n'était point vrai du tout, à la fin du XVIIIe siècle et au milieu du XIXe. Le « client sérieux » se rendait alors au café pour tout autre chose que pour consommer.

On y venait pour comploter, pour préparer les révolutions ; on y entrait plus placidement pour élaborer le prochain article, ou, en spectateur, pour voir les journalistes en renom, habitués du lieu.
Car, à cette époque où le demi « bien tassé » était remplacé par l'orgeat ou par la limonade, les cafés de Paris, plus particulièrement ceux du boulevard, étaient de véritables bureaux d'esprit.

Paul Jarry
*L'Âme des vieux logis*, 1945.

Le Parisien y prend son chocolat et son journal, sa demi-tasse et son cigare, sa maîtresse et sa glace. Le provincial prend son déjeuner et son *National*, son absinthe et sa femme. Même l'Anglais y prend son Galignani et ses œufs, et l'Allemand sa bière et sa pipe. C'est l'arène de la vie publique de Paris, ce que la Bourse est à un peuple strictement commercial, le café l'est pour le Français. Là, les politiques et les amusements du jour sont mis en discussion. Chaque table a son groupe, et les conversations sont tenues de façon si discrète que les voisins les plus proches ne sont pas dérangés... Il n'est pas facile de faire voir à un lecteur le café parisien : ces miroirs qui reflètent tous les objets à l'infini, les corniches dorées, les planchers sablés, les tables aux pieds de fer, le poêle allemand chargé de vaisselle, le trône de la présidente avec ses pyramides de sucre, les garçons en tabliers blancs criant à la petite dame du bureau : dix-neuf quarante ! treize ! cinq francs vingt et un ! vingt-cinq !
Après le milieu du jour, la petite demi-tasse tend à l'emporter sur le bol de la matinée, et, durant les trois heures suivantes, il y a une diminution sensible des visiteurs ; la coquette présidente abandonne sa place afin de s'habiller pour la soirée. Alors se présentent les vieux célibataires chagrins et les hommes mariés en querelle. Tandis que passent les heures, les oisifs d'après-dîner arrivent ; de vieilles femmes avec leurs petits chiens blancs vont chercher une table en se dandinant et prennent leur dé de café. Les sièges du dehors se remplissent ; on rit, on se met à l'aise, on sirote et l'on parle. Les lampes sont allumées. Des jeunes gens

commandent des glaces, des hommes âgés des punchs. À la moitié des tables c'est le cliquetis des dominos. Neuf, dix, onze et douze heures tombent sur le monde parisien. Les omnibus ont cessé de rouler ; les garçons mettent les volets. Les gens s'en vont lentement, non pas vers leur *home*, il n'y a pas un tel mot dans leur langage, mais chez eux.

Donald Grant MITCHELL
cité in *La France et les Français*
*vus par les voyageurs américains*, 1847.

Pourquoi suis-je entré, ce soir-là, dans cette brasserie ? Je n'en sais rien. Il faisait froid. Une fine pluie, une poussière d'eau voltigeait, voilait les becs de gaz d'une brume transparente, faisait luire les trottoirs que traversaient les lueurs des devantures, éclairant la boue humide et les pieds sales des passants.

Je n'allais nulle part. Je marchais un peu après dîner. Je passai le Crédit Lyonnais, la rue Vivienne, d'autres rues encore. J'aperçus soudain une grande brasserie à moitié pleine. J'entrai, sans aucune raison. Je n'avais pas soif.

D'un coup d'œil je cherchai une place où je ne serais point trop serré, et j'allai m'asseoir à côté d'un homme qui me parut vieux et qui fumait une pipe de deux sous, en terre, noire comme un charbon. Six ou huit soucoupes de verre, empilées sur la table devant lui, indiquaient le nombre de bocks qu'il avait absorbés déjà. Je n'examinai pas mon voisin. D'un coup d'œil j'avais reconnu un bockeur, un de ces habitués de brasserie qui arrivent le matin, quand on ouvre, et s'en vont le soir, quand on ferme. Il était sale, chauve du milieu du crâne, tandis que de longs cheveux gras, poivre et sel, tombaient sur le col de sa redingote. Ses habits trop larges semblaient avoir été faits au temps où il avait du ventre.

Guy de MAUPASSANT
*Garçon, un bock !...*, 1884.

Tu es debout devant le zinc d'un bar crapuleux
Tu prends un café à deux sous parmi les malheureux

Guillaume APOLLINAIRE
« Zone », *Alcools*, 1913.

Le café des Amateurs était bondé derrière ses vitres embuées par la chaleur et la fumée. C'était un café triste et mal tenu, où les ivrognes du quartier s'agglutinaient, et j'en étais toujours écarté par l'odeur de corps mal lavés et la senteur aigre de saoulerie qui y régnaient. Les hommes et les femmes qui fréquentaient les Amateurs étaient tout le temps ivres ou tout au moins aussi longtemps qu'ils en avaient les moyens, surtout à force de vin qu'ils achetaient par demi-litre ou par litre. Nombre de réclames vantaient des apéritifs aux noms étranges, mais fort peu de clients pouvaient s'offrir le luxe d'en consommer, sauf pour étayer une cuite. Les ivrognesses étaient connues sous le nom de poivrotes qui désigne les alcooliques du sexe féminin. Le café des Amateurs était le tout-à-l'égout de la rue Mouffetard...

Ernest HEMINGWAY
*Paris est une fête*, 1964.

Sur le boulevard Raspail, le petit Café des Vigourelles abrite, les jours où l'on ne danse pas à Bullier, une jeunesse pétulante ; un homme au visage sévère s'y tient souvent. Il déclare avec simplicité à qui veut l'entendre : « Je suis l'homme le plus emm...-dant du quartier, j'emm...de même les conseillers municipaux. »

On l'appelle le « Lion ». Il a tellement emm...dé de monde qu'il en tire des rentes. En effet, la plupart des cafés, des bistros du quartier préfèrent lui donner de l'argent plutôt que de le servir. Il n'a qu'à se présenter dans ces endroits, pour qu'aussitôt on lui donne, selon l'importance de la maison, un franc, deux francs et même trois francs cinquante. Chaque matin, cet homme de génie fait sa petite tournée dans le quartier et cela lui suffit pour vivre, et il emm...de tout le monde et ne doit rien à personne.

Guillaume APOLLINAIRE
in *Le Mercure de France*, 1913.

Naturellement, et le plus naturellement du monde, elle buvait une menthe verte puisque dans cette ville toutes celles qui font de l'amour une profession ne cachent pas leur goût fidèle pour cet étrange breuvage qui n'est sans doute qu'un bonbon liquide. Le café faisait un petit somme. L'heure de l'apéritif était passée et celle des sandwiches-chocolat n'avait pas encore sonné.

Philippe SOUPAULT
*Les Dernières Nuits de Paris*, 1928.

Cafés crasseux, cafés pour hommes du Milieu, cafés pour hommes sans sexe, pour dames seules, cafés de tôliers, cafés décorés à la munichoise, esclaves du ciment armé, de l'agence Havas, tous ces Noyaux, ces Pierrots, ces cafés aux noms anglais, ces bistrots de la rue Lepic, ces halls de la place Clichy, donnent asile aux meilleurs clients du monde. Car le meilleur client de café du monde est encore le Français, qui va au café pour aller au café, pour y organiser des matches de boissons, ou pour y entonner, avec des camarades, des hymnes patriotiques.

Léon-Paul FARGUE
*Le Piéton de Paris*, 1939.

Ça a débuté comme ça. Moi, j'avais jamais rien dit. Rien. C'est Arthur Ganate qui m'a fait parler. Arthur, un étudiant, un carabin lui aussi, un camarade. On se rencontre donc place Clichy. C'était après le déjeuner. Il veut me parler. Je l'écoute. « Restons pas dehors ! qu'il me dit. Rentrons ! » Je rentre avec lui. Voilà. « Cette terrasse, qu'il commence, c'est pour les œufs à la coque ! Viens par ici ! » Alors, on remarque encore qu'il n'y avait personne dans les rues, à cause de la chaleur ; pas de voitures, rien. Quand il fait très froid, non plus, il n'y a personne dans les rues ; c'est lui, même que je m'en souviens, qui m'avait dit à ce propos : « Les gens de Paris ont l'air toujours d'être occupés, mais en fait, ils se promènent du matin au soir ; la preuve, c'est que lorsqu'il ne fait pas bon à se promener, trop froid ou trop chaud, on ne les voit plus ; ils sont tous dedans à prendre des cafés-crème et des bocks. C'est ainsi ! Siècle de vitesse ! qu'ils disent. Où ça ? Grands changements ! qu'ils racontent. Comment ça ? Rien n'est changé en vérité. Ils continuent à s'admirer et c'est tout. Et ça n'est pas nouveau non plus. Des mots, et encore pas beaucoup, même parmi les mots, qui sont changés ! Deux ou trois par-ci, par-là, des petits... » Bien fiers alors d'avoir fait sonner ces vérités utiles, on est demeuré là assis, ravis, à regarder les dames du café.

Louis-Ferdinand Céline
*Voyage au bout de la nuit*, 1932.

La place Saint-Germain-des-Prés, qui ne figure pas dans le laïus adressé aux Yougoslaves et aux Écossais par le speaker du car de Paris la nuit, est pourtant un des endroits de la Capitale où l'on se sent le plus « à la page », le plus près de l'actualité vraie, des hommes qui connaissent les dessous du pays, du monde et de l'Art. (...) La place en effet vit, respire, palpite et dort par la vertu de trois cafés aussi célèbres aujourd'hui que des institutions d'État : les Deux Magots, le Café de Flore et la Brasserie Lipp, qui ont chacun leurs hauts fonctionnaires, leurs chefs de service et leurs gratte-papier, lesquels peuvent être des romanciers traduits en vingt-six langues, des peintres sans atelier, des critiques sans rubriques ou des ministres sans portefeuille. L'art et la politique s'y donnent la main, l'arriviste et l'arrivé s'y coudoient, le maître et le disciple s'y livrent à des assauts de politesse pour savoir qui payera. (...) Le Café des Deux Magots, devenu « des deux mégots » pour les initiés, depuis que l'on a cessé de demander au patron des nouvelles de son associé, est un établissement assez prétentieux et solennel où chaque consommateur représente pour son voisin un littérateur, où des Américaines presque riches, presque belles, mais pas très propres et la plupart du temps pompettes, viennent bâiller et se tortiller devant les derniers surréalistes, dont le nom traverse l'Océan s'il ne dépasse pas le Boulevard. Par sa large terrasse, si agréable à la marée montante des matins ou à la descente du crépuscule d'été, par la cherté de ses consommations, les plus chères de Paris, le Café des Deux Magots est fort recherché des snobs, qui trouvent que le Dubonnet à cent sous ne constitue pas une dépense exagérée pour qui veut assister à l'apéritif des écrivains modernes. (...)

À une heure du matin, les garçons commencent à pousser les tables dans le ventre des clients nocturnes, qui ne sont plus que de braves bourgeois du sixième arrondissement, à balayer sur leurs pieds, à leur envoyer des coins de serviettes dans l'œil. Une demi-heure plus tard, les Deux Magots ferment comme une trappe, sourds au murmure suppliant de deux ou trois Allemands qui stationnent devant la boutique, attirés là par les quarante ans de vie littéraire et de boissons politiques du lieu. Quelques minutes plus tard, le Café de Flore, autre écluse du carrefour, l'œil déjà miteux, se recroqueville à son tour...

Léon-Paul Fargue
*Le Piéton de Paris*, 1939.

Midi était passé depuis longtemps, on allait casser la croûte chez le bougnat d'en face, prenait des digestifs, à toute petite vitesse, surtout quand je travaillais avec Drelin qui les appréciait fort et trouvait naturel d'y faire passer la plus grosse part de sa paye, jusqu'à une heure avancée de l'après-midi, à la première grisaille du soir d'hiver, on finissait le dernier trois mille d'une belote à quatre, et s'en allait faire les deux autres pâtés de maisons. On rentrait au Châtelet retrouver Jérôme qui se lavait et s'habillait seulement et nous larguait les beaux fafiots, on partait tous faire les fanfarons dans les bistrots à filles des rues Quincampoix et des Lombards, montait bouffer aux Halles avec chacun le plus souvent une femme pas trop décavée. C'était la vie de château.

Jean-Paul CLÉBERT
*Paris insolite*, 1952.

— Ce n'est pas pour rien qu'il existe tant de bistrots dans Paris, affirmait Danse-Toujours. Ce n'est pas tellement pour boire que tant de gens y sont tout le temps fourrés. C'est pour se rencontrer, se réunir, se rassembler, — se rassurer. Oui, se rassurer : les gens s'emmerdent tout le temps, et ils ont la trouille, la trouille de la solitude et de l'ennui. Et puis ils portent tous dans leur au-dedans leur bonne petite trouille maison : la peur de la mort, tous aussi je m'enfoutistes qu'ils aient l'air. Pour ne pas y penser ils feraient n'importe quoi. N'oublie pas que c'est avec cette trouille-là qu'on a bâti tous les temples et toutes les églises. Alors, dans des villes comme celle-ci où quarante races se mélangent, tout le monde découvre toujours quelque chose à se dire. Mais voilà ce qu'il faut que tu saches : quand tu te trouves bien dans un troquet, que tu as décidé d'y revenir souvent, d'y rencontrer tes potes, si tu veux t'y tenir à l'aise et ne pas trouver au mauvais moment de cailloux dans l'engrenage, colle-toi dans un coinsteau, fais ta correspondance, lis, tâche de casser la croûte sur place et observe ce qui se passe pendant une grande journaille. Au moins deux fois dans le jour, et trois fois si ton bouchon est ouvert la nuit, il y a le moment du « temps pour rien ». C'est tous les jours à la même heure et à la même minute ; mais ça change suivant les endroits. Les gens parlent, ils se racontent leurs trucs, ils trinquent, et, paf ! la seconde de silence, où tout le monde reste immobile, le verre en l'air et les yeux arrêtés. Tout de suite après le boucan remet ça ; mais ta seconde où rien n'arrive, elle peut durer des cinq, des dix minutes. Et pendant ce temps-là, dehors et partout ailleurs, la vie, la vie des autres continue plus vite, beaucoup plus vite, comme une avalanche. Si tu es prévenu et que tu profites de ce moment-là pour ne pas lâcher les pédales et dire ton mot, tu es sûr d'être écouté, et même *obéi* si c'est nécessaire. Tu verras : fais-en l'expérience.

Jacques YONNET
*Enchantements sur Paris*, 1954.

Ce fut ce jour-là que choisirent ces messieurs de la Mondaine pour effectuer une descente aux Filles-du-Calvaire afin d'y coffrer la patronne des Trapézistes, un café-tabac sans importance, à la façade verte un peu écaillée, à présent disparu, comme anéanti après les événements, et qui se situait à l'angle de la rue Amelot et du boulevard, à l'emplacement de l'actuel Crédit Foncier, sur le côté gauche lorsqu'on regarde le Cirque d'Hiver. À l'époque s'y était formée une sorte de clique sous la houlette de Madame Maud qui, du haut de son comptoir-caisse, y entretenait une atmosphère bon enfant. Il s'y échangeait, dans un brouhaha continuel, des rogatons d'idées tronquées comme il arrive souvent dans ce genre d'endroit. On y côtoyait l'artiste du cirque qui, la représentation terminée, n'avait qu'à traverser la rue pour s'en jeter un dernier, ainsi que le mauvais garçon à ne confondre en aucun cas avec le vulgaire « alphonse » qui, lui aussi, de temps à autre, débarquait de la rue de Lappe, le croco clignotant aux pieds et la cravate bariolée, pour s'accouder au zinc où, la cibiche au bec, avec cet air de demi-sel mal débarbouillé, il vous débinait derrière un pastis sa dernière acquisition, une américaine qu'on apercevait par la vitre, échouée sur le trottoir d'en face, le capot relevé, ruminant sa panne de bougie de tous ses chromes flambant neufs. Il y avait également de vieux habitués, pour la plupart des retraités frileux qui, à heure fixe, rappliquaient pour l'apéro ; parmi eux un gros type flasque, d'une familiarité gênante. Toujours accoudé au bar, il ponctuait les scènes de commentaires absurdes. Comme il se mêlait de tout, on l'avait surnommé « le professeur ». Par la suite, on lui inventa un passé de proviseur au lycée Charlemagne. Avec le temps on lui avait donné du grade. Les jours de pluie, c'était réglé comme du papier à musique, la grande Rolande, l'une des dernières des échassières de boulevard, trouvait refuge à une table près de la fenêtre d'où, derrière les brise-bise en macramé jauni par la fumée, elle guettait le client, tout en sirotant un petit blanc gommé. On y rencontrait également de ces gens qu'on voit tous les jours, dont on serre la main, avec qui l'on boit ou l'on couche éventuellement, et qui sont comme morts.

Pierre COMBESCOT
*Les Filles du Calvaire*, 1991.

## *Les belles nuits de Paris*

— Allons donc ! dit le pharmacien en claquant de la langue, les parties fines chez le traiteur ! les bals masqués ! le champagne ! tout cela va rouler, je vous assure.

— Je ne crois pas qu'il se dérange, objecta Bovary.

— Ni moi ! reprit vivement M. Homais, quoiqu'il lui faudra pourtant suivre les autres, au risque de passer pour un jésuite. Et vous ne savez pas la vie que mènent ces farceurs-là, dans le Quartier Latin, avec les actrices ! Du reste les étudiants sont fort bien vus à Paris. Pour peu qu'ils aient quelque talent d'agrément, on les reçoit dans les meilleures sociétés, et il y a même des dames du faubourg Saint-Germain qui en deviennent amoureuses, ce qui leur fournit, par la suite, les occasions de faire de très beaux mariages.

Gustave FLAUBERT
*Madame Bovary*, 1857.

Le soir, quand le gaz s'allume, quand théâtres, cafés-concerts, grands bazars, estaminets dorés ou pauvres, allument leurs enseignes et leurs candélabres, quand les fenêtres des grands cercles flambent, quand sur le pavé les traînées d'électricité font comme des rivières d'argent, qui parlera des *a giorno* de Venise et des illuminations de l'Orient !

À ce même moment, la conversation parisienne, elle aussi, prend feu, sur la ligne boulevardière.

Combien de meurtris par les hasards de la passion ou les coups de la fortune, parmi les hommes assis devant ces tables ou rôdant devant les théâtres ; mais il n'y paraît pas sur leur visage, ils se font la mutuelle aumône, la réciproque politesse d'un masque d'insouciance et de gaieté. D'ailleurs, la tristesse s'évapore vite dans l'atmosphère et le boulevard semble toujours en fête.

On y parle de ce qui sera écrit demain dans la ribambelle de journaux qui pendent aux vitres des kiosques.

Toute l'actualité frissonne le long de ces tonnelles de verre, bariolées de réclames joyeuses, égayées d'un parapluie rouge qui porte prix de vente comme un écriteau d'aveugle, ou d'une tête ahurie qui mousse sous le blaireau, ou d'une binette à la Lassouche qui appelle le chapelier.

C'est gai à regarder comme une blague de gamin à écouter.

La nuit, cela fait des taches de couleur riche, pourpre et or, sur la route des pauvres qui rentrent mélancoliquement au logis ou choisissent ce beau chemin pour coucher à la belle étoile !

Jules VALLÈS
*Le Tableau de Paris*, 1882-1883.

### QUAIS DE LA SEINE

Toi, Seine, tu n'as rien. Deux quais et voilà tout,
Deux quais crasseux, semés de l'un à l'autre bout
D'affreux bouquins moisis et d'une foule insigne
Qui fait dans l'eau des ronds et qui pêche à la ligne.
Oui, mais quand vient le soir, raréfiant enfin
Les passants alourdis de sommeil et de faim,
Et que le couchant met au ciel des taches rouges,
Qu'il fait bon aux rêveurs descendre de leurs bouges
Et, s'accoudant au pont de la Cité, devant
Notre-Dame, songer, cœur et cheveux au vent !
Les nuages, chassés par la brise nocturne,

Courent, cuivreux et roux, dans l'azur taciturne.
Sur la tête d'un roi du portail, le soleil,
Au moment de mourir, pose un baiser vermeil.
L'hirondelle s'enfuit à l'approche de l'ombre,
Et l'on voit voleter la chauve-souris sombre.

Paul VERLAINE
*Poèmes saturniens*, 1866.

Le soir, le parc des Buttes-Chaumont, le parc inachevé de la Butte-Montmartre se garnissaient de milliers de gens qui semblaient venus pour assister au spectacle dans une salle immense. Ils attendaient le rafraîchissement nocturne ; ils épiaient les moindres mouvements de l'air. Ils écoutaient les trains hululer dans les plaines du Nord. Ils regardaient. Ceux des Buttes-Chaumont, selon leur place, apercevaient par-delà le vaste amphithéâtre d'arbres, une obscure banlieue, piquée de points dorés, ou la silhouette du Sacré-Cœur, sur son flanc de colline, ou une fuite rougeoyante de Paris par une échancrure du tout proche horizon. Ceux de la Butte-Montmartre contemplaient Paris entier, rendu encore plus universel par la nuit, et plus comparable à une mer semée de feux.

(...) Chaque quartier, dès la chute du jour, était ainsi en quête d'un espace où se détendre. Le Paris de l'Ouest courait vers le Bois, avec ses équipages et ses automobiles. Celui de l'Est vers les pelouses de Vincennes, avec ses pantoufles et ses pliants. Il y avait aussi les quais du fleuve, et les berges ; les ports au plâtre, au charbon, à la pierre de taille, au fer, que les tombereaux n'encombraient plus, et où l'on pouvait venir s'asseoir sur des madriers. Il y avait trente-six kilomètres de fortifications avec leurs bourrelets de talus qui, dans le temps que les trois premières étoiles mettaient à paraître, se couvraient d'hommes.

Jules ROMAINS
*Les Hommes de bonne volonté*, 1932-1947.

La nuit, une autre ville apparaît. Moins somptueuse, malgré sa parure de lumière, moins prodigue de ses richesses. Elle a recouvert ses monuments d'une housse noire et ne laisse voir que ceux dont elle est fière : le dôme des Invalides rayonnant de gloire, l'arc de Triomphe auréolé de cristal, le Panthéon soudainement allégé, le fastueux Opéra, le Sacré-Cœur suspendu là-haut comme une lampe d'autel, et notre grande folle de Tour qui s'exhibe, impudique, sous sa chemise de dentelle, côtes en long et les jambes écartées.

Tout à cette heure devient féerique. Sur l'esplanade, les autos dansent un ballet silencieux et les grands boulevards tracent dans le ciel une Voie lactée. Grâce aux enseignes qui flamboient — rouges, bleues, vertes — s'éclipsent, puis reparaissent, je me dirige comme en plein jour. Cette pyramide mouvante qui surgit puis s'effondre me conduit place Clichy ; au-dessous, voici le halo de Saint-Lazare ; à gauche, les Ternes déroulent des banderoles et derrière moi, là-bas, Montparnasse allume ses rébus. En m'écorchant les yeux, j'épelle des réclames sur les toits. Biscuits, apéritifs, eaux minérales, sous-vêtements, pneus, cigarettes : la nuit offre de tout à son inventaire. Si je veux m'envoler, le tapis magique des Champs-Élysées se déroule à mes pieds.

Roland DORGELÈS
*Au beau temps de la Butte*, 1925.

De Reuilly à Passy, c'est une féerie.

Dans le crépuscule du soir, et pendant la nuit épaisse, le spectacle devient prodigieux. Le fleuve se tord en replis de lumière et d'ombre, éclairé, sillonné, marbré, tacheté çà et là par les fanaux coloriés des ponts et par les rangées des torchères ou des globes qui se succèdent sur les quais. Les phares des bateaux jettent leurs traînées sur les sillages. Tout à coup, un flot de lumières : c'est la place de la Concorde, étincelante ; et puis, la berge est reprise par les fourrés d'arbres. Une féerie fantastique commence avec cette forêt en pleine ville, jusqu'au moment où le regard escalade avec les feux du Trocadéro ou plane avec les opales électriques du Champ-de-Mars sur les espaces où Paris semble s'aérer, respirer, garder de l'ombre et du silence.

PIERRE-GAUTHIEZ
*Paris*, 1929.

Le cœur de Paris est plus pur qu'un ciel d'hiver lucide de froid
Jamais je ne vis de nuits plus sidérales et plus touffues que ce printemps
Où les arbres des boulevards sont comme les ombres du ciel,
Frondaisons dans les rivières mêlées aux oreilles d'éléphant,
Feuilles de platanes, lourds marronniers.

Un nénuphar sur la Seine, c'est la lune au fil de l'eau
La Voie Lactée dans le ciel se pâme sur Paris et l'étreint
Folle et nue et renversée, sa bouche suce Notre-Dame.
La Grande Ourse et la Petite Ourse grognent autour de Saint-Merry.
Ma main coupée brille au ciel dans la constellation d'Orion.

Dans cette lumière froide et crue, tremblotante, plus qu'irréelle,
Paris est comme l'image refroidie d'une plante
Qui réapparaît dans sa cendre. Triste simulacre.
Tirées au cordeau et sans âge, les maisons et les rues ne sont
Que pierre et fer en tas dans un désert invraisemblable.
Babylone et la Thébaïde ne sont pas plus mortes, cette nuit, que la ville de Paris
Bleue et verte, encre et goudron, ses arêtes blanchies aux étoiles.
Pas un bruit. Pas un passant. C'est le lourd silence de guerre.
Mon œil va des pissotières à l'œil violet des réverbères.
C'est le seul espace éclairé où traîner mon inquiétude.
C'est ainsi que tous les soirs je traverse tout Paris à pied
Des Batignolles au Quartier Latin comme je traverserais les Andes

*Les belles nuits de Paris*

Sous les feux de nouvelles étoiles, plus grandes et plus consternantes...

Blaise CENDRARS,
« Au cœur du monde »,
in *Au cœur du monde, Poésies complètes, 1924-1929*, 1944.

Bang !

La demie de vingt-deux heures qui sonnait. On aurait cru la Savoyarde du Sacré-Cœur. Le coup était tombé de là-haut, de la Butte... La soirée oppressait. Il en faisait un plat. Une température lourde, étouffante. L'orage rôdait sur la ville. Par instants, le tonnerre roulait, grondait, arrachant des sursauts aux amoureux qui se léchaient la pomme dans les squares. Dans Montmartre, les terrasses des bistrots débordaient de clilles, amateurs de bière.

Sur le boulevard de Clichy, des passants flânaient, la bouche entrouverte. Ils manquaient d'air. Les mâles étaient en corps de chemise, veston sous le bras. Les nanas en robe légère, jambes nues.

Assis sur des chaises, des pipelets et des petits commerçants prenaient le frais sur le pas des portes. Pas bon pour aller s'enfermer dans leurs loges sombres, leurs arrière-boutiques empuanties !

Les poulbots profitaient de l'occase. Ils jouaient et se tabassaient sur les trottoirs. Pas pressés, eux non plus, de regagner le taudis de leurs père et mère !

Toutes les fenêtres, éclairées ou non, étaient ouvertes sur la rue. L'été, moins pudique que l'hiver, étalait en grand la misère des boulots.

On pouvait bigler dans les piaules ainsi dévoilées. On y remarquait des gonzes à moitié à poil qui entouraient des toiles cirées où le gros rouge était roi. Des soupirs, des bruits de dispute provenaient de certaines fenêtres. Chacun vivait comme ça devant tout le monde. Ça bectait, ça se cuitait, ça se bagarrait, ça se niquait sans se soucier du voisin.

Dans d'autres carrées, des ouvriers, assommés par le labeur de la journée, en écrasaient, vautrés sur leurs draps moites. Pas difficile de se représenter leurs chairs blêmes, leurs membres las, improductifs à la communauté pour quelques heures.

Auguste LE BRETON
*Le rouge est mis*, 1955.

La vie facile, quoi. Alors on boit et on danse. On fume et on fait l'amour. Dans les W.-C., dans les taxis, dans les escaliers, sous les portes cochères. La police ferme les yeux. On écrit et on peint. Partout aussi, dans les cafés, dans le métro, dans les chambres d'hôtel. On étale consciencieusement ses complexes.

Faire une carrière dans les lettres ou les arts consistait surtout dans le fait d'entasser les jetons de présence dans les trois principaux cafés de Montparnasse. Habiter le quartier ne suffisait pas ; il fallait s'y montrer à l'heure de l'apéritif. Il fallait s'y faire remarquer par une excentricité quelconque. Une maîtresse trop voyante, un foulard écarlate, un parler grossier.

Vous avez vu Untel ? Et Hunautre ? Elle est avec X ou Y. Et Machin ? Et Chose ? On dirait qu'il perd les pédales... On ne le voit plus depuis un bon bout de temps. Dommage pour lui... Assez comme ça, pour aujourd'hui. Si on changeait de crémerie ? — selon l'expression favorite de l'époque.

Du coco, de l'héroïne, de la neige... On se pique et on renifle entre le pouce et l'index. La police ferme les yeux.

Des pipes, des grosses lunettes d'écaille, des robes au-dessus du genou. Des chapeaux cloches. Des paupières fardées. Des paupières bleuies. Chacun et chacune veut vivre sa vie. On loge dans les garçonnières et dans les studios d'artistes. Même les bourgeois à la page. Des cocktails extraordinaires et du jazz. Tant et plus. Pardon, du jazz-band, car on ne raccourcira ce mot que par la suite. « Je cherche après Titine » et « Ramona ». Un doigt de gin-fizz et un disque d'Al Johnson. Des cheveux courts, la frange jusqu'aux yeux et les lèvres sanglantes. Des pommettes rouges et rondes et les lèvres arquées à la Dolly Sisters. Du Gominol, à la Valentino, pour les messieurs. Le côté « pratique » triomphe. On remplace les sacs à soufflet par des valises plates. On est toujours prêts à s'en aller. Les voitures attendent devant la porte.

Des « partouses » invraisemblables. On s'amène à dix, à quinze, à vingt et on éteint l'électricité. L'argent et le sperme coulent à flots.

À l'aube, certaines rues et certains trottoirs de Montparnasse, à forte densité de garnis, se couvrent de marguerites fanées. Ce sont des préservatifs. Or même aux approches du jour, la vie ne s'éteint guère. On flâne encore. On prend le dernier verre. On tue le temps comme on peut. Certaines nuits de gala, on allait par bandes, boulevard Arago où la guillotine était dressée. On y louait des fenêtres, tout comme dans un film de Becker. Et les fêtards fraternisaient avec les boueux...

Anatole JAKOVSKY
*Les Feux de Montparnasse*, 1957.

# *Bastringues et caboulots*

Avant 1848, on ne pouvait passer dans une rue de Paris sans apercevoir au-dessus de la boutique d'un marchand de vin une lanterne piteusement éclairée sur laquelle on lisait : *Bal.*

Victor ROZIER
*Les Bals publics de Paris*, 1855.

Paris n'aura jamais autant dansé qu'au XIXe siècle : il y a six cent quarante-quatre bals lorsque s'ouvre le Directoire, et quand se clôt la guerre de 1914, la capitale entière est transformée en un monstrueux dancing.

On aura dansé toutes les danses et on aura dansé partout. On aura dansé sous la menace de la guillotine et on aura dansé au milieu des angoisses des guerres napoléoniennes. On aura dansé avec les Anglais prisonniers et on aura dansé avec les Alliés vainqueurs. On aura dansé, aux révolutions, avec le bruit de la fusillade au coin de la rue. On aura dansé pendant le siège et on aura dansé pendant la plus grande guerre que l'humanité ait jamais vue.

Rien n'aura empêché les Parisiens et les Parisiennes de sauter sur un plancher ciré aux sons d'un orchestre à la mode, et c'est une habitude si invétérée que, à aucune époque et quels que soient les événements, personne ne songe à s'étonner de cette fureur de la danse.

Jules Bertaut
*Les Belles Nuits de Paris*, 1927.

Dans le crépuscule la rue se vidait, et bientôt, dans tous les théâtres, s'ouvraient les bals masqués. Le plus fameux — ou mieux le plus mal famé — était alors le bal des Variétés. On y rencontrait toute l'avant-garde du Carnaval, une farandole de travestis composée de fils de famille, de gens du peuple, de filles, d'étudiants et d'actrices célèbres. Si ce public des plus mélangés se déterminait à passer la nuit au bal des Variétés, c'était parce qu'il y trouvait un double attrait, qui devait d'ailleurs s'exercer aussi sur Offenbach et ses amis — ici Musard dirigeait, ici on dansait le cancan.

Quiconque chercherait à se faire une idée des bals masqués sous Louis-Philippe aurait peine à comprendre la passion que suscitait chacune de ces fêtes. Tant de réjouissances collectives ont été imaginées depuis lors qu'elles font apparaître les scènes de danse représentées par les vieilles gravures comme de timides ébats... Tous les témoignages littéraires s'accordent à le dépeindre (le bal) comme un enfer et lui ont affecté un vocabulaire habituellement réservé à la description d'une ivresse mêlée de stupre et d'horreur. « C'est la guerre civile, écrivait un chroniqueur, c'est un massacre. » Et un autre : « Ce sont des cris de panthère, une joie qu'on prendrait pour de la fureur. »

Le cancan que l'on célébrait au cours de ce sabbat avait à peine quelques années d'existence. Il dérivait d'une danse alors en faveur dans certains bastringues, situés non seulement dans les bas quartiers de la ville mais aussi aux extrêmes confins de la société, et qui, telles les boîtes à matelots, abritaient toute une racaille sans aveu. Cette danse qu'on appelait le chahut avait dû être importée par des soldats de retour d'Algérie. Sans doute n'aurait-elle jamais réussi à franchir la limite des bouges où elle se cantonnait si, désireuse au lendemain de la révolution de Juillet de calmer ses inquiétudes sociales, la jeunesse dorée n'avait tenté des expéditions à la découverte du « milieu ». Lasse des rondes éternelles dont la grâce lui semblait aujourd'hui insipide, elle s'était jetée à corps perdu dans les figures tour à tour lascives et brutales de cette danse, et les avait modifiées suivant son inspiration. Telle était celle du cancan. En 1832, l'année du choléra, une bande de joyeux conjurés menée par Milord l'Arsouille avait fait irruption aux Variétés pour le danser sous les yeux d'une foule en délire...

Au bal masqué des Variétés, le sens dessus-dessous était la loi. Parfois, au milieu de la nuit, du sommet du grand escalier qui se déployait du premier rang de balcon au plancher de la salle, surgissait une bande de jeunes gens qui dégringolaient bras dessus, bras dessous et balayaient tout sur leur passage. Innocents interludes en comparaison du cancan, qui rebondissait dans la confusion générale des corps à corps. « Les couples dansent enlacés sur un espace déjà si restreint et si inconvenant en lui-même », écrivait un touriste allemand du nom de Rellstab auquel l'indignation avait délié la langue, que tous les attouchements, fussent-ils involontaires, tournent inévitablement à l'indécence. Mais lorsqu'on voit avec quelles grimaces et quelles contorsions les hommes masqués s'approchent des danseuses... les serrent contre eux, puis se les lancent au milieu des rires, des glapissements et des scènes obscènes, alors on est pris de répugnance.

Siegfried KRACAUER
*Jacques Offenbach ou le secret du Second Empire*, 1937.

Les *Badouillards* étaient des noceurs, mais n'était pas *Badouillard* qui voulait, il fallait passer des examens, subir des épreuves. Il était dit, dans les règlements, que « l'aspirant devait faire preuve de force et d'adresse, car il n'est pas de bonne fête sans coup de poing ». Aussi devait-il fréquenter les salles de boxe, de chausson, et, en même temps, avoir été distingué à la Chaumière pour ses talents chorégraphiques. Enfin il devait avoir passé une nuit entière au bal.

Cette nuit, pour le *Badouillard*, c'était la veillée d'armes avant d'être fait chevalier. On s'y préparait par l'absorption de multiples bols de punch, de pousse-café, de rincettes et de sur-rincettes. Le candidat devait, en outre, pendant deux jours et deux nuits danser. Après quoi, si l'épreuve était satisfaisante, il était proclamé *Badouillard.*

Celui qu'on avait élu roi de la corporation, c'était Milord l'Arsouille. Ce fils d'un pharmacien anglais, nanti de cent mille livres de rentes, était tutoyé par toute la canaille des bals publics. Chapeau sur l'oreille, cravate de couleur attachée par une épingle de prix, longs cheveux d'un roux doré, petites moustaches rouges et la figure sillonnée de tics, il était célèbre dans tous les endroits où l'on s'amuse et jusque dans les cabarets borgnes des Halles. Ce dandy de la canaille faisait les beaux soirs de tous les bals publics et son nom était parvenu à être populaire dans tout Paris.

Jules BERTAUT
*Les Belles Nuits de Paris*, 1927.

À notre époque, tout carnaval parisien se résume à peu près dans le bal de l'Opéra... Je n'ai jamais vu un grand raout chez Lucifer ; mais je suppose que les choses ne doivent point se passer différemment...

Il est un fait qu'on ne peut nier, c'est que la danse française a fait d'immenses progrès depuis une dizaine d'années !

Les gens qui trouvaient que les Français dansaient négligemment et d'un air ennuyé, doivent être satisfaits ; — on ne marche plus aujourd'hui, au bal masqué, que sur les pieds des curieux. — Du reste, quels bonds ! Quels sauts ! Quelles télégraphies des jambes et des bras !... Et sur cinq cents danseurs pas un n'imite son voisin... Il faudrait un volume entier rien que pour cataloguer tous les pas créés par les Vestris des bals publics, — depuis la Chaloupe orageuse jusqu'à l'avant-deux du Taureau furieux.

Une seule chose reste toujours de mode dans tous les quadrilles..., — c'est lorsqu'on va en avant-deux avec une dame, de la serrer contre son cœur. C'est galant, délicat, de bon goût, enfin, c'est vraiment frrrrançais !

Louis HUART
*Paris au bal*, 1845.

Le bal bruit, tonne, roule, mugit... Sur les marches des deux grands escaliers, dans les couloirs où se presse la foule, messieurs les masques se font remarquer plus encore par leurs cris et leurs allures débraillées que par leurs travestissements : celui-ci a un nez qui va sur les brisées de la pomme de terre ; celui-là a, en guise de bouche, un gouffre entrouvert. En voici un autre avec des lèvres pendantes, des yeux lubriques, des dents de brochet, un front satanique, coiffé d'un shako autour duquel est roulé un turban. Voyez-vous aussi cette houppelande débraillée, ces bottes à revers au bout de ces jambes nues, cette cravate en lambeaux, ce gilet cousu d'écailles d'huîtres, ces mains provoquant la terre et le ciel ? Puis l'homme-oiseau, le Turc de fantaisie, le sauvage civilisé et le général étranger coiffé d'une casserole et portant d'énormes écrevisses cuites en guise d'épaulettes ? Tout cela court, se presse, se heurte, s'interpelle, s'excite et laisse exhaler dans les propos goguenards ses joies folles et avinées.

Jetez maintenant un coup d'œil sur la salle splendidement éclairée. Dans les six rangs de loges chatoie le satin et éclate l'ivresse. Le parquet offre l'aspect d'un océan d'épaules et de seins nus. À un signal donné, l'orchestre mugit comme un ouragan ; aussitôt tous ces flots dispersés, et luttant les uns contre les autres, s'arrêtent, se massent, et roulent emportés par un courant magique. C'est le galop infernal, le galop exécuté au milieu des détonations de la mousqueterie. Les grincements de l'archet, la voix percutante de la clarinette, les sons cuivrés de l'ophicléïde et du trombone ne suffisent plus à entretenir la folie furieuse des danseurs, le chef d'orchestre appelle à son aide les armes à feu, et réduit à la proportion d'un la ou d'un ut gigantesque l'explosion d'un pistolet ou d'une carabine. Le canon n'a pas encore jeté sa note tonnante dans cet orchestre monstre, cela viendra.

Pierrots et pierrettes, débardeurs et débardeuses, mousquetaires et camargos, romains et marquises, costumes en satin et costumes déguenillés, duchesses en poudre et chiffonniers en loques, tout cela roule, tombe, se relève, et passe avec la rapidité de la trombe. Le galop, serpent gigantesque, déroule ses anneaux qui étincellent aux mille rayons des lustres suspendus, comme autant de soleils, au firmament de la salle. Puis ce sont des gestes indescriptibles, des éclats de voix furieux, des contorsions épileptiques, des accents inconnus, des accords inouïs, une symphonie de grincements et de râles. Hurrah ! hurrah ! L'orchestre rugit de plus belle, et de plus belle aussi bondit la spirale humaine. À chaque bond, le parquet, frappé par les jarrets d'acier, rend un bruit sourd, pendant que des loges éclatent les bravos. Hurrah ! Les camargos baissent la tête sur leur poitrine, les pierrettes sentent leurs jambes fléchir ; mais un cri de danseurs, un geste de la foule, une note aiguë qui déchire l'air, ranime leur courage, et le galop recommence plus terrible, plus haletant, entraînant dans sa ronde implacable les forts et les faibles, les danseurs débraillés et les danseuses échevelées ; si bien que l'homme de sang-froid qui contemple ce spectacle se demande quel crime inconnu tous ces gens ont à expier pour prolonger pendant si longtemps cette torture volontaire.

Edmond TEXIER
*Tableau de Paris*, 1852.

Paris digère. C'est l'heure splendide. L'Opéra chante et danse, les théâtres rugissent ou rient à gorge déployée, les cafés-concerts glapissent. De la barrière du Trône à l'arc de l'Étoile, la grande ville entonne le cantique de l'estomac satisfait.

Cent églises du plaisir s'ouvrent à la fois.

Dans les nobles faubourgs et dans le quartier de l'argent de longues files de voitures bordent le trottoir. Levez les yeux. Au premier étage de cette opulente demeure, les rideaux discrets laissent sourdre une lueur.

Cette lueur qui passe avec quelques accords voilés de l'orchestre ameute des groupes où les pauvres fillettes sont en majorité.

Les petits cœurs battent. On danse là-haut !

Là-bas, on danse. À travers la cotonnade quadrillée du cabaret des sons rauques détonnent. S'amuse-t-on davantage chez le millionnaire ? ou les Auvergnats dansent-ils plus gaiement ?

De chauds parfums ici, là l'odeur terrible de la joie populaire ; plus loin, les effluves ennemies de l'absinthe qui empoisonne les bandits et les gens de talent ; de suaves accords, des cris insensés, la gaieté qui éclate, l'amour qui murmure...

Paris s'amuse !

Paul FÉVAL, « La vie de Paris »,
in *Paris-Guide par les principaux écrivains et artistes de la France*, 1867.

Aux numéros 64 et 66 de la rue de Charenton existent côte à côte deux hôtels borgnes et deux bals publics aussi borgnes que les *garnis* dans lesquels ils sont incrustés, ce qui certainement est beaucoup dire ; chacun d'eux, il est presque oiseux de l'ajouter, est flanqué d'un comptoir de marchand de vins.

Le bal surnommé de la *Rosière* est au numéro 66 ; ne prenez pas ce titre au sérieux — qui n'est d'ailleurs qu'un sobriquet — et n'allez pas croire qu'il y ait là un Conservatoire des bonnes mœurs destiné à fournir des candidates aux communes ayant l'habitude de récompenser la vertu en musique et avec discours de M. le maire. (...) Les rosières du numéro 66 se rencontrent, à la nuit tombante, sur la place et aux abords de la gare de la Bastille, où elles turbinent consciencieusement et à une couronne virginale dont elles ne sauraient que faire, elles préfèrent un peu de *galette* ou un verre de mêlé-cassis, versé sur le zinc du mastroquet.

Ce *Bal de la rosière*, si j'ose m'exprimer ainsi, a été fondé en 1858 par M. Pruneyre qui le tient toujours. La salle, de forme allongée, peut contenir environ deux cents personnes, et n'a pas de communication avec la boutique aux boissons, du moins pour le public. (...)

La *Rosière* a des prétentions au bon genre : le prix d'entrée est de cinquante centimes par cavalier (rien pour les cavalières) ; il y a quatre exécutants, à l'orchestre, cinq dans les grandes occasions, et on n'y est pas reçu en savates. L'aspect de ces réunions ne manque pas d'une certaine saveur pittoresque. On s'y démène avec conviction et la plus belle partie du genre humain y est traitée sans le moindre égard et avec une absence de galanterie qui n'a rien de commun avec les manières surannées de l'ancien régime. (...)

Elles ne sont ni jolies, ni élégantes, les garces qui ornent habituellement le bal de la *Rosière* ; elles ne sont pas bégueules non plus. Le dimanche on y rencontre de robustes filles du peuple, pures de tout maquillage, excitantes par leur verdeur villageoise et le luxe de leur santé. D'autres ont du carmin aux lèvres et des cheveux à la chien qui leur tombent jusque sur les yeux ; celles-là demeurent dans les hôtels meublés des alentours. (...)

Le bal du numéro 64 est bien au-dessous de la *Rosière* ; l'entrée est gratuite, l'orchestre ne compte qu'un violon, et les danses ne coûtent que deux sous. C'est le violoneux qui empoche les deux sous. Un artiste très fort dans son genre, que ce violoneux. C'est un jeune homme d'environ vingt ans, frêle, mince, imberbe, qui est parvenu, à force de travail sans doute, à jouer du violon de neuf heures du soir à minuit sans cesser un seul instant de fumer sa pipe. Il ne crache que pendant les entre-deux, et c'est en cela que consiste sa supériorité. Comme il n'a pour tout salaire que le produit des quadrilles ou des valses, il est obligé de se dépêcher et de ne pas perdre une minute. Sa femme est pour lui en cette occurrence un utile et précieux auxiliaire : c'est elle qui récolte la monnaie des danseurs et qui bourre la pipe. Touchant accord !

Emmanuel PATRICK
in *Le Courrier français*, 16 mars 1886.

*Paris en fête*

Quand après avoir subi les cris de marchands de programmes et les invites de négociants s'offrant à vous cirer les bottes, l'on a franchi le comptoir où, parmi des Messieurs assis, un jeune homme debout, à moustaches rousses, porteur d'une jambe de bois et d'un ruban rouge, prend les cartes, assisté d'un huissier à chaîne, la scène du théâtre vous apparaît coupée au milieu du rideau par la masse plafonnante du balcon. L'on voit le bas de la toile, ses deux yeux grillés et devant elle le fer à cheval de l'orchestre plein de têtes, un champ inégal et remuant où, sur la lueur monotone des crânes et le glacé des cheveux pommadés d'hommes, les chapeaux de femmes rayonnent avec leurs plumes et leurs fleurs partant de tous les côtés, en gerbes.

Un grand brouhaha s'élève de la foule qui se tasse. Une vapeur chaude enveloppe la salle, mélangée d'exhalaisons de toute sorte, saturée d'une âcre poussière de tapis et de sièges qu'on bat. L'odeur du cigare et de la femme s'accentue ; les gaz brûlent plus lourds, répercutés par les glaces qui se les renvoient d'un bout du théâtre à l'autre ; c'est à peine si la circulation devient possible, à peine si l'on peut apercevoir au travers de la haie touffue des corps un acrobate qui se livre en cadence sur la scène à des exercices de voltige sur la barre fixe.

Un moment, dans le créneau formé par deux bouts d'épaules et par deux têtes, on l'entrevoit, courbé en deux, les pieds arcboutés et cramponnés au bois, accélérant son mouvement de rotation, tournant furieusement sans forme humaine, crachant des étincelles comme ces soleils d'artifice qui virevoltent, en pétillant, dans une pluie d'or ; puis, peu à peu, la musique qui se roule avec lui ralentit sa volute et, peu à peu aussi, la forme du clown reparaît, le rose du maillot tranche sur l'or qui, moins vivement secoué, fulgure par places seulement, tandis que, remis sur pied, l'homme salue des deux mains la foule.

Joris-Karl HUYSMANS
*Croquis parisiens*, 1886.

Ceux qui, dans les années 1924-1925, ont traîné leur désœuvrement, leur débauche, leur tristesse ou simplement leur humeur nocturne sous le jour artificiel des feux de Montmartre, ceux qui ont aimé le paysage unique formé par les rues Pigalle, Fontaine et de Douai, paysage d'Américains ivres, de nègres à saxophones, d'Argentins à tangos, de filles un peu hagardes, de souteneurs en smoking, de marchandes de fleurs, de mendiants et de chauffeurs de taxi, paysage qui sentait la benzine, les parfums, le maquillage et, sourdement, les drogues, ceux qui ont aimé voir, de la place Pigalle, dévaler et danser la cascade d'enseignes, fascinantes et décevantes comme les artifices de la joie, ceux qui se sont mêlés à l'étrange peuple qui commence à travailler lorsque les gens normaux se couchent, peuple hystérique, pervers et naïf, hors de l'humanité, matériel à plaisir — ceux-là se rappellent le nombre singulier des restaurants de nuit russes rassemblés sur quelques mètres carrés de la zone nocturne.

Ces établissements poussaient et se multipliaient comme des plantes malsaines. Il y en avait de toute grandeur, de tout style : depuis les usines à musique de trois étages jusqu'aux réduits minuscules qu'une demi-douzaine de tables emplissait. Dans certaines, sous une lumière bleutée d'église, qui se reflétait sur des coupes d'argent massif, on s'enivrait silencieusement comme pour célébrer un rite ; et d'autres, au contraire, retentissaient, sans arrêt, de musique, de chansons et de danses sauvages.

À chaque pas, on se heurtait à des cosaques placés en sentinelle devant les portes de ces cabarets. Des chanteurs ou danseurs déambulaient pendant les entractes, tête nue, vêtus de velours et de soie, entraient dans les bars, dans les cafés. Des femmes à la peau blanche, aux yeux clairs, couvertes d'oripeaux criards, riaient ou pleuraient sans raison. Des princes buvaient en frères avec d'anciens voleurs de chevaux.

Il y avait là des hommes qui avaient passé toute leur vie à faire paraître les nuits plus courtes à ceux qui les payaient, vrais instruments de joie, nés, comme les violons dont ils jouaient d'instinct, pour chanter et pour plaire. C'étaient les tziganes des grands restaurants de Moscou, des îles de Pétrograd et que le fleuve de l'émigration avait charriés jusqu'à Paris. Certains d'entre eux avaient joué pour les grands-ducs, pour le tsar, pour Raspoutine. On avait jeté des fortunes sous leurs archets. Bien qu'à Montmartre, ils fussent plus chichement rétribués, ceux-là, s'ils avaient du travail et de quoi boire, étaient gais.

Mais d'autres qui, eux aussi, portaient des étuis à violon et à guitare, et qui étaient revêtus de la même défroque, laissaient souvent percer sur leurs visages racés une détresse aussi trouble que le vague de leurs regards.

Ainsi mélangés, affamés, déguisés, colonels de la garde, professeurs, femmes de la noblesse, prostituées, artistes improvisés, tziganes célèbres venaient livrer, tantôt d'une âme violente et sincère, tantôt avec un cabotinage frelaté, aux couples assommés de bruit, de lumière et de champagne, le souffle barbare, désespéré et parfois sublime que la Russie sans limites et sans formes a déposé dans ses chants, ses danses et dans le cœur de ses pires enfants.

Tout cela formait une extraordinaire tribu, où chacun avait une histoire mystérieuse et pathétique, tribu dont tous les membres se connaissaient, se jalousaient, tribu unie par les mêmes craintes et le même travail, dépendant, pour son existence, du nombre de bouteilles de champagne absorbées dans les établissements qu'elle quittait seulement à l'heure où l'on voit des gens reposés par une nuit se rendre à des tâches saines.

Et cette tribu sans patrie et sans ville ne connaissait qu'un enclos, plus étroit qu'une bourgade perdue, aussi muré qu'une prison, délimité par les tronçons de rue qui s'allument chaque soir pour une orgie de nuit et d'hôtels destinés à l'amour facile.

Les Russes des établissements nocturnes dormaient dans ces hôtels, travaillaient dans ces restaurants, ne sortant de leur sommeil que pour chanter, faire boire et boire et ne cessant de chanter et de boire que pour retomber dans le sommeil. Et ce quartier clos, où avaient poussé pour eux des gargotiers, des hôteliers et jusqu'à des coiffeurs de leur pays, où pendant des semaines ils n'avaient pas besoin d'un mot de français, où ils vivaient à ce point parqués par leur métier et leur fatigue que beaucoup d'entre eux ignoraient l'existence du Bois de Boulogne et même de l'Arc de triomphe — ils l'avaient — d'après la place qui le domine — nommé Pigal.

Pigal, coin retranché du monde, port sans havre pour les corps perdus, les âmes à la dérive, asile aride et névrosé, secourable seulement pour ceux que l'alcool dédouble, que la cocaïne ébranle, mirage de joie forcée et que détruisent les premiers feux du soleil, tel était ce pays étrange et inhumain.

Joseph KESSEL
*Nuits de princes*, 1928.

Le quartier Montparnasse, du témoignage de l'habitant des quartiers environnants, est un quartier de « louftingues ». La vérité est que Montparnasse remplace Montmartre, le Montmartre d'autrefois, celui des artistes, des chansonniers, des moulins, des cabarets, voire même des haschischophages, des premiers opiomanes et des sempiternels éthéromanes ; tous ceux (parmi les Montmartrois du grand art) qui vivaient encore et que la noce expulsait du vieux Montmartre détruit par les propriétaires et les architectes, conspués par les futuristes parisiens, où, d'ailleurs, tous ceux-là ont émigré sous forme de cubistes, de Peaux-Rouges, de poètes orphiques. Ils ont troublé des éclats de leur voix les échos du carrefour de la Grande-Chaumière.

(...) S'il a une couleur différente de celle du Montmartre d'autrefois, le Montparnasse d'aujourd'hui n'a pas moins de gaîté, de simplicité et de laisser-aller. Les costumes à l'américaine des artistes d'aujourd'hui ne sont ni moins larges, ni d'un autre velours que celui des rapins d'autrefois ; ils sont plus larges d'une autre façon, voilà tout, et le scandale, après tout, n'est pas moins germanique que l'affreuse bottine à élastique de jadis. Bientôt, je gage, sans le souhaiter, Montparnasse aura ses boîtes de nuit, ses chansonniers, comme il a ses peintres et ses poètes. Le jour où un Bruant aura chanté les divers coins de ce quartier plein de fantaisie, de crémeries, la caserne-atelier de la rue Campagne-Première, l'extraordinaire crémerie-grill-room du boulevard du Montparnasse, le Restaurant chinois, les mardis de la Closerie des Lilas, ce jour-là, Montparnasse aura vécu. L'agence Cook y amènera ses caravanes, et le train Cocula émigrera en quelque autre quartier, emportant les peintres, les Chinois, les Patagons, les Indiens comanches, les Limousins-Finlandais, les Vigourelles et peut-être même l'homme le plus emm...dant du quartier, vers une autre destination, vers un autre arrondissement, vers une autre butte, vers un autre mont, sans doute les Buttes-Chaumont.

Guillaume APOLLINAIRE
in *Le Mercure de France*, 1913.

Nous entrons à la Boule Rouge, toute sonore de copeaux d'accordéon. Douze garçons s'élancent à notre poursuite et nous indiquent le chemin vers les banquettes dites du fond, où il reste quelques places encore entre des soldats et des bourgeoises du peuple. On ne vous laisse même pas le temps de choisir du regard un endroit plus propre à vous recevoir, ni même le loisir de vous orienter dans ce parc colorié comme une coupe anatomique et constellé de girandoles et de pièces électriques payables par traites. La loi est de suivre quelque maître de cérémonie qui fait sa salle comme on fait un wagon-lit. Des consommations passent au-dessus de votre tête, cependant que la machine à faire des javas et même des rumbas trompette et piétine, pareille à une batteuse. Vrai, on aimerait mieux le tramway...

Léon-Paul FARGUE
*Le Piéton de Paris*, 1939.

Au Moulin Rouge, les huit danseuses du
quadrille relèvent la jupe qu'elles tendent
bien sur leurs hanches. Puis elles repoussent
leurs dessous d'un geste professionnel et
partent ensemble du même pied.
Je regarde flotter dans une atmosphère
alourdie de vapeurs, de larges et vives
tombées de guirlandes, de fleurs et de drapeaux.
Un mouvement très lent fait osciller

de telles richesses. Les lampes électriques ont des feux diversement colorés qui ne donnent finalement qu'une intense clarté de saphir, chaude et brillante où de minces fumées de cigarettes s'embrouillent. Les danseuses arrivent de front sur le rythme d'instruments aigus. C'est une vague dont l'écume tourbillonne, c'est une vague qui s'épanouit en huit roses blanches aux longs pistils agiles et noirs. La vague retombe sur ses pieds. La silhouette des femmes se détache un moment — nette et cambrée — sur le fond flou.

Francis CARCO
*Poèmes en prose*, 1913.

Leurs jambes étaient longues, cambrées, sans rien de trop ni de moins. Leurs seins menus, fermes et ronds, dressaient, au centre d'un mamelon brun, de la dimension d'une pièce de monnaie, des bouts insolents.

Léo MALET
*Énigme aux Folies-Bergère*, 1952.

# *Un mot du refrain*

Enfant, sous la Troisième, j'habitais au quatrième une maison du dix-neuvième. L'eau était sur le palier, parfois le gaz était coupé et souvent les encaisseurs de la Semeuse cognaient à la porte en tripotant leur petit encrier, mais il y avait toujours, dans la rue ou dans la cour, quelqu'un qui faisait de la musique, quelqu'un qui chantait.

C'était beau.

Des fenêtres s'ouvraient, une grêle de sous enrobés de papier giclait, dansait sur le pavé.

Bien sûr, depuis longtemps, comme la Grande Armée, l'Opéra avait son avenue, mais la chanson avait pour elle toutes les rues, les plus amoureuses, les plus radieuses comme les plus démantelées, les plus scabreuses et les plus déshéritées, comme les plus marrantes, les plus éclatantes de gaieté.

Aujourd'hui, les chanteurs des rues sont interdits de séjour, mais un peu partout, oasis de pierre tenace et de bois vermoulu, d'oiseaux des villes et de fleurs urbicoles, se dressent encore, intacts et têtus, les très somptueux décors de la féerie des rues.

Et comme le cri des cœurs tracés au couteau sur les murs, avec entrelacés les prénoms de l'amour, le chant secret des rues se fait entendre en chœur, comme au plus beau de tous les anciens jours.

Chants de la rue de la Lune, de la rue du Soleil et de la rue du Jour.

Refrains du passage des Eaux,
de la rue de la Source, de la rue des Cascades,
de la rue du Ruisseau
et de l'impasse Jouvence et de la rue Fontaine
et du Dessous des Berges
et de la rue Grenier sur l'Eau
et des Écluses et des Étuves Saint-Martin
et de la Grosse Bouteille
de l'Abreuvoir, du Réservoir
et des Partants et du Repos.

Rondes de la place des Fêtes, de la rue des Fillettes
et de la rue des Écoliers,
de la rue des Alouettes, de la Colombe,
des Annelets.

Comptines de la rue du Renard et de la rue aux Ours et de la rue des Lions,
de la cité Jonas et de l'impasse de l'Avenir.

Romances du passage des Soupirs et du passage Désir
et de l'impasse des Souhaits
et de l'impasse Montplaisir et de l'impasse de l'Avenir.

Rengaines de la rue Bleue, du passage d'Enfer et de la rue de Paradis.
(...)

Jacques PRÉVERT
*Histoires*, 1963.

Le cœur de Paris, c'est une fleur
Une fleur d'amour si jolie
Que l'on garde dans son cœur
Que l'on aime pour la vie
Le cœur de Paris c'est une romance
Qui parle du soleil ou d'la pluie

On croit qu'elle finit mais elle recommence
Le cœur de Paris c'est la France

Le cœur de Paris, ô midinettes
C'est deux sous d'bonheur, une guinguette
On y danse quand il fait beau
C'est Lison, Manon, Lisette,
Le cœur de Paris c'est les poulbots
Aux figures d'archanges, aux phrases crues
Montmartre qui s'endort
Le cœur de Paris, c'est la rue.

Charles TRENET
*Le Cœur de Paris*, 1952,
in *Charles Trenet extraordinaire*, 1993.

C'est toujours la même chanson,
O mon amour, que je fredonne :
Tout ce que j'ai, je te le donne,
Nos cœurs battent à l'unisson.

Sur les quais, le long de la Seine,
À Montmartre, près des moulins,
Mes souvenirs entrent en scène :
Bonjour, Paris des assassins !
Bonjour, Paris des midinettes,
Des filles, des mauvais garçons,
Des clochards et des bals-musette !
Si je te dois d'être poète,
C'est sur un air d'accordéon.

Francis CARCO
*La Romance de Paris*, 1953.

BATACLAN

En ce temps on chantait Paris ô ville étrange
et merveilleuse il y avait alors deux cent
soixante-quatorze cafés-concerts et chaque
année on lançait sur le marché douze mille
nouvelles chansons c'était ça la belle époque
on admirait pétomanes et ventriloques
les comiques troupiers les divas en saindoux
sans Metz et sans Strasbourg fredonner était doux.

Raymond QUENEAU
*Courir les rues*, 1967.

À l'écoute d'une valse musette, nous buvions une liqueur spéciale, en goutte-à-goutte distillée. Cafard de notre vie, rêve avorté, nostalgie, j'entends la plainte, la mélopée des rues nous prendre par le cou. Pour nous embrasser. Si je devais l'écrire, la transposer sur une portée, j'y poserais des notes de la forme d'un pavé. Au cœur, du bémol en mineur. Aucun dièse pour hausser le ton. Comme toi Paris, où, dans ma vie, j'ai beau imaginer la nuit avec des fleurs, y piquer des roses tous les quarts d'heure.

Clément LÉPIDIS
*Le Mal de Paris*, 1980.

## *Paris galant*

Oui donc, il est des rues, ou des fins de rue, il est certaines maisons, inconnues pour la plupart aux personnes du grand monde, dans lesquelles une femme appartenant à ce monde ne saurait aller sans faire penser d'elle les choses les plus cruellement blessantes. Si cette femme est riche, si elle a une voiture, si elle se trouve à pied ou déguisée, en quelques-uns de ces défilés du pays parisien, elle y compromet sa réputation d'honnête femme. Mais si, par hasard, elle y est venue à neuf heures du soir, les conjectures qu'un observateur peut se permettre deviennent épouvantables par leurs conséquences. Enfin, si cette femme est jeune et jolie, si elle entre dans quelque maison d'une de ces rues ; si la maison a une allée longue et sombre, humide et puante ; si au fond de l'allée tremblote la lueur pâle d'une lampe, et que sous cette lueur se dessine un horrible visage et une vieille femme aux doigts décharnés ; en vérité, disons-le, par intérêt pour les jeunes et jolies femmes, cette femme est perdue.

Honoré de BALZAC
*Ferragus*, 1834.

C'est plaisir à les voir marcher sur ce bitume, la robe retroussée lestement, d'un côté, jusqu'au genou, de façon à laisser étinceler au soleil une jambe fine et nerveuse comme celle d'un cheval arabe, pleine de frémissements et d'impatiences adorables, et terminée par un brodequin d'une élégance irréprochable ! On ne s'occupe pas de la moralité de ces jambes-là !... Ce qu'on veut, c'est aller où elles vont.

Alfred DELVAU
*Les Dessous de Paris*, 1860.

À chaque instant il passe une femme, qu'on serait peut-être content de quitter dans une heure, mais qu'il y aurait eu délice à posséder.

Tant de femmes, rien que sur la zone de trottoir qu'atteint la bouffée de lumière d'une seule boutique. Et tout le boulevard ruisselle de la même foule. Ensuite, les ponts ; les voies vers le centre. Encore plus de foule et plus de femmes ; dans les lumières serrés qui les font mieux voir. Même dans une petite rue d'un quartier lointain, une femme peut-être, dont les talons sonnent sur le bitume désert ; et qu'il serait facile d'aborder.

(...) Pas une de ces femmes, en réalité, qui soit libre, qui attende encore. Ce serait trop beau. Paris ne peut pas laisser une femme « attendre ». Il est évident qu'elles sont toutes déjà prises, qu'elles l'ont été « tout de suite », qu'on serait toujours venu trop tard. Hors de vraisemblance qu'une seule n'ait pas rencontré l'occasion. Parce que l'occasion continuellement se jette à leur tête, serrée comme une tempête de sable. S'il restait dans Paris une belle femme à prendre, c'était hier. C'est toujours hier. Pays terrible, où tout est cueilli avant d'être mûr, où, par définition, toute place est « déjà occupée ».

Jules ROMAINS
*Les Hommes de bonne volonté*, 1932-1947.

La Grisette est une fraction trop importante de la société parisienne, comme aussi de l'existence des jeunes citadins, pour n'être pas examinée sous quelques-unes des faces qui composent son piquant ensemble. Par exemple, sous le titre de Grisette, nous nous permettons de comprendre indifféremment couturières, modistes, fleuristes ou lingères, enfin tous ces gentils minois en cheveux, chapeaux, bonnets, tabliers à poches, et situés en magasins, quoique, entre elles, ces petites industrielles tiennent prodigieusement à une classification distincte qui inquiète fort peu quiconque n'est pas dans la partie.

(...) On en trouve à peu près douze ou quinze dans un magasin de modes, de fleurs ou de coutures. Sur ce nombre, huit ou dix vivent toujours seules, sans parents, sans famille, passant gaiement la vie entre le travail et les plaisirs, l'indigence et les amourettes. Si, dans ce long trajet, traversé par mille encombres, le ciel leur envoie des filles, elles les élèvent auprès d'elles, comme elles, dans leur état, dans leurs principes. Quant à ces dernières, dès que l'âge le leur permet, elles suivent par précepte ce refrain qu'elles ont appris en tirant l'aiguille :

*Tout comme a fait,*
*Tout comme a fait ma mère !*

Et ainsi se renouvelle sans cesse, par une rotation reproductive, cette classe à part, macédoine sociale, à laquelle appartiennent ces petits êtres gentils à croquer, à l'air fripon, au nez retroussé, à la robe courte, à la jambe bien prise, qu'on nomme Grisettes.

Honoré de BALZAC
*La Caricature*, 1831.

Celle qui incarne le mieux la fête, qu'on retrouve dans tous les dessins de Gavarni, qui jette joyeusement son bonnet par dessus les moulins, soupe à la Maison Dorée, figure au bal de l'Opéra, saute à la Grande Chaumière et finit grande bourgeoise ou meurt de la poitrine, c'est la Lorette. (...) Cette espèce née dans la faune parisienne, élevée dans une loge de concierge, grandie dans un atelier de couture et installée à vie dans le quartier Notre-Dame de Lorette.

Charmant petit être élégant, coquet, qu'on ne peut classer dans aucun genre connu, qui n'est ni le genre fille, ni le genre grisette, ni le genre courtisane, qui n'est pas non plus le genre bourgeois et encore moins le genre femme honnête, qui butine dans le quartier comme une abeille autour de sa ruche, qui est presque insaisissable et qu'on peut posséder, cependant, pour une somme relativement modique. (...) les occupations de la Lorette :

1° Se faire des petits bonnets, manger des pommes et de la galette du Gymnase ;

2° S'accroupir au coin du feu avec sa bonne et faire cuire des marrons dans la cendre ;

3° Écrire des lettres anonymes ;

4° Feindre de broder des bretelles et des porte-cigares ;

5° Faire des projets ;

6° Rêver d'un voyage à Londres.

En dehors de ces menus travaux journaliers, la Lorette a un grand amour. Ce grand amour, nous dit Alexandre Dumas, s'appelle toujours Arthur, de dix-huit à trente ans. Passé trente ans, il se nomme M. Durand, M. Berton, M. de Preuilly, il cesse d'avoir un prénom pour être désigné sous son nom de famille. Arthur n'est pas assez riche pour entretenir à lui seul une Lorette à la mode, il doit se multiplier en plusieurs Arthur. L'un fournit les gants, l'autre les chapeaux, celui-ci les étoffes, celui-là les façons. Un Arthur meuble la salle à manger, un autre le salon, un autre le boudoir, un autre la chambre à coucher.

Lorsque la Lorette perd, d'un seul coup, plusieurs Arthur, il ne lui reste plus qu'une ressource : le coiffeur. Le coiffeur est le banquier de la Lorette. Il lui fournit des chapeaux, des manchons, des vêtements, le tout à crédit, quitte à les lui facturer le double lorsque la Lorette aura découvert un nouvel Arthur. Aussi plus la Lorette est-elle abandonnée, mieux est-elle habillée. Celles qui doivent 1 000 francs à leur coiffeur sont chapeautées à ravir, et mieux encore celles qui lui en doivent 4 000.

Lorsque la Lorette est tout à fait à bout de ressources, elle se dirige vers la table d'hôte. Il y en a une, rue Bréda, tenue par

Mlle Estelle et réservée à ces sortes de clientes. Le prix d'un repas est de 1 franc. On y prend un petit verre, au choix, avant le dîner, et, après, on joue au loto.

Quand la Lorette ne peut même plus payer la table d'hôte, elle envoie chercher un pâté ou quatre œufs chez la fruitière ! Dès que la Lorette cesse d'être dans la gêne, les fournisseurs du quartier affluent chez elle. À peine voient-ils arriver les meubles d'acajou, ils apparaissent sur le palier, la figure souriante et la bouche en cœur et ils font leurs offres de service avec de grands saluts. Et elle leur pardonne, car elle est bonne fille.

Jules Bertaut
*Les Belles Nuits de Paris*, 1927.

Les maîtresses bourgeoises que des industriels ou des représentants du centre parisien viennent retrouver, à la Chapelle ou plus bas, autour des gares du Nord et de l'Est, dans des restaurants de bons mangeurs, dans des brasseries discrètes et vastes où l'amour est fait pour inspirer à la fois Bourget, Steinlen et Kurt Weill. Maîtresses ornées de grosses bagues et de sautoirs, qui portent le deuil quand leur amant a perdu quelque grand-père, et dont les seins robustes évoquent toute une série de méditations consacrées à la maternité fictive. Maîtresses sérieuses.

Léon-Paul Fargue
*Le Piéton de Paris*, 1939.

— Il l'aide à gagner l'autre rive sur des flots de champagne ? La belle bonté, que de dîner avec elle nez à nez, à l'heure où tout Paris se rue à l'assaut des délices profanes... et où cela, s'il vous plaît ?... dans le temple du plaisir... le temple par excellence, à ce que l'on dit ?

— Justement, insista Strether, c'est là l'histoire pour eux, en toute et suprême innocence. L'endroit bien parisien, la fièvre de l'heure, le fait d'étaler sous les yeux de Sarah cent francs de mets et de boissons qu'ils toucheront à peine... c'est cela, pour lui, le cher homme, la grande aventure ; celle qui coûte cher, en francs et centimes... dont il ne manque pas ! Et après, le cirque... qui est moins coûteux, mais qu'il trouvera bien le moyen de rendre aussi cher que possible... la voilà sa part de tribut à l'idéal, à lui aussi ! Il a ce qu'il voulait. Il aidera Sarah à passer le cap. Leur conversation ne sera pas pire que la nôtre.

Henry JAMES
*Les Ambassadeurs*, 1903.

# *La grande putain*

— Alors, Monsieur l'Ambassadeur, disait un jour Louis XV au marquis Dominique de Caraccioli, ambassadeur du royaume des Deux-Siciles, faites-vous l'amour à Paris ?
— Oh ! non, Sire, je le trouve tout fait.

Mémoires du XVIIIe siècle
cité in *Dictionnaire de l'humour et du libertinage.*

Dans la rue de Glatigny et dans les maisons de la rue du Louvre, ainsi que dans les autres maisons et rues où les lois leur permettaient de se retirer le long du jour, elles tenaient leurs portes ouvertes et boutiques de luxure, et y exerçaient en haut et en bas leur honteux commerce. Le soir, il fallait qu'elles en sortissent et qu'elles allassent coucher ailleurs : tantôt un peu avant la nuit, tantôt incontinent après six heures du soir, sous peine de payer une livre parisis d'amende. Je ne vous dirai pas si, contre la coutume des artisans, elles ouvraient leurs boutiques et exerçaient leur métier les fêtes et les dimanches ; je puis vous assurer que cela leur était défendu les fêtes solennelles.

Henri SAUVAL
*Chronique scandaleuse de Paris*, 1724.

Le sang versé tous les jours, l'incertitude de vivre un lendemain fouettent dans les veines les fièvres lubriques, l'impatience des voluptés, jetant la fortune aux castors et aux demi-castors. Et dans Paris ensanglanté, les jardins publics deviennent un salon de filles, les fenêtres une enseigne. On distribue des adresses d'ouvrières en linge ou en modes qui mènent aux jeux du vice. De la rue Croix-des-Petits-Champs des invitations pour voir des tableaux de Hollande ou d'Italie sont données aux tout jeunes gens qui trouvent une Hollandaise ou une Italienne. Près de l'Opéra, un sérail de filles de douze, treize et quatorze ans, qu'on chasse quand elles en ont quinze. Aux entresols, des femmes demi nues qu'on voit dansant... Les magasins à la mode, et, le premier de tous, le magasin Au Trait galant, rue Saint-Honoré, véritables académies de prostitution, des filles se disant ex-religieuses, contant aux patriotes sensibles un beau roman de vœux forcés. Les balcons meublés de filles en jupon court, les jambes croisées, retenant leur sein pour y attirer les regards.

Edmond et Jules de GONCOURT
*La Société française pendant la Révolution*, 1854.

Le matin, jusqu'à deux heures après midi, les Galeries-de-bois[1] étaient muettes, sombres et désertes. Les marchands y causaient comme chez eux. Le rendez-vous que s'y est donné la population parisienne ne commençait que vers trois heures, à l'heure de la Bourse... La poésie de ce terrible bazar éclatait à la tombée du jour. De toutes les rues adjacentes allaient et venaient un grand nombre de filles qui pouvaient s'y promener sans rétribution. De tous les points de Paris, une fille de joie accourait « faire son Palais ». Les Galeries-de-pierre appartenaient à des maisons privilégiées qui payaient le droit d'exposer des créatures habillées comme des princesses, entre telle ou telle arcade, et à la place correspondante dans le jardin ; tandis que les Galeries-de-bois étaient, pour la prostitution, un terrain public, le Palais

1. Les galeries du Palais-Royal.

par excellence, mot qui signifiait alors le temple de la Prostitution.

Honoré de BALZAC
*Les Illusions perdues*, 1843.

À travers les lueurs que tourmente le vent,
La prostitution s'allume dans les rues ;
Comme une fourmilière elle ouvre ses issues ;
Partout elle se fraye un occulte chemin,
Ainsi que l'ennemi qui tente un coup de main ;
Elle remue au sein de la cité de fange
Comme un ver qui dérobe à l'homme ce qu'il mange.

Charles BAUDELAIRE, *Les Fleurs du mal*,
« Le Crépuscule du soir, Tableaux parisiens », 1857.

Il était minuit passé. J'allais du Vaudeville à la rue Drouot, suivant d'un pas pressé le boulevard où couraient des parapluies. Une poussière d'eau voltigeait plutôt qu'elle ne tombait, voilant les becs de gaz, attristant la rue. Le trottoir luisait, gluant plus que mouillé. Les gens pressés ne regardaient rien.

Les filles, la jupe relevée, montrant leurs jambes, laissant entrevoir un bas blanc à la lueur terne de la lumière nocturne, attendaient dans l'ombre des portes, appelaient, ou bien passaient pressées, hardies, vous jetant à l'oreille deux mots obscurs et stupides. Elles suivaient l'homme quelques secondes, se serrant contre lui, lui soufflant au visage leur haleine putride ; puis, voyant inutiles leurs exhortations, elles le quittaient d'un mouvement brusque et mécontent, et se remettaient à marcher en frétillant des hanches. J'allais, appelé par toutes, pris par la manche, harcelé et soulevé de dégoût. Tout à coup, j'en vis trois qui couraient comme affolées, jetant aux autres quelques paroles rapides. Et les autres aussi se mettaient à courir, à fuir, tenant à pleines mains leurs robes pour aller plus vite. On donnait ce jour-là un coup de filet à la prostitution.

Guy de MAUPASSANT
*L'Odyssée d'une fille*, 1883.

L'espèce n'est pas très rare, en ce pays montmartrois, de ces filles qui crèvent de misère et d'orgueil, belles de leur dénuement éclatant. Je les rencontre, ici et là, traînant leurs nippes légères de table en table aux soupers de la Butte, gaies, saoules, rageuses, la dent prête, jamais douces, jamais tendres, boudant au métier, et « travaillant » tout de même. Les hommes les appellent « sacrées petites charognes » avec un rire de mépris complaisant, parce qu'elles sont de la race qui ne cède pas, qui n'avoue ni la faim, ni le froid, ni l'amour, qui meurt en disant : « Je ne suis pas malade », qui saigne sous les coups, mais les rend...

COLETTE
*La Vagabonde*, 1917.

J'aimais en 1912 une racoleuse (tout arrive). J'allais lui rendre visite au Marquise's Hôtel, place Pigalle. L'escalier puait l'éther. Comme je lui en demandais la raison, elle me répondit : « Qu'est-ce que tu veux qu'on foute quand on rentre seule ? » Même à distance, un pareil mot fait du mal.

Au 1er de l'an 1913 je donnai à son marlou une épingle de cravate. Il m'offrit une cravate en échange. Équilibre merveilleux.

Cette fille (je ne parle pas du marlou) l'aimait et m'aimait. Elle me disait : « Tu ne me trouves pas moche parce que tu ne me vois pas démaquillée. Sans rimmel j'ai des yeux de lapin russe. » Partant pour la Suisse je lui donnai une belle robe pour éblouir les copines à la Madeleine. Elle m'écrivait à Morgues et collait sur sa lettre les timbres pour la réponse.

Au retour, je la retrouve sans la robe. « Tu l'a mise au clou ?

Non, répond-elle. Je l'accroche chez moi comme souvenir, mais je l'ai essayée pour le business, eh bien, c'est pas ça. »

Jean COCTEAU
« Trottoir », in *Tableaux de Paris*, 1927.

Pendant plus d'un an, seuls les soldats américains eurent librement accès à mes différentes plates-formes [1]. En fait, ils ne montaient guère que jusqu'à mon premier étage. Là, les anciennes salles de restaurant étaient uniquement réservées aux hommes de troupe et aux sous-officiers. Des péripatéticiennes de toutes races avaient été spécialement engagées pour le repos du guerrier et le plaisir du militaire. Les officiers n'avaient pas accès au Night-Club.

Christian GUY
*Une tour nommée Eiffel*, 1957.

Je suis si irrité que je descends dans le quartier des prostituées. Un million d'apaches armés de dagues rôdent. Je vais dans une sorte de hall et je vois trois dames de la nuit. J'annonce, l'air méchant, avec un mauvais accent anglais : « Ch' prends la belle brunette. » La brunette se frotte les yeux, la gorge, les oreilles et le cœur et dit : « Celui-là, j'en veux pas pour rien au monde. » Je m'en vais d'un pas lourd, et je sors mon couteau de l'armée suisse, il a la croix sur le manche parce que je me crois suivi par des apaches et des bandits français. Voilà que je me coupe au doigt et le sang se répand partout. Je rentre dans ma chambre d'hôtel, le sang coule dans le couloir.

Jack KEROUAC
*Satori à Paris*, 1966.

---

1. C'est la tour Eiffel qui parle : à la Libération, les G. I. installèrent au premier étage de la tour un... night-club.

### C'EST NOUS LES MÔMES, LES MÔMES DE LA CLOCHE

D'un bout à l'autre de la semaine
Sur les boulevards, dans les faubourgs,
On les voit traîner par centaine
Leurs guêtres sal's et leurs amours.
Dans des chemises de dix jours,
Sous la lumièr' des réverbères,
Prenant des airs de Pompadour,
Ce sont nos belles Ferronnières ;
Ce sont nos poupées, nos guignols, nos pantins,
Écoutez ; dans la nuit,
elles chantent ce refrain :

C'est nous les mômes,
Les mômes de la cloche,
Clochard's qui s'en vont,
Sans un rond en poche ;
C'est nous les paumées,
Les purées de paumées,
Qui sommes aimées un soir n'importe où.
Nous avons pourtant
L'cœur pas exigeant,
Mais personn' n'en veut.
Ben, tant pis pour eux. (...)
Nul ne s'y accroche.
Il n'y a pas d'amour
Et l'on s'ra toujours
Les mômes de la cloche.

Mais comme ell's n'ont pas les toilettes
Qu'il faut pour les quartiers rupins,
C' n'est pas aux Gal'ries Lafayette
Qu'ell's vont fair' chaqu' soir leur turbin ;
Le long du canal Saint-Martin,
Au Sébasto, à la Chapelle,
On est toujours assez gandin
Pour le Monsieur qui vous appelle.

C'est d' l'articl' populair', c' n'est pas du beau joujou,
Y a pas de poupée en soie aux bazars à trent' sous.

C'est nous les mômes,
Les mômes de la cloche,
Clochard's qui s'en vont
Sans un rond en poche ;
C'est nous les paumées,
Les purées d' paumées,
Qui sommes aimées un soir n'importe où. (...)
Ell's ont vendu tout's leurs caresses,
Ell's fur'nt payées tant bien que mal.
Mais un jour, plus rien dans la caisse,
Ell's vont se fich' dans le canal.
Et sans avoir comme un cheval
La pitié des gens de la rue,
On les emporte à l'hôpital ;
La foule dit : « Ce n'est qu'une grue. »
Et voilà comment les poupées, les pantins
Lorsqu'ell's n'ont plus le sou s'en vont tout's à Pantin.

Édith Piaf
*Les Mômes de la Cloche*, 1936.

ÉTOILE

On regarde passer des bandes d'allumettes
    qui ne s'enflamment pas
On regarde danser des paires de jumelles
    elles marquent le pas
mais ce ne sont pas ces minces jouvencelles
    bien dépourvues d'appas
qui donnent à Paris sa chaleur touristique
    et son marché commun
        mais cette putain folle qui simule l'autostop
            du côté

de Maillot et dont on se demande qui elle
    peut bien
racoler, vraiment qui
    vraiment qui
    c'est un vrai mystère
    mystèr' de Paris

Raymond QUENEAU
*Courir les rues*, 1967.

*Cinquième partie*

# DE BRUIT ET DE FUREUR

*Sur le boulevard*
*Le spectacle est dans la rue*
*Les cris de Paris*
*Le frémissement de la cité*
*La marée humaine*

## *Sur le boulevard*

Toute capitale a son poème où elle s'exprime, où elle se résume, où elle est plus particulièrement elle-même. Les boulevards sont aujourd'hui pour Paris ce que fut le Grand Canal à Venise, ce qu'est le Corsia dei Servi à Milan, le Corso à Rome, la Perspective à Pétersbourg, Sous les Tilleuls à Berlin, le Bois de la Haye en Hollande, Regent Street à Londres, le Graben à Vienne, La Porte du Soleil à Madrid... Là est la liberté de l'intelligence, là est la vie ! une vie étrange et féconde, une vie communicative, une vie chaude, une vie de lézard et une vie de soleil, une vie artiste et une vie amusante, une vie à contrastes...

Honoré de BALZAC
*Le Diable à Paris*, 1844.

Vous ne connaissez sûrement pas, Madame, les mœurs de ce pays étrange qu'on a nommé boulevard de Gand[1] ; il ne commence guère à remuer qu'à midi. Les garçons de café servent dédaigneusement quiconque déjeune avant cette heure. C'est alors qu'arrivent les dandys ; ils entrent à Tortoni par la porte de

1. Le boulevard des Italiens s'est appelé sous la restauration le boulevard de Gand, en souvenir du séjour de Louis XVIII en exil dans cette ville, d'où le nom de *Gandins* donné aux jeunes oisifs qui venaient y flâner.

derrière, attendu que le perron est envahi par les Barbares, c'est-à-dire les gens de la Bourse. Le monde dandy déjeune jusqu'à deux heures, à grand bruit, puis s'envole en bottes vernies.

La foule s'y porte depuis trois heures environ jusqu'à cinq. Tandis que les équipages poudreux règnent glorieusement sur la chaussée, la foule ignorante ne se promène du beau côté que parce que le soleil y donne. À cinq heures, changement complet : tout se vide et reste désert jusqu'à six heures ; alors les habitués de chaque restaurant paraissent peu à peu... Le rentier retiré s'achemine vers le café Anglais ; le courtier bien brossé, le demi-fashionable vont s'attabler chez Hardy ; de quelques lourdes voitures de remise débarquent de longues familles anglaises qui entrent au Café de Paris ; les cabinets du café Douix voient arriver deux ou trois parties fines, visages joyeux mais inconnus...

À sept heures, nouveau désert : quelques journalistes prennent le café pendant que tout le monde dîne. À huit heures et demie, fumée générale ; cent estomacs digèrent et cent cigares brûlent ; les voitures roulent, les bottes craquent, les cannes reluisent, les chapeaux sont de travers... c'est le beau moment. Les femmes que la fumée suffoque et qui abhorrent cet affreux tabac, arrivent à point nommé ; elles se pressent, s'entassent, toussent et bavardent...

On entend dans la solitude le crieur du journal du soir. Les désœuvrés, seuls, tiennent bon. À onze heures et demie les spectacles se vident, on se casse le cou devant Tortoni pour prendre une glace avant de s'aller coucher. À minuit un dandy égaré reparaît un instant ; il est brisé de sa journée, il se jette sur une chaise, étend son pied sur l'autre... L'homme au gaz arrive, tout s'éteint.

Alfred de MUSSET
*Les Deux Maîtresses*, 1837.

Le boulevard, ce fleuve de vie, grouillait dans la poudre d'or du soleil couchant. Tout le ciel était rouge, aveuglant ; et, derrière la Madeleine, une immense nuée flamboyante jetait dans toute la longue avenue une oblique averse de feu, vibrante comme une vapeur de brasier. La foule gaie, palpitante, allait sous cette brume enflammée et semblait dans une apothéose. Les visages étaient dorés ; les chapeaux noirs et les habits avaient des reflets de pourpre ; le vernis des chaussures jetait des flammes sur l'asphalte des trottoirs. Devant les cafés, un peuple d'hommes buvait des boissons brillantes et colorées qu'on aurait prises pour des pierres précieuses fondues dans le cristal.

Guy de MAUPASSANT
*Tombouctou*, 1883.

Ce qui caractérise ce boulevard de Paris, ce qui lui donne sa marque, ce qui est son génie, c'est que sa flânerie est active et féconde ! On y sent moins la poudre de riz que le salpêtre de la verve française ; on y touche en riant à toutes les questions vivantes. On aiguise des idées tout en allumant des cigares.

Jules VALLÈS
*Le Tableau de Paris*, 1882-1883.

Le boulevard Saint-Michel était désert et vaste, on n'avait aucune peine à descendre sa pente légère. En haut, des battants de fenêtres s'ouvraient en lançant un bruit cristallin et leur éclat subit survolait l'avenue comme un oiseau blanc. Une voiture aux roues rouge clair est passée, et plus bas quelqu'un portait quelque chose de vert pâle. Des chevaux couraient dans leurs harnais scintillants sur la chaussée propre, rendue sombre par l'arrosage. Le vent était tout excité, neuf, doux, et tout montait : les odeurs, les cris, les cloches.

Rainer Maria RILKE
*Les Carnets de Malte Laurids Brigge*, 1910.

Chacun, nous coudoyant sur le trottoir glissant,
Égoïste et brutal, passe et nous éclabousse.

Charles BAUDELAIRE
« Un jour de pluie », *Vers retrouvés*, 1929.

Nous sommes sur les Grands Boulevards, en plein centre de Paris. Celui-ci ne correspond plus à l'image que rendit tellement célèbre une pondéreuse littérature romanesque et dramatique. On n'y rencontre plus le légendaire boulevardier goutteux, qui traîne ses guêtres sur le trottoir et bouge à grand-peine sa jambe raide couverte d'un épais pantalon à carreaux, guettant derrière le verre de son monocle les vives œillades des cousettes. On n'y voit plus briller ces fameux instituts de la bouffe internationale où, à force de langoustes à l'armoricaine (« langouste à l'américaine » n'est qu'une déformation flagorneuse, créée en hommage aux pèlerins du pays de l'or) et de bisques d'écrevisses, grands-ducs de Russie et nababs de toutes races contractaient des coliques hépatiques et des calculs rénaux. On n'y trouve plus ces cafés littéraires, mecque convoitée par tous les rimailleurs de province, où, entre un Pernod et un cassis-fraise, les plus célèbres chroniqueurs noircissaient leurs feuillets dans la fumée des pipes. On n'y est plus sollicité par ces théâtres miniatures grands comme des tirelires où, dans une chaleur de four crématoire, l'étranger naïf croyait pénétrer les arcanes de l'esprit parisien :

*Si l'esprit parisien t'enchante,*
*ami, viens à la Pie Qui Chante.*

Non : les Grands Boulevards se sont transformés, américanisés. Et à la place de ces coquetteries désuètes, surgissent des édifices vastes et nus, tout en verre et en charpentes métalliques : banques rigides et dépouillées comme des casemates ; portails d'acier qui semblent destinés non à laisser passer des comptables paisibles et de tranquilles déposants, mais à résister aux béliers des légions de César ; grandes maisons de prêt-à-porter peuplées de mannequins tragiques et intimidants, évoquant des salles d'hôpital psychiatrique dont tous les pensionnaires seraient figés dans une rigidité songeuse ; immenses vitrines baignant dans une lumière blême, dont la source est pour nous aussi mystérieuse que pour Hérodote celles du Nil ; puissantes automobiles aux radiateurs tendus vers l'espace infini avec le même élan d'orgueil que la Niké de Samothrace offrant sa poitrine au vent des mers homériques.

Mais à peine tourné l'angle du récent boulevard Haussmann, si l'on sort de ce carrefour fastueux rappelant l'esplanade maritime de Nice et les plages de la Floride en hiver, nous revoici aussitôt dans le Paris étroit, cancanier, petit-bourgeois du siècle dernier.

Alberto SAVINIO
*Souvenirs*, 1986.

## *Le spectacle est dans la rue*

La découverte de Paris !

Cet extraordinaire voyage d'exploration ! Et je m'étonne toujours que le Musée de l'Homme ou une bonne revue de vulgarisation géographique ne fasse jamais état du peuple citadin, ne révèle pas au grand public l'ethnologie des bas quartiers, que les grands canards préfèrent renseigner dûment leurs milliers de lecteurs sur les mœurs et coutumes des Indiens Navajos que sur ceux et celles des vieux de Nanterre, comme je m'étonne qu'après l'énorme quantité de livres, et bons livres, consacrés à Paris, ancien et moderne, par les descripteurs du fantastique social, l'habitant ignore sa ville, la dédaigne ou limite ses réflexions et commentaires toujours identiques à la poésie des quais de la Seine comme à la visite des musées nationaux, et trouve curieux qu'un homme ordinaire, mais qui sait voir, entendre, renifler, se servir de ses appareils sensoriels comme d'antennes démesurées, puisse encore de nos jours rester embarrassé, ahuri, stupéfait, muet d'étonnement, incapable de commentaires, écarquiller l'œil, n'en plus dormir, se précipiter sur ses amis pour leur faire part de ses découvertes, les y entraîner, leur y faire prendre pied...

Jean-Paul CLÉBERT
*Paris insolite*, 1952.

En 1425, le dernier samedi du mois d'août, quatre aveugles armés de toutes pièces et d'un bâton en main, furent promenés par tout Paris avec deux hommes qui marchoient devant, dont l'un jouoit du haut bois, et l'autre portoit une barrière, où étoit représenté un pourceau. Le lendemain, équipés de même, ils se trouvèrent dans la cour de l'hôtel d'Armagnac, situé à la rue Saint-Honoré, vis-à-vis celle de Froid-Manteau, où à présent se voit le Palais Cardinal ; et là, bien pis que les « Andabates », qui combattoient à ïeux-clos, au lieu d'attaquer un pourceau qui devoit appartenir à celui qui le tueroit, c'étoit eux-mêmes qu'ils attaquoient, et croyant frapper la bête, s'endredonnoient de si rudes coups, que sans ces armes défensives dont ils étoient couverts, qui pourtant ne les sauvoient pas de blessures, ils se seroient bientôt entr'assommés...

Henri SAUVAL, *Histoire et recherches des Antiquités de la ville de Paris*, tome 2, 1724.

Une fois l'an, depuis la Restauration, d'autres descendaient de Belleville pour un tout autre motif, à l'aube du mercredi des Cendres. C'était la descente de la Courtille, qui connut son apogée sous le règne de Louis-Philippe : cent mille Parisiens des deux sexes célébraient les obsèques de Carnaval, tradition renouvelée des siècles antérieurs, mais sous une forme qu'ils n'avaient pas connue. (...) Après avoir festoyé largement du dimanche au mardi gras, soit à Paris, soit à la Courtille même, tous se retrouvaient, à l'aube grise, à la Basse-Courtille, déguisés, masqués, en vêtements bariolés de teintes crues, ou d'une seule. Dieux et déesses entourant une reine populaire, faunes attelés au char de Bacchus, pierrots et pierrettes, polichinelles, arlequins et colombines, gardes-françaises de l'ancien régime, marquis du Directoire poudrés de farine, bas crottés, sautillants et burlesques, seigneurs Louis XIII, mousquetaires, troubadours et gueux issus du naissant romantisme, Grecs dont un cotillon douteux remplaçait la fustanelle, Turcs avec un soleil en clinquant dans le dos, « malins » à courte veste blanche, forts de la Halle à chapeaux amples ornés d'un bouquet, débardeurs à larges pantalons de velours dont la ceinture retient le bourgeron rentré, à ceinture rouge flottante, avec bonnet de police et perruque, chicards en bottes et culotte collante, avec casque à grand plumet, les uns, la plupart, à pied, d'autres à cheval, poissardes vêtues — très peu — de rouge, sur la capote d'un cabriolet découvert, tapissières, calèches, carrioles, équipages de luxe, les masques lançant dragées ou gros sous et recevant des volées de farine ou de plâtre, tous criant, hurlant, chantant, gesticulant, flot ininterrompu qui gagnait le boulevard du Temple par son faubourg, où les injures étaient courante monnaie d'échange, où les rixes ne faisaient pas défaut.

Henri BACHELIN
*Collines et buttes parisiennes*, 1944.

Il y a dans l'air, dans l'aspect, dans le son de Paris, je ne sais quelle influence particulière qui ne se rencontre point ailleurs. C'est un milieu gai, il n'y a pas à en disconvenir. Nulle part le charme propre aux climats tempérés ne se manifeste mieux (quand il se manifeste) avec son air moite, ses ciels roses moirés ou nacrés des tons les plus vifs et les plus fins, les vitres brillantes de ses boutiques follement bigarrées, l'aménité de son fleuve ni trop étroit ni trop large, la clarté douce de ses reflets, l'allure aisée de sa population, à la fois active et flâneuse, sa sonorité confuse où tout s'harmonise, chaque bruit, celui de la population marinière comme celui de la population urbaine ayant sa proportion et sa distribution merveilleusement fortuite. À Bordeaux ou à Rouen, les voix et le mouvement du fleuve dominent tout, et on peut dire que la vie est sur l'eau : à Paris la vie est partout ; aussi tout y paraît plus vivant qu'ailleurs. Il est donc très doux, pour quiconque peut jouir du moment présent, de se laisser bercer par le mouvement et le murmure particuliers à cette ville folle et sage, où l'imprévu a toujours établi son règne, grâce aux habitudes de bien-être que chacun y rêve et à la grande sociabilité qui la préserve des luttes prolongées. Paris veut vivre ; il le veut impérieusement.

George SAND, « La rêverie à Paris »,
in *Paris-Guide par les principaux écrivains et artistes de la France*, 1867.

*7 octobre 1870*

Ce matin, en errant sur le boulevard de Clichy, j'ai aperçu, au bout d'une rue entrant à Montmartre, un ballon. J'y suis allé. Une certaine foule entourait un grand espace carré, muré par les falaises à pic de Montmartre. Dans cet espace se gonflaient trois ballons, un grand, un moyen et un petit. Le grand, jaune, le moyen, blanc, le petit, à côtés jaune et rouge.

On chuchotait dans la foule : « Gambetta va partir ! » J'ai aperçu, en effet, dans un gros paletot, sous une casquette de loutre, près du ballon jaune, dans un groupe, Gambetta. Il s'est assis sur le pavé et a mis des bottes fourrées. Il avait un sac de cuir en bandoulière. Il l'a ôté, est entré dans le ballon, et un jeune homme, l'aéronaute, a attaché le sac aux cordages, au-dessus de la tête de Gambetta. Il était dix heures et demie. Il faisait beau ; un vent du sud faible. Un doux soleil d'automne. Tout à coup le ballon jaune s'est enlevé avec trois hommes dont Gambetta. Puis le ballon blanc, avec trois hommes aussi, dont un agitait un drapeau tricolore. Au-dessous du ballon de Gambetta pendait une flamme tricolore. On a crié : « Vive la République ! »

Les deux ballons ont monté, le blanc plus haut que le jaune, puis on les a vus baisser. Ils ont jeté du lest, mais ils ont continué de baisser. Ils ont disparu derrière la butte Montmartre. Ils ont dû descendre plaine Saint-Denis. Ils étaient trop chargés, ou le vent manquait.

Le départ a eu lieu, les ballons sont remontés.

Victor HUGO
*Choses vues*, 1870-1885.

Les ciels de Paris ! voyez-les flotter, fondre, changer suivant le jeu des fumées, le caprice des lumières, et resplendir, tragiques ou surnaturels !

Parfois, quand l'orage menace, la Seine, surtout vers Passy, devient de pierre précieuse, parce que le ciel s'y reflète, d'aigue-marine, d'améthyste, de béryl. Mais ce sont, surtout, les soleils couchants qui transmuent l'horizon et rendent féeriques des monuments aussi vulgaires qu'un Palais du Trocadéro. Comme un prodigieux fantôme au creux d'une fournaise, les tours ou les dômes des édifices semblent se fondre, flamboyer, vivre soudain d'une existence fantastique. Et les nuées, les étranges nuées de Paris, flottent, comme des archipels aériens dans les remous de la clarté diffuse, parmi les rayons dardés entre leur masse fauve ou pourprée, sur les vastes îles d'azur qui se dévoilent et entr'ouvrent leur mystère.

PIERRE-GAUTHIEZ
*Paris*, 1929.

Scène d'un autre trottoir, boulevard de la Chapelle.

Sous les arcades du métro, la grande Louise compte ses sous étendue à plat ventre sur un banc. Deux gardiens de la paix passent.

— Tiens, v'là les vaches !

— Brigadier... (c'est un agent novice)... vous avez entendu ?

— Pas la peine de faire des histoires.

— Allez-vous cavaler, les vaches ! Non, mais c'est-t-y pas malheureux de voir des feignants comme ces gars-là !

— D'abord, remarque le vieil agent vexé, levez-vous et obtempérez que je vous dis de rentrer dans votre domicile sans causer du scandale sur la voie publique.

— Du scandale ! quoi encore ? Une supposition que j'aurais pas de carrée... Faut pourtant bien que je pieute quelque part. (Mode aigu :) je vous en défie bien de me mener au poste. Quoi c'est-y que j'ai fait ? A-t-on jamais vu des salauds pareils ? Feignants ! Vaches que vous êtes !

On demande la carte. Ces sortes de scènes finissent au dépôt.

J'habite en face du commissariat du 9e. Quelquefois, quand je rentre, j'assiste à l'arrivée ou au départ du panier à salade. Il n'existe plus guère de différence entre les toilettes des racoleuses et celles des jeunes filles et jeunes femmes du monde. Ce sont donc des personnes très élégantes que je vois hisser l'une après l'autre, charmantes escaroles que le panier à salade secoue jusqu'à Saint-Lazare et qui « ne s'en font pas ».

Jean COCTEAU
« Trottoir », in *Tableaux de Paris*, 1927.

Arrivés à l'Arc de Triomphe, toute la foule s'est mise en manège. Toute la horde poursuivait Mireille. Y avait plein de morts partout. Les autres s'arrachaient les organes. L'Anglaise coltinait son auto, au-dessus de sa tête, à bout de bras ! Hurray ! Hurray ! Elle en culbute l'autobus. Le trafic est intercepté par trois rangs de mobiles au port d'armes. Les honneurs c'est alors pour nous. La robe à Mireille s'envole. La vieille Anglaise bondit sur la môme, lui croche dans les seins, ça gicle, ça fuse, tout est rouge. On s'écroule, on grouille tous ensemble, on s'étrangle. C'est une grande furie.

La flamme sous l'Arc monte, monte encore, se coupe, traverse les étoiles, s'éparpille au ciel... ça sent partout le jambon fumé... Voici Mireille à l'oreille qui vient me parler enfin. « Ferdinand, mon chéri, je t'aime !... C'est entendu t'es plein d'idées ! » C'est une pluie de flammes qui retombe sur nous, on en prend des gros bouts chacun... On se les enfonce dans les braguettes grésillantes, tourbillonnantes. Les dames s'en mettent un bouquet de feu... On s'est endormi les uns dans les autres. 25 000 agents ont déblayé la Concorde. On y tenait plus les uns dans les autres. C'était trop brûlant. Ça fumait. C'était l'enfer.

Louis-Ferdinand CÉLINE
*Mort à crédit*, 1936.

*De bruit et de fureur*

Paris est une ville où vous pouvez vraiment vous promener à pied la nuit, et trouver ce que vous ne voulez pas, Ô Pascal.

Comme j'essayais de gagner l'Opéra cent voitures ont surgi, dans un virage sans visibilité et, comme tous les autres piétons, j'ai attendu pour les laisser passer ; et puis ils ont tous commencé à traverser, mais moi j'ai attendu quelques secondes, regardant les autres voitures qui arrivaient, de six directions à la fois. — Puis je suis descendu du trottoir, et une auto a pris le virage, toute seule, comme la lanterne rouge à la course de Monaco, et est venue droit sur moi. — J'ai bondi en arrière, juste à temps. — Au volant, un Français absolument persuadé que personne n'a le droit de vivre ou d'aller voir sa maîtresse aussi vite que lui, — le New-Yorkais que je suis court pour échapper aux voitures qui se ruent et rugissent librement à Paris, mais les Parisiens attendent un moment, puis traversent sans se presser, s'en remettant aux conducteurs. — Et bon Dieu, ça marche ! J'ai vu des douzaines de voitures roulant à cent à l'heure s'arrêter dans un hurlement de freins pour laisser passer quelque promeneur nonchalant.

Jack KEROUAC
*Satori à Paris*, 1966.

# *Les cris de Paris*

Voulez-vous ouïr chansonnette
De tous les cris de Paris ?
L'un crie : — des allumettes !
L'autre : — Fusils, bons fusils !
— Cotrets ! À la masse tache !
— Verre joli !
— Qui a des vieux souliers
À vendre en bloc et en tâche !
— Beaux œufs frais !
— Oranges, citrons, grenades !
Fromages forts de Milan !
— Salades, belles salades !
— Faut-il point du bon pain, chalans ?
— À ramoner la cheminée haut et bas !
Vieux fer, vieux chapeau !
— Beaux choux blancs !
Ma belle poirée !
— Moutarde ! — Almanachs nouveaux !
— Vinaigre, au bon vinaigre !
— Sablon à couvrir les vins !
Charbon de rabais en Grève !
Le minot à neuf douzaine !
Du grès, du grès !
— À fine aiguille !
— J'ai la mort aux rats et aux souris !

Entonnoirs, bons forets et outils !
Ça, chalans, curez les puits !
— Argent cassé, vieille monnaie !
— L'émouleur, gagne-petit !
— Croye de Champagne, croye !
Oublie, oublie, où est-il ?
À deux liards la chanson tant belle !
— Douce mûre, gentil fruit nouveau !
À mes beaux cerneaux !
Noix nouvelle !
Carpendus, poire de certeaux !
Gros fagots, sèches bourrées !
À mes beaux navets !
Chicorée, chicorée !
— Argent de mes gros balets !
Noir à noircir !
Couvercle à la lessive !
Peigne de buis !
Gravelée !
— J'ai du bon lait !
— À l'écaille vive !
— Chaudronnier, ça !
— Qui est-ce qui veut de l'eau ?
— Gentil vin blanc et clairet !
— Esguillettes de feu teintes !
— Argent de fin trébuchet !
— Ver, verjus ! Oignons à la botte !
Hareng soret ! Panets, beaux panets !
Beau cresson, carottes, carottes !
Pois verts, pois ! fèves de marais !
Prunes de Damas ! cerises !
Concombres ! beaux arbrisseaux !
— De bonne encre pour écrire !
— Beaux melons ! beaux artichauts !
Harengs, maquereaux de chasse !
À refaire les soufflets et les seaux !
— Citrouille, filasse, filasse !
— Qui a de vieux chapeaux ?

Vieux bonnets !
— Fromages de crème !
— Aux racines de persil !
Raves douces, belles asperges !
— Beau houblon ! — Peau de lapin !
— Gerbe de froment !
— Fouarre nouveau, fouarre !
— Pons, ratelets, chambrière de bois !
Beau mai de houx !
À la pierre noire !
— Rubans blancs, beaux lacets !
— À trente écus l'émeraude
Et l'anneau de grande valeur !
— Fèves cuites toutes chaudes !
Pain d'épices pour le cœur !
Beaux chapelets, couronne royale !
Mes beaux coings ! pêches de corbeille !
Beaux poireaux ! gros navets de balle !
Beaux bouquets ! Qui veut du lait ?
Figues de Marseille !
— Beaux métis ! carpes vives !
— Beaux épinards ! lard à pois !
— Escargots ! tripes de morue !
— Beaux raisins ! beaux pruneaux de Tours !

Ainsi vont criant par les rues
Les étals, chacun tous les jours.

ANONYME, XVII^e siècle
cité in *Paris ridicule et burlesque*, 1859.

Non, il n'y a point de ville au monde où les crieurs et les crieuses des rues aient une voix plus aigre et plus perçante. Il faut les entendre élancer leurs voix par-dessus les toits ; leur gosier surmonte le bruit et le tapage des carrefours. Il est impossible à l'étranger de pouvoir comprendre la chose : le Parisien lui-même ne la distingue jamais que par routine. Le porteur d'eau, la crieuse de vieux chapeaux, le marchand de ferraille, de peaux de lapin, la vendeuse de marée, c'est à qui chantera sa marchandise sur un mode haut et déchirant. Tous ces cris discordants forment un ensemble dont on n'a point idée lorsqu'on ne l'a point entendu. L'idiome de ces crieurs ambulants est tel qu'il faut en faire une étude pour bien distinguer ce qu'il signifie. Les servantes ont l'oreille beaucoup plus exercée que l'académicien, parce qu'elles savent distinguer du quatrième étage, et d'un bout de la rue à l'autre, si l'on crie des « maquereaux » ou des « harengs frais », ou des « laitues » ou des « betteraves ». Comme les finales sont à peu près du même ton, il n'y a que l'usage qui enseigne aux doctes servantes à ne point se tromper, et c'est une inexplicable cacophonie pour tout autre.

Louis Sébastien MERCIER, *Tableau de Paris*,
« Cris de Paris », 1781.

La gare des cochers enrhumés, les jurements des charretiers, les cris des marchands d'habits, des crieuses de vieux chapeaux, de noisettes au litron, de cerises douces, de bouquets à mettre dans les pots, des pommes cuites ; ceux des porteurs d'eau, des vinaigriers, des poissardes ; ceux des colporteurs, des billets de loterie, des ferrailles à vendre, des mousselines à cinquante sous l'aune, des vendeurs d'almanachs de Liège à soixante-quatre feuillets ; des crieurs de mouchoirs, de peaux de lapin, de bouteilles cassées, du papier qui dérouille le fer et l'acier, les pelles à feu, les armes à feu ; ceux des marchandes de plaisir et de celles de fromages de Marolles (...).

Nicolas RESTIF DE LA BRETONNE
*Les Contemporaines du commun*, XXIV, 1780.

Le char s'alentit et descend par molles paresseuses ondulations.

Ils entendent déjà les cris des hommes et des animaux, le roulement des voitures au loin retentissantes, le hennissement des chevaux, et ce murmure éternel et confus, semblable à celui d'un torrent reculé qui tombe, et dont le sourd mugissement se mêle au bruissement des feuilles agitées, mais interrompu et croisé par les chants de mille oiseaux.

Ces flots d'habitants, cette vaste fourmilière qui s'agite, se brise, se pousse, leur paraît du haut de la nue comme un parterre mobile, ou comme un groupe d'insectes, éclos d'un rayon de soleil.

Publicola CHAUSSARD, *Le Nouveau Diable boiteux, Tableau philosophique et moral de Paris*, 1797.

Joignez-y le concert des sonnettes, des flûtes, des mirlitons, des sifflets, des tambourins et des trompettes ; le vacarme d'industries tapageuses qui encombraient les abords du marché, les cris des oublieux, des limonadiers et des marchands de tout genre, le bruit infernal des conversations, des discussions, des injures, des rixes, des mousquetaires voulant entrer dans les loges sans payer, des provinciaux criant au voleur, d'infirmes sollicitant la charité publique, des jeunes seigneurs rossant la garde et de la garde rossée par les jeunes seigneurs...

Victor FOURNEL
*Le Vieux Paris, fêtes, jeux, spectacles*, 1887.

Que je ne puisse toujours pas m'empêcher de dormir la fenêtre ouverte ! Les tramways électriques traversent ma chambre à une allure folle en faisant tinter leurs sonnettes. Des automobiles me passent dessus. Une porte claque. Quelque part le cliquetis d'une vitre qui s'effondre, j'entends rire ses gros débris et glousser ses petits éclats. Puis soudain un bruit sourd, enfermé, venant de l'autre côté, à l'intérieur de la maison. Quelqu'un monte l'escalier. Approche, approche inexorablement. Reste là, reste là longtemps, passe. Et de nouveau la rue. Une fille braille : Ah, tais-toi, je ne veux plus. Le tramway surgit, dans tous ses états, et écrase ces cris, écrase tout sur son passage. Quelqu'un lance un appel. Des gens courent, se dépassent. Un chien aboie. Quel soulagement : un chien. Vers le matin on entend même chanter un coq, et c'est un bienfait sans limites. Puis tout à coup je m'endors.

Rainer Maria RILKE
*Les Carnets de Malte Laurids Brigge*, 1910.

J'ai vu ce matin une jolie rue dont j'ai oublié le nom
Neuve et propre du soleil elle était le clairon
Les directeurs les ouvriers et les belles sténodactylographes
Du lundi matin au samedi soir quatre fois par jour y passent
Le matin par trois fois la sirène y gémit
Une cloche rageuse y aboie vers midi
Les inscriptions des enseignes et des murailles
Les plaques les avis à la façon des perroquets criaillent
J'aime la grâce de cette rue industrielle
Située à Paris entre la rue Aumont-Thiéville et l'avenue des Ternes...

Guillaume APOLLINAIRE
« Zone », *Alcools*, 1913.

CRIS DE PARIS

On n'entend plus guère le repasseur de couteaux
le réparateur de porcelaines le rempailleur de chaises
on n'entend plus guère que les radios qui bafouillent

des tourne-disques des transistors et des télés
ou bien encore le faible aye aye ouye ouye
que pousse un piéton écrasé

Raymond QUENEAU
*Courir les rues*, 1967.

Parmi tous les cris qui se sont tus, qui se souvient « du mouron pour les p'tits oiseaux » ? Quelle âme désabusée inventa cet air aux modulations d'une tendresse poignante ? C'est une plainte si douce qu'on dirait qu'elle renonce à se faire entendre, le gémissement d'une nostalgie secrète. On l'entendait dans certaines rues parisiennes, la petite phrase unie qui traversait la grosse rumeur du marché ; elle ne se mêlait ni aux vociférations des maraîchers ni au roulement des voitures, mais côtoyait tout ce bruit, comme une étrangère passe à côté d'une foule.

Julien GREEN
*Paris*, 1983.

## *Le frémissement de la cité*

Le pouls de Paris bat cent vingt à la minute, montre en main ; ailleurs ce serait une fièvre de cheval. Paris, néanmoins, se porte à merveille.

Paul FÉVAL, « La vie de Paris »,
in *Paris-Guide par les principaux écrivains et artistes de la France*, 1867.

Mais, ô Paris ! qui n'a pas admiré tes sombres paysages, tes échappées de lumière, tes culs-de-sac profonds et silencieux ; qui n'a pas entendu tes murmures, entre minuit et deux heures du matin, ne connaît encore rien de ta vraie poésie, ni de tes bizarres et larges contrastes. Il est un petit nombre d'amateurs, de gens qui ne marchent jamais en écervelés, qui dégustent leur Paris, qui en possèdent si bien la physionomie qu'ils y voient une verrue, un bouton, une rougeur. Pour les autres, Paris est toujours cette monstrueuse merveille, étonnant assemblage de mouvements, de machines et de pensées, la ville aux cent mille romans, la tête du monde. Mais, pour ceux-là, Paris est triste ou gai, laid ou beau, vivant ou mort ; pour eux, Paris est une créature ; chaque homme, chaque fraction de maison est un bloc du tissu cellulaire de cette grande courtisane de laquelle ils connaissent parfaitement la tête, le cœur et les mœurs fantasques. Aussi ceux-là sont-ils les amants de Paris : ils lèvent le nez à tel coin de rue, sûrs d'y trouver le cadran d'une horloge ; ils disent à un ami dont la tabatière est vide : Prends par un tel passage, il y a un débit de tabac, à gauche, près d'un pâtissier qui a une jolie femme. Voyager dans Paris est, pour ces poètes, un luxe coûteux.

Honoré de BALZAC
*Ferragus*, 1834.

Car Paris et la foule ont aussi leur beauté,
Et les passants ne sont, le soir, sur les quais sombres
Qu'un flux et qu'un reflux de lumières et d'ombres.

Auguste BARBIER
*Iambes et poèmes*, 1841.

Parti par un besoin d'expansion, mis en joie par l'activité boutiquière de Paris, il rentra, irrité du bonheur qui lui semblait courir les rues, rendu plus féroce, s'imaginant des luttes acharnées, dans lesquelles il aurait plaisir à battre et à duper cette foule qui l'avait coudoyé sur les trottoirs. Jamais il n'avait ressenti des appétits aussi larges, des ardeurs aussi immédiates de jouissance.

Émile ZOLA
*La Curée*, 1872.

La foule est son domaine, comme l'air est celui de l'oiseau, comme l'eau celui du poisson. Sa passion et sa profession, c'est d'épouser la foule. Pour le parfait flâneur, pour l'observateur passionné, c'est une immense jouissance que d'élire domicile dans le nombre, dans l'ondoyant, dans le mouvement, dans le fugitif et l'infini. Être hors de chez soi, et pourtant se sentir partout chez soi ; voir le monde, être au centre du monde et rester caché au monde, tels sont quelques-uns des moindres plaisirs de ces esprits indépendants, passionnés, impartiaux (...). L'observateur est un prince qui jouit partout de son incognito. L'amateur de la vie fait du monde sa famille, comme l'amateur du beau sexe compose sa famille de toutes les beautés trouvées, trouvables et introuvables ; comme l'amateur de tableaux vit dans une société enchantée de rêves peints sur toile. Ainsi l'amoureux de la vie universelle entre dans la foule comme dans un immense réservoir d'électricité. (...) C'est un moi insatiable du non-moi, qui, à chaque instant, le rend et l'exprime en images plus vivantes que la vie elle-même, toujours instable et fugitive.

Charles BAUDELAIRE
*Curiosités esthétiques,*
*Le Peintre de la Vie moderne*, 1962.

La rue est plus intime à cause de la brume.
Autour des becs de gaz l'air tout entier s'allume,
Chaque chose a sa part de rayons ; et je vois
Toute la longue rue exister à la fois.
Les êtres ont fondu leurs formes et leurs vies,
Et les âmes se sont doucement asservies.
Je n'ai jamais été moins libre que ce soir,
Ni moins seul. Le passant, là-bas, sur le trottoir,
Ce n'est point hors de moi qu'il s'agite et qu'il passe.
Je crois que lui m'entend si je parle à voix basse,
Moi qui l'entend penser ; car il n'est pas ailleurs
Qu'en moi ; ses mouvements me sont intérieurs.
Et moi je suis en lui. Le même élan nous pousse.
Chaque geste qu'il fait me donne une secousse.
Mon corps est le frémissement de la cité.

Jules ROMAINS
*La Vie unanime*, poèmes, 1904-1907.

Il n'existe pas de ville au monde qui — comme Paris — permette, quand on le veut, de s'isoler au sein des foules ou de partager avec elles cette chaleur, cette sécurité dont tout homme, dès qu'il souffre, a besoin, comme d'un foyer, d'un lieu d'asile. Est-ce de cela qu'émane le charme de cette cité ? Du plus humble au plus grand, chacun se comprend à demi-mot. De subtiles correspondances y sont partout offertes : elles flottent dans l'air autant que dans l'esprit.

Francis CARCO
*Nostalgie de Paris*, 1945.

Il y a de la bataille dans l'air, à Paris. On y voit d'abord que le tabac est cher et que les allumettes n'y valent rien, mais quand on va au fond des choses, ce qui frappe le plus, c'est cette fièvre qu'on y sent. Plus qu'ailleurs on y est nerveux ; ça échauffe de vivre en foule.

Charles-Ferdinand RAMUZ
*Vie de Samuel Belet*, 1913.

# *La marée humaine*

Et par les quais uniformes et mornes
Et par les ponts et par les rues,
Se bousculent, en leurs cohues,
Sur des écrans de brumes crues,
Des ombres et des ombres...

Émile VERHAEREN
« L'Âme de la Ville »,
*Les Villes tentaculaires*, 1895.

Puis, arrivée à la grande galerie, elle leva les yeux. C'était comme une nef de gare, entourée par les rampes des deux étages, coupée d'escaliers suspendus, traversée de ponts volants. Les escaliers de fer, à double révolution, développaient des courbes hardies, multipliaient les paliers ; les ponts de fer, jetés sur le vide, filaient droit, très haut ; et tout ce fer mettait là, sous la lumière blanche des vitrages, une architecture légère, une dentelle compliquée où passait le jour, la réalisation moderne d'un palais du rêve, d'une Babel entassant des étages, élargissant des salles, ouvrant des échappées sur d'autres étages et d'autres salles, à l'infini. Du reste, le fer régnait partout, le jeune architecte avait eu l'honnêteté et le courage de ne pas le déguiser sous une couche de badigeon imitant la pierre ou le bois. En bas, pour ne point nuire aux marchandises, la décoration était sobre, de grandes parties unies, de teinte neutre ; puis, à mesure que la charpente métallique montait, les chapiteaux des colonnes devenaient plus riches, les rivets formaient fleurons, les consoles et les corbeaux se chargeaient de sculptures ; dans le haut enfin, les peintures éclataient, le vert et le rouge, au milieu d'une prodigalité d'or, des flots d'or, des moissons d'or, jusqu'aux vitrages dont les verres étaient émaillés et niellés d'or. Sous les galeries couvertes, les briques apparentes des voûtins étaient également émaillées de couleurs vives. Des mosaïques et des frises éclairaient de leurs notes fraîches la sévérité de l'ensemble ; tandis que les escaliers, aux rampes de velours rouge, étaient garnis d'une bande de fer découpé et poli, luisant comme l'acier d'une armure.

Bien qu'elle connût déjà la nouvelle installation, madame Desforges s'était arrêtée, saisie par la vie ardente qui animait ce jour-là l'immense nef. En bas, autour d'elle, continuait le remous de la foule, dont le double courant d'entrée et de sortie se faisait sentir jusqu'au rayon de la soie : foule encore très mêlée, où pourtant l'après-midi amenait davantage de dames, parmi les petites bourgeoises et les ménagères ; beaucoup de femmes en deuil, avec leurs grands voiles : toujours des nourrices fourvoyées, protégeant leurs poupon de leurs coudes élargis. Et cette mer, ces chapeaux bariolés, ces cheveux nus, blonds ou noirs, roulaient d'un bout de la galerie à l'autre, confus et décolorés au milieu de l'état vibrant des étoffes. Madame Desforges ne voyait de toutes parts que les grandes pancartes, aux chiffres énormes, dont les taches crues se détachaient sur les indiennes vives, les soies luisantes, les lainages sombres. Des piles de rubans écornaient les têtes, un mur de flanelle avançait en promontoire, partout les glaces reculaient les magasins, reflétaient des étalages avec des coins de public, des visages renversés, des moitiés d'épaules et de bras ; pendant que, à gauche, à droite, les galeries latérales ouvraient des échappées, les enfoncements neigeux du blanc, les profondeurs mouchetées de la bonneterie, lointains perdus, éclairés par le coup de lumière de quelque baie vitrée et où la foule n'était plus qu'une poussière humaine. Puis, lorsque madame Desforges levait les yeux, c'était le long des escaliers, sur les ponts volants, autour des rampes de chaque étage, une montée continue et bourdonnante, tout un peuple en l'air, voyageant dans les découpures de l'énorme charpente métallique, se dessinant en noir sur la clarté diffuse des vitres émaillées.

Émile ZOLA
*Au Bonheur des dames*, 1883.

La brume se retire peu à peu comme les flots de la mer au reflux, chassée par le soleil. Elle te laisse voir debout, enracinés dans la grève, des quartiers énormes de rochers, qui sont des maisons. Des églises émergent, dont tu ne sais même pas les noms : tu ne reconnais que Notre-Dame et Saint-Sulpice. Tu reconnais aussi la tour Eiffel. Tout le reste est un fouillis de cheminées, d'ardoises et de zinc, de fenêtres. Il te semble, tant les maisons se pressent les unes contre les autres, que tu pourrais traverser Paris en marchant sur les toits. Il te semble que Paris n'a pas de fin, qu'il va jusqu'au bout du monde. Aussi loin que tu puisses voir, ce sont toujours des maisons que tu ne distingues qu'à peine. Pourtant, regarde. Là-bas, sur ta gauche, ces îlots de verdure que n'a point submergés la houle des pierres ni des ardoises, ce sont les Buttes-Chaumont, et le Père-Lachaise d'où Rastignac, un siècle avant toi, découvrit la grande ville. Trois millions d'êtres humains grouillent à tes pieds en une cohue où bientôt il te faudra jouer des coudes. Il ne t'en arrive qu'un bruissement confus, comme des crabes qui remuent sur le sable. La trompette de l'Archange sonnant au-dessus de cette vallée ne leur ferait point lever la tête, absorbés qu'ils sont par leurs soucis quotidiens. Tu en aperçois quelques-uns, gros comme des fourmis qui cherchent une brindille, une paille, un grain de blé, mais tu ne les vois pas tous. Il y en a dans les églises et dans les casernes, dans les couvents et dans les lycées, dans les rues et dans les égouts, dans les grands magasins et dans les petites boutiques, dans les banques et à l'Université, dans les ateliers de couture et dans les cafés, dans les hôtels de Passy et d'Auteuil et dans les mansardes, sur les berges de la Seine et sous les ponts, et jusque sur les toits. Ils sortent de partout. Par toutes les portes de toutes les maisons, c'est un flot humain qui se répand, toujours égal, mais que creuse parfois le souffle des émeutes.

Henri BACHELIN
*Collines et buttes parisiennes*, 1944.

Je me jette dans la rue, dans cette eau bienfaisante qui somnole entre des berges à fenêtres. Eau fraîche d'une rue de Paris où l'on se mêle aux reflets, eau plus pure que dans n'importe quelle ville du monde, eau réconfortante, source miraculeuse, d'où jaillit un mélange de courage et d'espérance.

Léon-Paul FARGUE
*Haute solitude*, 1941.

Et la Seine montait, montait toujours plus forte...
Calmes, les Parisiens soutenaient, presque gais,
Que jamais leur cher fleuve, endigué par les quais,
Pour pénétrer chez eux ne trouverait de porte.
Mais le fleuve sournois s'empara des égouts,
Éventra les tunnels, se glissa dans les caves ;
Puis, sûr de son effort, le sein gonflé d'épaves,
Voulut rompre les ponts qu'il battit à grands coups...

Traîtresse, l'eau suinta du sol même... et bientôt
Paris, vaincu, n'était qu'un lac immense et morne
Dont un ciel surbaissé semblait l'unique borne,
Dont les flots limoneux gagnaient toujours plus haut...

Albert FORNELLES
*La Crue à Paris*, 1910.

ENCORE LUI

Les eaux
répandues sur les cartes postales des années mil
 neuf cent dix
ont laissé leur trace ici et là
exprimée en mètres et en centimètres
on allait en bateau prendre le train
on portait le pain à la nage
les facteurs ramaient
les chevaux buvaient entre leurs pattes

et les pêcheurs ne trempaient pas deux f-
ois leur ligne dans le même fleuve

Raymond QUENEAU
*Courir les rues*, 1967.

J'ai découvert la mer, enfant, rue de Sèvres, un matin plein de courses, au seuil des vacances, en pleine fièvre de départ. Mon père me pressait la main sans rien dire et se hâtait, de son pas carré. De temps en temps, je regardais d'en bas le doux souci de son profil, et le tournant de son chapeau à haute forme où le ciel d'été défilait. Les maisons s'écartaient et glissaient peu à peu devant un estuaire, que les passants bordaient de sillons mâchurés, comme nous en tracions, le crayon à plat, pour les côtes et pour les montagnes, quand nous faisions une carte de géographie.

Nous arrivions au Bon Marché : « Tu vois... », commença mon père. En effet. J'aperçus un port fermé de grilles, un môle, un vaisseau immense, aux vitres brillantes, aux cheminées bleues, comme j'en avais vu l'image en couleurs dans un vieux livre, et qui me fit penser à l'Astrolabe, à la Zélée ou au Vengeur, des dames de proue coiffées de fanaux, des hublots laiteux, des lampes qui brûlaient dans le plein jour, des battements d'ailes blanches et jaunes, des claquements de pavillons, des fumées coupées de cris chantants et de cloches, et je compris que c'était la Mer.

Léon-Paul FARGUE
*Le Piéton de Paris*, 1939.

De la fenêtre de sa chambre, il regardait les toits en contrebas, les toits de zinc et la verrière des ateliers Chichignoud Fils, chauffe-eaux, robinetterie. À gauche de ces toits, une maison en ruine, éventrée, branlante, et qu'un jour foutrait bas un coup de vent définitif.

En pantalon, bras de chemise, savates, Henri Plantin regardait les toits du crépuscule, encore ahuris par les soleils de cette fin juillet.

Là-bas, rue Beaubourg, passaient des automobiles. Et des automobiles...

Et des automobiles...

Et des automobiles...

C'était un autre mouvement de la nature, comme les marées, les saisons et les comètes. Et des automobiles. Puis des automobiles. Plantin ne les voyait plus. Leur bruit lui était celui de la mer aux oreilles d'un marin.

René FALLET
*Paris au mois d'août*, 1964.

*Sixième partie*

# PARIS EN LARMES

*À feu et à sang*
*Cimetières*
*Potence et gibet*
*Hôpital, hospice...*
*Le spleen de Paris*

# *À feu et à sang*

Paris de nos malheurs Paris du Cours-la-Reine
Paris des Blancs-Manteaux Paris de Février
Du Faubourg Saint-Antoine aux coteaux de Suresnes
Paris plus déchirant qu'un cri de vitrier.

Louis ARAGON
*Les Yeux d'Elsa*, 1942.

Ce matin-là, le faubourg Saint-Antoine avait été une énorme et sombre masse d'épouvantails, ondulant çà et là sous les éclairs des lames et des baïonnettes agitées au soleil. Un rugissement épouvantable s'éleva du gosier de cette populace, faisant surgir une forêt de bras nus qui se débattaient dans les airs comme les rameaux flétris secoués par le vent d'hiver ; et toutes ces mains serraient convulsivement les armes (ou ce qui pouvait en tenir lieu) qu'on leur jetait des profondeurs, d'où que ce fût.

Qui les avait données ? D'où venaient-elles en dernier lieu ? Quelle était leur provenance première ? Par quelle influence leurs formes torses tremblaient-elles et tressautaient-elles, par vingtaine à la fois, comme une sorte de foudre, au-dessus de toutes ces têtes ? Personne dans cette foule n'aurait pu le dire. Pourtant, des fusils étaient distribués, ainsi que des cartouches, de la poudre et des balles, des barres de fer, des gourdins, des couteaux, des haches, des piques, toutes les armes que l'ingéniosité humaine en démence peut découvrir ou inventer. Ceux qui ne pouvaient s'emparer d'autre chose arrachaient de leurs mains ensanglantées les pierres et les briques des murs. Tous les cœurs et toutes les artères du faubourg ardaient et battaient sous l'effet d'une fièvre intense. Chacun de ces êtres n'attachait aucun prix à la vie et était prêt à en faire passionnément le sacrifice.

Charles DICKENS<br>*Un conte de deux villes*, 1859.

Mille voix confuses demandent des armes et l'ordre de sonner le tocsin. Sur les huit heures, une patrouille du guet à pied rentre au poste, établi sur la place de l'Hôtel de Ville. La multitude désarme les soldats, à l'instant même, les cris pour obtenir des armes redoublent et les menaces de mettre le feu à l'Hôtel de Ville éclatent de toutes parts. Dans ce moment redoutable et pour éviter l'incendie dont la menace devient plus vive à chaque instant, les élus ordonnent au concierge de délivrer les armes qui peuvent se trouver dans l'Hôtel de Ville. Cet ordre ne s'exécutant pas avec assez de promptitude, le peuple cherche lui-même et bientôt il découvre le dépôt des armes de la ville. Les portes sont enfoncées soudain, et les armes pillées. L'instant d'après, on voit un homme en chemise, jambes nues et sans souliers, le fusil sur l'épaule, prendre la place d'un garde de ville désarmé, et montrer fièrement la garde à la porte de la salle.

Extrait du *Moniteur universel*<br>17-20 juillet 1789.

Cette promiscuité de tours, les unes pour la prière, les autres pour la prison, cette dispersion de glas et de tocsins faits par toutes ces cloches... ces gibets, ces estrapades, ces voluptés, cette Diane tout nue au Louvre... ces harangues de magistrats à genoux, ces idolâtries de l'étiquette... ces mutilations de toutes les virilités... il s'est trouvé un jour que toute cette ombre avait un total : 1789.

Victor HUGO, in *Paris-Guide par les principaux écrivains et artistes de la France* (introduction), 1867.

Des bandes d'égorgeurs rôdent
Des femmes se changent en hyènes
Et narguent l'épouvante (...)
Plus rien n'existe de sacré
Tous les liens de la piété se rompent
Le bien cède la place au mal
Et tous les vices règnent en liberté...

Friedrich von SCHILLER
*Chant de la cloche*, 1799.

Tous les peuples, en ces jours difficiles
Ne dirigeaient-ils pas leur regard vers la capitale du monde,
Qui l'était depuis longtemps déjà, mais méritait désormais
Plus que jamais ce nom magnifique ?

Wolfgang GOETHE
*Hermann et Dorothée*, chant VI, 1797.

TANDIS QUE TOUT PARIS
SE JONCHAIT DE MERVEILLES...

Oh ! lorsqu'un lourd soleil chauffait les grandes dalles
Des ponts et de nos quais déserts,
Que les cloches hurlaient, que la grêle des balles
Sifflait et pleuvait par les airs ;
Quand dans Paris entier, comme la mer qui monte,
Le peuple soulevé grondait,
Et qu'au lugubre accent des vieux canons de fonte
La Marseillaise répondait...

Auguste Barbier
« La Curée », *Iambes et poèmes*, 1831.

La barricade Saint-Antoine était monstrueuse ; elle était haute de trois étages et large de sept cents pieds. Elle barrait d'un angle à l'autre la vaste embouchure du faubourg, c'est-à-dire trois rues ; ravinée, déchiquetée, dentelée, hachée, crénelée d'une immense déchirure, contrebutée de monceaux qui étaient eux-mêmes des bastions, poussant des caps çà et là, puissamment adossée aux deux grands promontoires de maisons du faubourg, elle surgissait comme une levée cyclopéenne au fond de la redoutable place qui a vu le 14 juillet. Dix-neuf barricades s'étageaient dans la profondeur des rues derrière cette barricade mère. Rien qu'à la voir, on sentait dans le faubourg l'immense souffrance agonisante arrivée à cette minute extrême où une détresse peut devenir une catastrophe. De quoi était faite cette barricade ? De l'écroulement de trois maisons à six étages, démolies exprès, disaient les uns. Du prodige de toutes les colères, disaient les autres. Elle avait l'aspect lamentable de toutes les constructions de la haine : la ruine. On pouvait dire : qui a bâti cela ? On pouvait aussi dire : qui a détruit cela ? C'était l'improvisation du bouillonnement. Tiens ! cette porte ! cette grille ! cet auvent ! ce chambranle ! ce réchaud brisé ! cette marmite fêlée ! Donnez tout ! jetez tout ! poussez, roulez, piochez, démantelez, bouleversez, écroulez tout ! C'était la collaboration du pavé, du moellon, de la poutre, de la barre de fer, du chiffon, du carreau défoncé, de la chaise dépaillée, du trognon de chou, de la loque, de la guenille, et de la malédiction. C'était grand et c'était petit. (...)

C'était l'acropole des va-nu-pieds.

Victor HUGO
*Les Misérables*, cinquième partie, livre I, 1862.

L'insurrection, comme dirigée par un seul bras, s'organisait formidablement. Des hommes d'une éloquence frénétique haranguaient la foule au coin des rues ; d'autres dans les églises sonnaient le tocsin à pleine volée ; on coulait du plomb, on roulait des cartouches ; les arbres des boulevards, les vespasiennes, les bancs, les grilles, les becs de gaz, tout fut arraché, renversé ; Paris, le matin, était couvert de barricades. La résistance ne dura pas ; partout la garde nationale s'interposait ; si bien qu'à huit heures, le peuple, de bon gré ou de force, possédait cinq casernes, presque toutes les mairies, les points stratégiques les plus sûrs. D'elle-même, sans secousses, la Monarchie se fondait dans une dissolution rapide ; et on attaquait maintenant le poste du Château-d'Eau, pour délivrer cinquante prisonniers, qui n'y étaient pas. (...) Les tambours battaient la charge. Des cris aigus, des hourras de triomphe s'élevaient. Un remous continuel faisait osciller la multitude. Frédéric, pris entre deux masses profondes, ne bougeait pas, fasciné d'ailleurs et s'amusant extrêmement. Les blessés qui tombaient, les morts étendus n'avaient pas l'air de vrais blessés, de vrais morts. Il lui semblait assister à un spectacle. (...)

La troupe de ligne avait disparu et les municipaux restaient seuls à défendre le poste. Un flot d'intrépides se rua sur le perron ; ils s'abattirent, d'autres survinrent ; et la porte, ébranlée sous des coups de barre de fer, retentissait ; les municipaux ne cédaient pas. Mais une calèche bourrée de foin, et qui brûlait comme une torche géante, fut traînée contre les murs. On apporta vite des fagots, de la paille, un baril d'esprit-de-vin. Le feu monta le long des pierres ; l'édifice se mit à fumer partout comme une solfatare ; et de larges flammes, au sommet, entre les balustres de la terrasse, s'échappaient avec un bruit strident. Le premier étage du Palais-Royal s'était peuplé de gardes nationaux. De toutes les fenêtres de la place, on tirait ; les balles sifflaient, l'eau de la fontaine crevée se mêlait avec le sang, faisait des flaques par terre ; on glissait dans la boue sur des vêtements, des shakos, des armes (...). Des bandes nouvelles de peuple arrivaient toujours, poussant les combattants sur le poste. La fusillade devenait plus pressée. Les marchands de vin étaient ouverts ; on allait de temps à autre y fumer une pipe, boire une chope, puis on retournait se battre. Un chien perdu hurlait. Cela faisait rire.

Gustave FLAUBERT
*L'Éducation sentimentale*, 1869.

J'entendis de grands cris dans la rue. C'était Charras et sa troupe qui revenaient de la caserne de la rue de Babylone. Il y avait eu là une tuerie effroyable : après une demi-heure de siège, on avait été obligé de mettre le feu à la caserne pour en déloger les Suisses.

On portait au bout des baïonnettes les habits rouges des vaincus en signe de victoire. Charras, — il doit s'en souvenir encore aujourd'hui, car lui n'est pas de ceux qui ont oublié —, Charras avait, au lieu de cocarde, la manche de l'habit d'un Suisse, laquelle, attachée au haut de son chapeau à trois cornes, retombait coquettement sur son épaule.

Tout cela, tambour en tête, marchait sur les Tuileries.

Au même instant, les cris redoublèrent venant du château. Je tournai les yeux du côté d'où partaient ces cris et de ma fenêtre donnant sur la rue du Bac, je vis des milliers de lettres et de papiers qui voltigeaient dans le jardin des Tuileries.

On eût dit qu'on donnait la volée à tous les pigeons ramiers du jardin. C'étaient les correspondances de Napoléon, de Louis XVIII, de Charles X qui s'en allaient au vent.

Les Tuileries étaient emportées.

Alexandre DUMAS père
*Mes Mémoires*, 1852.

Une sorte de crime épars flotte sur tout.
L'un a brûlé le Louvre, hein ? qu'est-ce que le Louvre,
Il ne le savait pas. L'autre, horribles exploits,
Fusille devant lui, stupide. Où sont les lois ?
Les ténèbres, avec leurs sombres sœurs, les flammes,
Ont pris Paris, ont pris les cœurs, ont pris les âmes.
Je tue et ne vois pas. Je mens et ne sais rien.
Tous mêlés, l'enfant blond, l'affreux galérien,
Père, fils, jeunes, vieux, le démon avec l'ange,
L'homme de la pensée et l'homme de la fange,
Dans on ne sait quel gouffre expirant à la fois.
La mort sourde, ô terreur, fauche la foule aveugle.

Victor HUGO
*L'Année terrible*, 1871.

Puis, c'est le printemps de 1870, où l'esprit de révolte pousse avec les feuilles vertes, la mort de Victor Noir, les émeutes, le journal d'Henri Rochefort, introduit subrepticement par les externes et dévoré entre deux pages du *Thesaurus poeticus*, les cris, les chants, la Marseillaise !... dont les échos parvinrent jusqu'à nos dortoirs étouffants, la guerre, nos tristes vacances, nos désastres et la rentrée au lycée, externes, pendant le siège de Paris !

Alors, pour arriver à huit heures à Louis-le-Grand, il nous fallait, mon frère et moi, traverser la ville. Dans le petit matin bleuâtre, nous croisions des compagnies de gardes nationaux revenant des remparts ; par ces froids terribles (une moyenne de 12 degrés au-dessous de zéro), les hommes avaient des « passe-montagne » en laine tricotée, des cache-nez de couleur, de gros gants de cuir, de longues capotes raidies par le gel. Dans la boue et la neige glacées, sous la pluie et la bise, tenant en main, pour de minutieux pointages, leurs cartes bleues et jaunes d'alimentation familiale, de longues files de femmes, de vieillards, d'enfants faisaient, — bien avant l'aube, — queue à la porte des boucheries ouvertes à huit heures, militairement, sous la surveillance de gardes sédentaires, irrévérencieusement dénommés « les pantouflards ».

(...) De temps en temps, un besoin d'école buissonnière nous amenait aux remparts. On venait voir « papa » monter la faction derrière les gros canons bronzés, on regardait avec des longues-vues les Prussiens élever des retranchements du côté de Gennevilliers... Leur service terminé, les gardes nationaux lisaient les journaux, jouaient au bouchon, dormaient autour de grands feux de racines. On allait écouter le biniou des mobiles bretons ; on acclamait les bataillons de marche, les marins couverts de peaux de bique, se rendant en chantant aux avant-postes ; on guettait, place Saint-Pierre, à Montmartre, les départs des ballons ; on espérait pendant des heures l'arrivée d'un pigeon voyageur !

Dans les rues, sur les boulevards déserts, pas une voiture, sauf les omnibus d'ambulance où flottait un drapeau blanc marqué de la Croix rouge de la convention de Genève, et les coupés luxueux réquisitionnés pour le service des blessés ; sur le chemin des cimetières des files de cercueils d'enfants portés sous le bras et suivis de femmes en deuil...

Georges CAIN
*À travers Paris*, 1907.

Barois, surpris, gagne les pièces qui donnent sur la rue. Il ouvre une fenêtre et se penche dans la nuit. Un murmure confus. La flamme jaune d'un réverbère, toute proche, l'aveugle. Ses yeux s'habituent peu à peu à l'obscurité : devant lui, la chaussée est encore déserte ; mais, là-bas, entre les façades d'ombre, coule une masse noire qui bourdonne. Il s'apprête à descendre, par curiosité. Le brouhaha se rapproche ; des chants ; quelques cris : « Dreyfus !... » Le groupe isolé qui dirige la colonne n'est plus qu'à cinquante mètres de la maison. Barois aperçoit des visages et des bras levés vers lui.

— « Conspuez *Le Semeur* ! Conspuez Barois ! Conspuez ! »

Il recule précipitamment.

BAROIS. — « Les volets ! Vite ! »

Il aide le garçon, affolé. Au moment où il va barricader la dernière croisée, une canne, lancée dans les carreaux, le couvre de débris de verre. La foule est sous les fenêtres, à quatre ou cinq mètres de lui. Il distingue le timbre différent des voix.

— « *Le Semeur* ! Vendu ! Traître ! À mort ! »

Des pierres, des bâtons, font sauter les vitres en éclat, et frappent le bois des volets. Il reste planté au milieu de la pièce, l'oreille tendue.

— « Mort à Zola ! Mort à Dreyfus ! »

Dans la pénombre, il devine Julia, debout, immobile. Il la pousse vers son cabinet.

BAROIS. — « Demandez le numéro du commissariat... »

Les projectiles doivent être épuisés. Les vociférations redoublent de violence, rythmées par les piétinements :

— « Mort à Luce ! Mort aux traîtres ! »

— « Mort à Barois ! Vendus ! »

BAROIS *(très pâle, au garçon)*. — « Verrouillez la porte, et gardez le vestibule ! »

Il se dirige vers son cabinet, ouvre un tiroir et prend un revolver. Puis il rejoint le garçon.

BAROIS *(rage froide)*. — « Le premier qui ose entrer, je le tue comme un chien. »

Sonnerie du téléphone.

BAROIS *(à l'appareil)*. — « Allô ! le commissaire ? Bien... Je suis le directeur du *Semeur*. Il y a une émeute, rue de l'Université, sous mes fenêtres. »

Roger MARTIN DU GARD
*Jean Barois*, 1913.

L'après-midi vers les cinq heures, Gurau alla prendre sur les Boulevards ce que les journaux appellent « la température de la foule parisienne ». Il y régnait un compromis, encore discret, mais dont l'odeur montait à la tête, de dimanche d'été et d'émeute patriotique. Sur la chaussée, peu encombrée par les voitures, passait de temps en temps un petit cortège de jeunes gens avec un drapeau. Ils chantaient, fort mal, la Marseillaise, le Chant du Départ qu'ils lâchaient aux premières mesures. Ils criaient : « Vive la France ! Vive l'Armée ! » Parfois, mais rarement : « À bas l'Autriche ! » ou « Vive la Serbie ! » Quand ils rencontraient un soldat permissionnaire, ils lui faisaient une ovation. Ce n'était pas très grave ; mais c'était sans précédent. Aux terrasses des cafés, les gens applaudissaient au passage de ces petits cortèges ; se levaient de leur place, poussaient eux-mêmes quelques cris. Mais surtout, ils parlaient entre eux sans se connaître. Ils « fraternisaient ».

Jules ROMAINS
*Les Hommes de bonne volonté*, 1932-1947.

Le 11 novembre 1918, le temps, dès le matin, était léger et frais, avec un peu de brume, l'annonce d'une belle journée d'automne. Depuis son réveil, Paris attendait la grande nouvelle. Vers dix heures, elle circula de groupe en groupe. Bientôt elle fut officielle, et, du même coup, la ville entière l'apprit jusque dans les plus lointains faubourgs.

Par une sorte d'entente immédiate et mystérieuse, tout ce qui travaillait, tout ce qui peinait, tout ce qui créait s'arrêta instantanément. Comme par un coup de baguette magique, les ateliers et les usines se vidèrent : tout le monde fut dehors.

En quelques heures, le flot des ouvriers, des ouvrières, des employés, des soldats, des passants monta, ainsi qu'une marée, à l'assaut des boulevards. En vagues immenses, il déferlait de partout, formé de cent cortèges qui se nouaient sans cesse pour se dénouer.

La place de la Concorde le vit, tout d'abord, qui s'étalait en vagues irrésistibles, se ruait à l'assaut des canons ennemis, se répandait autour de la statue de Strasbourg, allait battre les murailles des Tuileries et les arbres jaunis des Champs-Élysées. Puis ce fut la rue Royale, la Madeleine, l'Opéra, les boulevards qui l'endiguèrent à leur tour.

La journée entière, ce fut le même grouillement, la même cohue formidable, mais, dès que le soleil disparut, que les premiers globes électriques s'allumèrent, la véritable féerie commença.

Féerie de la lumière retrouvée. Depuis des mois dissimulée aux Parisiens, elle leur était rendue — chichement, avec parcimonie, mais pour eux qui, la veille encore, avaient connu les rues mal éclairées, les carrefours louches, les recoins d'ombre, c'était la plus splendide des illuminations : on s'en grisait ainsi que d'un alcool, on l'accueillait avec des cris et des trépignements de joie.

Féerie du bruit. Cette foule immense, incroyable, qui, de la Concorde à la place de la République, ne faisait plus qu'un seul être, éprouvait, avant tout, le besoin de crier sa joie, de la hurler dans toutes les langues et de toutes les façons. La Marseillaise et la Madelon étaient chantées en permanence d'un bout de Paris à l'autre. Lorsqu'un groupe cessait, le groupe voisin reprenait, et ainsi jusqu'à l'aube. Et puis c'était une clameur immense, indistincte, incroyable, qui montait sans arrêt, dans laquelle les pétards faisaient un bruit sourd, les sifflets des Américains un roulement de trilles et les cris des femmes que l'on embrassait une note suraiguë.

Féerie du mouvement. Les cortèges ne cessaient pas de défiler. Où allaient-ils ? De qui étaient-ils composés ? On ne savait pas. Poilus français, anglais, belges, américains, italiens, australiens, mêlés aux civils, aux femmes, aux ouvriers, aux bourgeois, se formaient au hasard des rencontres et se défaisaient au hasard du tourbillon populaire. Chacun avait besoin de dépenser son allégresse, d'affirmer son enthousiasme, et l'on prenait son voisin par le bras et l'on embrassait sa voisine. Il y avait dans l'air une sorte de vertige qui s'emparait de tous et les poussait dans la mêlée. Les plus honnêtes femmes du monde allaient d'un groupe à l'autre pour se faire serrer dans les bras des poilus.

Jules Bertaut
*Les Belles Nuits de Paris*, Flammarion, 1927.

Nous avions déjeuné au Marignan. Des amis, que je voulais emmener en voiture, déclinèrent mon invitation. Taxis et piétons circulaient. Les jets d'eau du Rond-Point scintillaient au soleil sur une masse de verdures. Des uniformes — parmi les toilettes claires des femmes — mettaient une note grave où miroitaient l'or des galons, le bronze des palmes, le métal des insignes... Et quelquefois, au loin, on entendait le canon.

« *Souvenir, souvenir, que me veux-tu ?* », s'est écrié, jadis, Verlaine qui, lui aussi, a vu les Allemands défiler sur nos avenues.

Déjà les uns prétendent :

— Vous savez, la vie reprend. Les théâtres sont ouverts.

— L'ordre règne, ajoutent les autres.

— Non ?

— Mais... bien sûr ! Il le fallait, nous en avions besoin.

— Les Halles fonctionnent.

— On déjeune chez Maxim's.

— Et la Bourse ?

— Pas mauvaise.

Je sais très bien que les années de campagne comptent double. Mais le 14 juin — à la date qu'ils s'étaient fixée — nos « vainqueurs », comme ils disent, sont entrés à Paris. Le temps va vite ; les morts aussi...

— Quand rentrez-vous ?

*Nice, août 1940.*

Francis Carco
*Nostalgie de Paris*, 1945.

Paris a froid Paris a faim
Paris ne mange plus de marrons dans la rue
Paris a mis de vieux vêtements de vieille
Paris dort tout debout sans air dans le métro
Plus de malheur encore est imposé aux pauvres
Et la sagesse et la folie
De Paris malheureux
C'est l'air pur c'est le feu

C'est la beauté c'est la bonté
De ses travailleurs affamés
Ne crie pas au secours Paris
Tu es vivant d'une vie sans égale
Et derrière la nudité
De ta pâleur de ta maigreur
Tout ce qui est humain se révèle en tes yeux
Paris ma belle ville
Fine comme une aiguille forte comme une épée
Ingénue et savante
Tu ne supportes pas l'injustice
Pour toi c'est le seul désordre
Tu vas te libérer Paris
Paris tremblant comme une étoile
Notre espoir survivant
Tu vas te libérer de la fatigue et de la boue
Frères ayons du courage
Nous qui ne sommes pas casqués
Ni bottés ni gantés ni bien élevés
Un rayon s'allume en nos veines
Notre lumière nous revient
Les meilleurs d'entre nous sont morts pour nous
Et voici que leur sang retrouve notre cœur
Et c'est de nouveau le matin un matin de Paris
La pointe de la délivrance
L'espace du printemps naissant
La force idiote a le dessous
Ces esclaves nos ennemis
S'ils ont compris
S'ils sont capables de comprendre
Vont se lever.

Paul ÉLUARD
*Au rendez-vous allemand*, 1942.

Des affiches proposaient aux ouvriers parisiens de « s'unir avec les ouvriers allemands » ou de s'engager dans la « Légion contre le bolchevisme ». Les premières pages des journaux collaborateurs comme *Le Petit Parisien*, *L'Œuvre* et l'hebdomadaire *Je suis partout* proclamaient que « le travail en Allemagne n'était pas la déportation » et annonçaient fièrement que « jamais le haut commandement allemand n'avait été aussi confiant dans l'avenir ». Dans les pages intérieures, de discrètes annonces offraient d'effectuer « tous déménagements par chevaux ».

Au 13 de la rue Auber, les bureaux de la Waffen S.S. continuèrent jusqu'au 16 août à recruter des volontaires pour le IIIe Reich.

Paris avait cependant gardé son cœur d'avant-guerre. Jamais ses femmes n'avaient semblé plus jolies. Quatre années de restrictions et de bicyclette quotidienne avaient durci leurs corps et affiné leurs jambes. Et malgré la rareté des tissus, elles portaient, cet été-là, de grands chapeaux à fleurs comme dans les tableaux de Renoir.

En juillet, Madeleine de Rauch, Lucien Lelong et Jacques Fath avaient lancé la « mode martiale » : épaules carrées, larges ceintures, jupes courtes.

Certaines étoffes étaient en fibre de bois. Lorsqu'il pleuvait, plaisantaient les Parisiennes, des bourgeons sortaient.

En ce mois d'août, les Parisiens étaient restés chez eux. La guerre faisait rage sur le sol de France et rares étaient ceux qui avaient pu aller à la mer ou à la campagne. Beaucoup d'écoles étaient ouvertes. Des milliers de gens se doraient au soleil sur les berges de la Seine. Cet été-là, les eaux du fleuve étaient la plus grande piscine du monde.

Pour les collaborateurs et leurs relations allemandes et pour les nouveaux riches du marché noir, il y avait encore du champagne et du caviar chez Maxim's, au Lido et dans quelques cabarets comme Shéhérazade et Suzy Solidor.

Dominique Lapierre et Larry Collins
*Paris brûle-t-il ?*, 1964.

C'est la guerre c'est l'été
Déjà l'été encore la guerre
Et la ville isolée désolée
Sourit sourit encore
sourit sourit quand même
De son doux regard d'été
Sourit doucement à ceux qui s'aiment
C'est la guerre et c'est l'été
Un homme avec une femme
Marchent dans un musée
Leurs pas sont les seuls pas dans ce musée désert
Ce musée c'est le Louvre
Cette ville c'est Paris
Et la fraîcheur du monde
Est là tout endormie
Un gardien se réveille en entendant les pas
Appuie sur un bouton et retombe dans son rêve
Cependant qu'apparaît dans sa niche de pierre
La merveille de l'Égypte debout dans sa lumière
La statue d'Osiris vivante dans le bois mort
Vivante à faire mourir une nouvelle fois de plus
Toutes les idoles des églises de Paris
Et les amants s'embrassent
Osiris les marie
Et puis rentre dans l'ombre
de sa vivante nuit.

Jacques PRÉVERT
*Paroles*, 1946.

# *Cimetières*

Paris est une bonne ville pour vivre, mais non pour mourir, car les gueux des Saint-Innocents se chauffent le cul des ossements des morts.

RABELAIS
*Pantagruel*, 1534.

Nous avons dit que l'on déposait dans le cimetière des Innocents, situé dans le quartier le plus habité, près de trois mille cadavres par année. On y enterrait des morts depuis Philippe le Bel. Dix millions de cadavres au moins se sont dissous dans un étroit espace. Quel creuset ! Un marché, où l'on vend des herbages et des légumes, s'est élevé sur ces débris de l'espèce humaine. Je ne le traverse point sans réflexion.

Louis Sébastien MERCIER, *Tableau de Paris*,
« Cimetière fermé », 1781.

Les Chrétiens de Paris n'ont pas su vénérer leurs ancêtres aussi bien que les anciens d'Athènes ou de Rome. Où sont nos millions de grands-parents d'avant la Révolution ? Jadis nos paroisses étaient pavées de pierres tombales. Des charniers les entouraient. Le plus important, celui des Innocents, à deux pas du lieu où Ravaillac frappa le bon roi Henri, a été fermé quelques mois avant 1789, par mesure de salubrité publique. Nicolas Bonfons, continuateur de Corrozet, en parlait déjà en ces termes à la fin du XVIe siècle : « ... Aux galetas et sur les quatre-vingts arcades des charniers, l'on voit une infinité d'ossemens et testes de trespassez, très belles et bonnes glasses à représenter la grandeur et impertinence de notre vanité humaine... » Par tombereaux, ces restes macabres ont accompli une dernière promenade jusqu'aux carrières du Petit-Montrouge, que l'on a surnommées Catacombes, depuis qu'elles contiennent les débris de six millions de nos semblables, une population supérieure à celle du grand Paris de nos jours, six fois plus importante que l'agglomération funèbre du Père-Lachaise, sans croix, sans titres, sans distinctions, presque sans visiteurs, pour ainsi dire sans tendres prières et pourtant si proche de nous de tous côtés, dans l'espace et dans le temps...

René HÉRON DE VILLEFOSSE
*Pèlerinages parisiens*, 1947.

Sur le sommet le plus oriental du plateau, s'étendant de Belleville à Charonne, domine, sur le faubourg Saint-Antoine, un enclos qui fut d'abord de 51 arpents 45 perches, et qui sera bientôt porté à 73 arpents. Il est consacré, depuis 1804, à la sépulture des habitants de Paris. Nul site, voisin de la capitale, n'est plus magnifique ; aucun ne jouit de points de vue plus étendus, plus riches et plus variés. Cette enceinte superbe n'a rien du caractère triste et sombre des cimetières vulgaires, où le cœur se sent, malgré soi-même, oppressé par l'image continuelle de la destruction et de la mort se montrant partout à découvert. Son vaste enclos possède d'abord un vallon étroit circulant au pied d'une colline qui s'élève, par des pentes rapides, jusqu'au sommet d'un plateau encore ondulé, d'où la vue parcourt avec complaisance les champs, les coteaux, les toits rustiques, les maisons de plaisance, enfin le contour de Paris, qui s'y déploient sous les yeux. Tout invite, dans la profondeur du vallon, aux plus douces rêveries ; l'œil se plaît de voir, dans cette enceinte, des sites toujours variés, des aspects toujours neufs, des accidents de terrain inattendus, des milliers de monuments funèbres diversifiés de cent façons par leur position, leur structure, leurs ornements. Sur la sommité de la colline, l'âme s'élève aux plus hautes pensées : on s'étonne de n'éprouver aucun effroi dans le palais de la mort ; mais aussi combien il possède de genres de beautés !

(...) Tout convierait au plaisir dans ce jardin magnifique, si vingt-six mille monuments funèbres n'y inspiraient pas seulement *une volupté sérieuse* dans une ville superbe des morts placée entre les *limites des deux mondes*.

(...) Les familles trouvent dans cette enceinte et dans ses environs tous les objets propres au culte voué par leur piété à la cendre de leurs proches. Dès l'abord du lieu funéraire, ils se voient entourés de marbriers, de serruriers, de jardiniers, leur offrant à l'envi des monuments de toutes les formes et de tous les prix, des grilles et des fleurs. Dans son intérieur, M. Schwind leur présente les produits de sa marbrerie, dont les ouvrages se distinguent par leur solidité et leur perfection ; M. Tappon, concierge du cimetière, des grilles et des entourages, à des prix modérés, confectionnés solidement et avec élégance ; M. Duriez, jardinier de l'établissement, s'y charge de la plantation et de l'entretien des arbres, des arbustes et des fleurs dont se voient entourés la plupart des tombeaux qui remplissent cette enceinte.

F.-M. MARCHANT DE BEAUMONT
*Itinéraire du curieux*
*dans le cimetière du P. la Chaise*, 1825.

Avis aux amateurs de la gaîté française :
Le printemps fait neiger, dans le Père-Lachaise.
Les fleurs des marronniers sur les arbres muets
Et la fosse commune est pleine de bleuets :
Le liseron grimpeur fleurit les croix célèbres ;
Les oiseaux font l'amour près des bustes funèbres ;

Et l'on voit un joyeux commissaire des morts,
Tricorne en tête et canne à la main, sans remords,
Cueillir de ses doigts noirs, gantés de filoselle,
Des bouquets pour sa dame et pour sa demoiselle.

François COPPÉE
*Le Cahier rouge*, 1873.

L'une de nos visites les plus agréables a été celle du Père-Lachaise, cimetière national français, lieu de repos de certains des plus grands et des meilleurs enfants de France, dernière demeure de centaines d'hommes et de femmes illustres, nés sans titres, qui trouvèrent la gloire par leurs propres forces et leur génie. C'est une ville solennelle aux rues tortueuses, avec des temples de marbre en miniature, et des résidences pour les morts, toutes blanches, luisant à travers le feuillage sauvage et les fleurs fraîches. Toutes les villes ne sont pas aussi bien peuplées et ne renferment pas entre leurs murs une aussi vaste surface que celle-ci. Il existe peu de palais dans les villes qui soient aussi joliment dessinés, aussi richement décorés, aussi gracieux, aussi beaux et construits dans des matériaux aussi coûteux. (...)

Les grands noms du Père-Lachaise sont impressionnants, eux aussi, mais d'une façon différente. Là, tout rappelle que l'endroit est consacré à une plus haute noblesse, celle du cœur et de l'esprit. Chaque qualité intellectuelle, chaque trait de noblesse de la nature humaine, chaque activité élevée à laquelle se livrent les hommes semblent représentés par un nom célèbre. Le résultat est un curieux pêle-mêle. Davout et Masséna qui ont été mêlés à tant de tragédies guerrières sont présents, ainsi que Rachel, d'une renommée égale dans la tragédie sur scène. L'abbé Sicard, le premier à avoir éduqué les sourds-muets, dort ici ; c'était un homme dont le cœur s'ouvrait à tous les malheureux et qui a consacré sa vie à leur service. Non loin de là repose enfin en paix le maréchal Ney, dont la nature tempétueuse ne connaissait d'autre musique que l'appel du clairon. L'homme qui a inventé l'éclairage public au gaz, et cet autre bienfaiteur qui a introduit la culture de la pomme de terre pour le bonheur de millions de ses concitoyens affamés reposent près du prince de Masserano, de reines exilées et de princes d'Extrême-Orient. Le chimiste Gay-Lussac, l'astronome Laplace, le chirurgien Larrey, l'avocat de Sèze sont ici, et avec eux Talma, Bellini, Rubini ; Balzac, Beaumarchais et Béranger ; Molière et La Fontaine ; et des centaines d'autres dont les noms et les œuvres sont aussi familiers dans les lieux les plus écartés de la civilisation que les hauts faits historiques des rois et des princes qui dorment dans les caveaux de marbre de Saint-Denis.

Mais, parmi les milliers et les milliers de tombes du Père-Lachaise, il en est une où personne, homme, femme, jeune garçon ou jeune fille ne manque de s'arrêter. Tous les visiteurs ont une vague idée de l'histoire de ces morts et comprennent qu'il faut se recueillir, mais il n'y en a pas un sur vingt mille qui se rappelle clairement l'histoire de cette tombe et de ses occupants légendaires. C'est le tombeau d'Héloïse et Abélard ; plus révéré, plus célèbre, sur lequel on a plus écrit, chanté et pleuré depuis sept cents ans que sur tout autre tombeau de la chrétienté, à la seule exception du tombeau du Christ. Tous les visiteurs s'y attardent pensivement ; tous les jeunes gens trouvent à en emporter un souvenir ; tous les jeunes Parisiens et Parisiennes qui ont des chagrins d'amour viennent s'y épancher quand ils ont les yeux pleins de larmes. Oui, beaucoup d'amoureux blessés venus de provinces lointaines font des pèlerinages à ce tombeau pour pleurer, gémir et grincer des dents sur leurs lourds chagrins, et s'attirer la sympathie des esprits éprouvés qui habitent ce tombeau par des offrandes d'immortelles et de fleurs en bouton. Quel que soit le moment où vous irez, vous trouverez quelqu'un en train de renifler sur cette tombe. Vous verrez aussi un tombereau de sable venu de Marseille pour combler les trous causés par les vandales pilleurs de souvenirs dont les attachements ont mal tourné.

Mark Twain<br>*Le Voyage des innocents*, 1869.

Quand arrive le premier été, certaines allées du Père-Lachaise, à flanc de tombes, donnent l'impression de sites de Fontainebleau, notamment vers Arbonne et Chailly en Bierre. Sur un seul kilomètre évidemment, mais je m'étonne que ne se soit encore trouvé aucun paysagiste de ces fourrés et hauts branchages, auxquels une tombe de marbre noir ou blanc paraît suspendue et qui renversent toutes les perspectives. Vous arrivez à un promontoire, entre deux monuments d'architecture baroque, et Paris vous apparaît dans une poussière rose et or, le Paris vivant, dont une partie viendra dormir ici dans quelques-unes de ces minutes que nous appelons des années. La nécropole se repaît du temps. Elle en avale des bandes énormes sans aucune menace d'indigestion.

Léon DAUDET
*Paris vécu*, 1929.

— La tombe de Jim Morrison, s'il vous plaît ?
Le gardien me regarde d'un air légèrement dégoûté (...).
— Suivez les chevelus, fait-il d'une voix rogue.
— Ils y vont ?
— Où voulez-vous qu'ils aillent ?
J'en sais rien, moi. J'ai lu dans un bouquin que 825 278 personnes avaient été inhumées là entre le 20 mai 1804 et le 1er janvier 1936. Ça laisse le choix, non ?

Patrick RAYNAL
*Paris, rive noire*, 1996.

La physionomie de ce cimetière a bien changé depuis l'époque où, le cœur en culotte courte, j'allais m'y promener, habité par la bien naïve certitude qu'un tel musée en plein air appartenait au patrimoine de l'immuable, du définitif, de ce qui était coagulé une fois pour toutes dans le temps et dans l'espace. Par la suite, en entrant malgré moi dans le redoutable métier d'adulte, j'ai appris à comprendre qu'un cimetière comme celui du Père-Lachaise était le théâtre permanent d'une insoupçonnée métamorphose. En bien des points, la comparaison avec une ville, du moins avec une bourgade, peut se faire. En effet, il y a sans cesse des nouveaux venus : ceux qui posent ici leurs derniers bagages terrestres. Certains d'entre eux débarquent avec leur notoriété, leurs titres et qualités, leur richesse ostentatoire ; d'autres s'excuseraient presque — s'ils le pouvaient encore — d'avoir un nom qui les personnalise, qui les distingue des autres morts. Ils voudraient peut-être se faire le plus discrets et le plus anonymes possible. Je préfère ne pas évoquer le cas de ceux qui ont décidé de partir en fumée et qui, finalement, ne sont des habitants de la nécropole que par procuration. Ils ne contribuent à rien de bien particulier dans la vie active du cimetière. Je les compare volontiers à ceux qui se font domicilier dans une ville et qui n'y sont venus qu'une seule fois, simplement pour les formalités.

Il y a donc cette valse permanente des nouveaux locataires, de ceux qui changent d'adresse, des expulsés et des sans domicile fixe, ce qui donne une vie comparable à celle d'une cité plus vivante que certains bourgs qui, pour le coup, ressemblent à des cimetières complètement désertés. Comme dans une ville, il y a des avenues, des chemins, des venelles, des carrefours, des quartiers et, au fil de mes promenades, j'ai l'impression, dans l'émerveillement le plus absolu, d'assister à un spectacle où les permanents changements de décors me donnent bien confirmation que j'avance dans la vie. J'y vois des maisons nouvelles, des masures qui tombent de plus en plus en ruines, des balcons récemment fleuris, de l'architecture de fort mauvais goût ou d'une paranoïa insultante, des bâtiments sublimes d'élégance, de discrétion poignante, des témoignages de croyances sectaires, de pleine piété ou d'actes sacrilèges, voire de vandalisme.

Michel DANSEL
*Les Lieux de culte au cimetière du Père-Lachaise*, 1999.

# *Potence et gibet*

Malheureux espace de terre
Au gibet public consacré,
Terrain où l'on a massacré
cent fois plus d'hommes qu'à la guerre.
Certes, Grève, après maint délict
Vous estes, pour mourir, un lict
Bien commode pour les infâmes,
Car ils n'ont qu'à prendre un batteau
Et, d'un coup d'aviron, leurs âmes
S'en vont en Paradis par eau.

Claude LE PETIT
*Paris ridicule*, 1655.

À 3 heures Damiens est parti de la Conciergerie dans un tombereau avec le bourreau et ses deux confesseurs, pour se rendre à Notre-Dame faire l'amende honorable. Il n'était escorté que par des archers de robe courte et des officiers à cheval. Après l'amende honorable Damiens a été conduit à la Grève, toutes les boutiques et fenêtres garnies de monde pour le voir passer. Arrivé dans l'enceinte garnie tout autour d'archers à pied et à cheval, il a monté à l'Hôtel de ville, il y est resté près d'une heure et on l'a redescendu, comme on l'avait monté, dans une couverture. Il est resté près d'une demi-heure assis vis-à-vis de l'échafaud, qu'il regardait tranquillement, tandis qu'on préparait tout son supplice.

(...) Le supplice a commencé vers 5 heures, la main brûlée, le tenaillement avec le plomb fondu, lors duquel il a fait des cris terribles. Ensuite il a été écartelé, ce qui a été long, parce qu'il était fort. On a même été obligé d'ajouter deux chevaux de plus, quoique les quatre fussent vigoureux. Comme on ne pouvait parvenir à l'écarteler, on est monté à l'Hôtel de ville demander aux commissaires la permission de donner un coup de tranchoir aux jointures, ce qui a été refusé d'abord pour le faire souffrir davantage ; mais à la fin il a fallu le permettre. Les deux cuisses ont été démembrées les premières, ensuite une épaule, et alors le patient a expiré à 6 h et quart, après que les quatre membres et le corps ont été brûlés sur le bûcher. Le criminel a souffert les plus grands tourments pendant plus de cinq quarts d'heure avec assez de fermeté. Il a fait des cris, mais il n'a proféré aucun jurement, soit à la question, soit au supplice.

(...) Les toits de toutes les maisons dans la Grève et les cheminées même étaient couverts de monde. On a remarqué qu'il y avait beaucoup de femmes, et même de distinction, qu'elles n'ont point quitté les fenêtres, et qu'elles ont mieux soutenu l'horreur de ce supplice que les hommes ; ce qui ne leur fait pas honneur.

Arthur CHRISTIAN
*Études sur le Paris d'autrefois. Les juges, le clergé*, 1904.

La place du Parvis Notre-Dame, sur laquelle le balcon donnait, comme on sait, présentait en ce moment un spectacle sinistre et singulier qui fit brusquement changer de nature à l'effroi de la timide Fleur-de-Lys.

Une foule immense, qui refluait dans toutes les rues adjacentes, encombrait la place proprement dite. La petite muraille à hauteur d'appui qui entourait le Parvis n'eût pas suffi à la maintenir libre, si elle n'eût été doublée d'une haie épaisse de sergents des Onze-Vingts et de hacquebutiers, la couleuvrine au poing.

Grâce à ce taillis de piques et d'arquebuses, le Parvis était vide. L'entrée en était gardée par un gros de hallebardiers aux armes de l'évêque. Les larges portes de l'église étaient fermées, ce qui contrastait avec les innombrables fenêtres de la place, lesquelles, ouvertes jusque sur les pignons, laissaient voir des milliers de têtes entassées à peu près comme les piles de boulets dans un parc d'artillerie.

La surface de cette cohue était grise, sale et terreuse. Le spectacle qu'elle attendait était évidemment de ceux qui ont le privilège d'extraire la population. Rien de hideux comme le bruit qui s'échappait de ce fourmillement de coiffes jaunes et de chevelures sordides. Dans cette foule, il y avait plus de rires que de cris, plus de femmes que d'hommes.

De temps en temps quelque voix aigre et vibrante perçait la rumeur générale.

— Ohé ! Mahiet Baliffre ! est-ce qu'on va la pendre là ?

— Imbécile ! c'est ici l'amende honorable, en chemise ! le bon Dieu va lui tousser du latin dans la figure ! cela se fait toujours ici, à midi. Si c'est la potence que tu veux, va-t'en à la Grève.

— J'irai après.

Victor HUGO
*Notre-Dame de Paris*, 1831.

Le long des rues de Paris, les tombereaux funèbres roulent avec fracas. Six charrettes portent à la Guillotine son vin quotidien. Tous les monstres dévorants et insatiables que l'imagination humaine a jamais pu engendrer sont matérialisés et fondus en un seul : la Guillotine. Et pourtant, sur cette riche terre de France au sol et au climat si variés, il n'est pas un brin d'herbe, pas une feuille ou une racine, pas un rameau ou une graine qui parvienne à maturité dans des conditions plus certaines que celles qui ont donné naissance à cette abomination. Broyez et défigurez une fois de plus l'humanité avec de pareils marteaux, et elle retrouvera en se tordant les mêmes formes monstrueuses. Semez encore les mêmes graines de licence et d'oppression rapaces et elles produiront aussi sûrement les mêmes fruits, chacune selon son espèce.

(...) À chaque tour, les roues sinistres des six charrettes semblent tracer comme des socs dans la populace un long sillon tortueux. Des visages sont rejetés de droite et de gauche, mais les socs avancent inexorablement. Les habitants des maisons de ces rues-là sont tellement habitués à ce spectacle qu'ils ne se pressent guère aux fenêtres et qu'ils ne s'arrêtent même pas dans leur travail pour jeter un coup d'œil sur les visages qui peuplent les tombereaux. Parfois, l'hôte a des amis en visite venus pour voir le défilé. Du doigt, avec la complaisance d'un conservateur de musée ou d'un guide autorisé, il désigne tel ou tel tombereau et semble expliquer qui s'y trouvait la veille et l'avant-veille.

Parmi les occupants des charrettes, les uns observent ces choses et tout ce qui borde leur dernier parcours d'un œil impassible ; d'autres semblent garder de l'intérêt pour les voies de la vie et des hommes. Ceux-ci, la tête pendante, sont plongés dans un désespoir muet ; ceux-là, soucieux de leur attitude, affrontent la foule avec des poses qu'ils ont vues au théâtre ou sur des gravures. Plusieurs ferment les yeux pour essayer de rassembler leurs pensées éparses. Un seul, une misérable créature qui semble avoir perdu la raison, est tellement ivre d'horreur qu'il chante et essaye de danser. Mais il n'y en a pas un qui, du geste ou du regard, en appelle à la pitié du peuple.

Charles DICKENS
*Un conte de deux villes*, 1859.

À quatre heures, le chef du service de sûreté arriva, et alors on vit revenir l'exécuteur, qui s'était absenté ; il reprit sa place devant les murs de la Roquette, assis, l'air souffrant et préoccupé. Le ciel, si brillant pendant la nuit, s'était couvert ; un vent violent de nord-ouest passait par rafales, et chassait les nuages amoncelés qui semblaient se perdre derrière les hauteurs boisées du Père-Lachaise. Les officiers se promenaient, désœuvrés, causant entre eux, avec l'air de vague ennui de ceux qui accomplissent une corvée obligatoire. Vers quatre heures et un quart, le commissaire de police du quartier, le greffier de la cour impériale, le directeur du dépôt des condamnés, le chef du service de sûreté, l'aumônier visiblement troublé, étaient réunis dans le premier guichet de la prison. Le directeur, le chef de la sûreté, consultaient leur montre ; lorsque l'aiguille fut sur quatre heures et demie, ils dirent : Il est temps, et l'on se mit en marche.

(...) Quatorze secondes, calculées sur une montre galopeuse, s'étaient écoulées entre le moment où le condamné avait mis le pied sur la première marche et celui où le panier fut fermé. L'exécuteur descendit en courant comme pour fuir l'épouvantable théâtre sur lequel il venait de jouer le principal rôle. La manne est tirée hors de la plate-forme et poussée dans le fourgon qui l'attend au bas de l'échafaud. L'aumônier, revêtu du surplis, est monté dans sa voiture. Deux gendarmes partent au galop le long des murs de la Roquette. Le corbillard, le fiacre du prêtre, les suivent escortés par deux autres gendarmes. La foule s'écarte, et l'on peut voir au milieu d'elle des filles à la mode qui rient et agitent les bras avec des gestes imbéciles. Le cortège poursuit sa route grand train ; jamais enterrement n'est si rondement mené. On dirait que la justice et la société se hâtent de cacher l'œuvre qu'elles viennent d'accomplir. Tant qu'on est dans la rue de la Roquette, les gens s'empressent sur le seuil des portes pour voir passer ces choses lugubres ; place de la Bastille, boulevard Contrescarpe, place Mazas, on ne sait déjà plus ce que c'est ; les gendarmes seuls attirent les regards ; ils ont ralenti l'allure de leurs chevaux, et c'est au trot qu'on traverse le pont d'Austerlitz.

(...) Cependant, sur la place de la Roquette, les ouvriers charpentiers, aussitôt après l'exécution, se sont emparés de l'échafaud, loin duquel la foule, à demi écoulée, était encore maintenue. À grande eau et sur la place même, ils ont lavé l'instrument de mort ; ils ont essuyé le glaive humide, détaché le mouton, abattu les poteaux, dévissé les boulons ; en ordre et méthodiquement, ils ont enlevé toutes les pièces une à une, les ont renfermées dans le fourgon, qu'ils ont conduit dans le hangar qui sert de remise à la machine rouge. Les sergents de ville sont alors partis, et des groupes se sont formés devant l'entrée de la Grande-Roquette. Les voitures des maraîchers, retenues à la barrière par des gardes de Paris à cheval, suivent la route qui les conduit aux halles, les boutiques s'ouvrent, la circulation est rétablie, et la place reprend son mouvement accoutumé. Tout le jour, des curieux stationnent sur les trottoirs, et cherchent en vain quelque trace de l'événement de la nuit.

Maxime DU CAMP
in *La Revue des Deux Mondes*, 1870.

On avait autrefois, pour surcroît de décor, les feux qu'on allumait au milieu des places et des carrefours, en toute occasion, à l'image de ceux de Saint-Jean. Ces feux de Saint-Jean méritent notre attention. Celui de la place de Grève était le plus important. Le Roi seul avait le privilège de l'allumer. Pour le préparer, on élevait un mât de quatre-vingts pieds, hérissé de traverses de bois auxquelles étaient attachées cinq cents bourrées, deux cents cotterets, dix voies de bois et beaucoup de paille. On y plaçait un tonneau et une roue, symbole du disque du soleil. Cette montagne de combustible était, en outre, couronnée et enguirlandée de bouquets que l'on distribuait au Roi et à la Cour, dès leur arrivée. Enfin, on suspendait à l'arbre un grand panier contenant une douzaine de chats noirs et un renard, destinés à être brûlés vifs. Le chat, assistant des Messes noires, était regardé comme l'animal domestique du diable ; quant au renard, il représentait l'humanité perverse, et il était naturel qu'on l'immolât, ainsi que les félins, dans cette nuit de Saint-Jean, où suivant la tradition, les sorciers préparaient leurs enchantements et confectionnaient leurs breuvages.

Edmond NEUKOMM
*Fêtes et spectacles du vieux Paris*, 1886.

# *Hôpital, hospice...*

« J'irai à l'hôpital, s'écrie le Parisien ; mon père y est mort, j'y mourrai aussi ! » Et le voilà à moitié consolé ! Quelle abnégation ! Quelle profonde insensibilité !

Louis Sébastien MERCIER, *Tableau de Paris*,
« L'Hôtel-Dieu », 1781.

On commença par les réparations des maisons de Bicêtre et de la Salpêtrière, que le roi avait données pour y renfermer les pauvres. Pour ce qui regarde le spirituel, sur le refus que firent les prêtres missionnaires de Saint-Lazare d'accepter cet emploi, les vicaires généraux de l'église de Paris nommèrent Louis Abelly pour recteur de l'hôpital, aidé de plusieurs autres prêtres : il fut nommé peu de temps après à l'évêché de Rodez. Les magistrats firent alors publier aux prônes de toutes les paroisses de Paris que l'hôpital général serait ouvert, le 7 mai 1657, pour tous les pauvres qui y voudraient entrer de leur propre volonté, et défense fut faite à cri public à tous mendiants de demander l'aumône dans Paris. La messe du Saint-Esprit fut chantée le 13 dans l'église de la Pitié, et le lendemain les pauvres furent enfermés sans bruit et sans émotion. L'on entretint ce calme par le soin qu'on prit de faire marcher dans tous les quartiers de la ville une compagnie d'archers pour prendre les mendiants, ou les obliger de sortir de Paris s'ils ne voulaient aller à l'hôpital. La plus grande partie des vagabonds se dissipa, et ce nombre de pauvres, qu'on faisait monter à quarante mille, se trouva réduit à quatre ou cinq mille au plus. Ce nombre s'est augmenté depuis, et l'on en compte aujourd'hui une plus grande quantité. Ils demeurent en quatre maisons différentes, savoir : Notre-Dame de la Pitié, Saint-Louis de la Salpêtrière, Saint-Jean de Bicêtre et Sainte-Marthe de Scipion. La Salpêtrière, comme la plus grande, est destinée aux enfants au-dessous de quatre ans et aux femmes de quelque âge qu'elles soient et quelque infirmité qu'elles aient, insensées, paralytiques, aveugles, estropiées, caduques, écrouellées, etc. À Bicêtre sont envoyés les pauvres hommes et garçons, valides ou invalides ; les valides y sont exercés en différents métiers, et les invalides traités de leurs maladies, quelque incurables qu'elles soient... Quant à la maison de Sainte-Marthe, dite de Scipion, l'on y voit la boulangerie et la boucherie, d'où l'on tire la quantité de pain et de viande nécessaire pour la subsistance des pauvres et des autres maisons...

ANONYME,
*Histoire de Paris*, 1735.

Même dans le quartier négligé et peu cossu qui avoisine la Bastille se trouvent encore les restes de bâtiments imposants et même riches, d'anciennes maisons de campagne dont les possesseurs étaient heureux de pouvoir loger loin du centre, dans la verdure, au milieu des prés et des vignes. Mais la ville a poursuivi son avance inexorable et aujourd'hui les ateliers, les boutiques et les usines submergent les vieilles splendeurs. Rue de Charonne se dresse encore, prise au milieu de hangars et de maisons de rapport, la vieille façade d'une riche demeure. Une inscription repeinte indique la *Maison de Santé du Dr Belhomme*. C'était une institution étrange et un docteur plus étrange encore. Il s'agissait, à l'origine, d'une espèce de sanatorium dont le propriétaire soignait quelques malades et quelques névrosés, parmi lesquels l'acteur comique Ramponneau qui, comme beaucoup de gens de son métier, était neurasthénique. Quand éclata la Révolution, le docteur qui paraissait être en bons termes avec les autorités accueillit des prisonniers politiques reconnus malades et possédant assez d'argent pour payer leur pension. La maison devint ainsi une sorte de prison de luxe où de riches aristocrates et d'autres victimes de la Terreur payaient un loyer. Et, chose étrange, quand on était pensionnaire du docteur Belhomme, on était oublié par le tribunal révolutionnaire. Une protection mystérieuse, à ce qu'il semblait, planait sur cette maison retirée, remplie d'êtres humains jusqu'au toit. Les prix étaient monstrueux, mais la mort n'y coûtait rien ; car quiconque ne pouvait plus payer retournait dans une des prisons ordinaires, d'où il partait pour l'échafaud dans les trois jours au plus tard.

La vie était fort gaie dans ce sanatorium. Chaque soir, des douzaines de carrosses faisaient halte devant la maison illuminée, à l'intérieur de laquelle on festoyait, on jouait de la musique et parfois on organisait un petit bal. Parmi les pensionnaires figurèrent temporairement la duchesse d'Orléans, une duchesse de Penthièvre, un cousin de Talleyrand, un comte Nicolaï et beaucoup d'autres titulaires de noms bien sonnants. Volney y vécut aussi un certain temps, ainsi que deux jolies actrices de la Comédie-Française qui, toutes deux, recevaient régulièrement la visite de riches amants. Le docteur regardait ce commerce en souriant avec bonhomie. Il fermait volontiers les yeux, pourvu que l'on payât régulièrement la note. Il paraissait aimer beaucoup ses hôtes, et son cœur se brisait, affirmait-il, quand il lui fallait renvoyer au tribunal révolutionnaire ceux dont les moyens étaient épuisés. La duchesse du Châtelet avait laissé les restes de sa fortune, huit mille pièces d'or, passer peu à peu dans la poche du docteur. Maintenant elle était au bout et demandait une réduction de moitié :

— En vérité, docteur, dit-elle, vous n'êtes pas raisonnable. À mon regret, il ne m'est pas possible de vous donner satisfaction.

— Ne fais pas tant d'histoires, ma grosse, répliqua le docteur, sincèrement ému. Sois bonne fille, et je te ferai remise d'un quart.

Mais la digne vieille dame avec la meilleure volonté du monde n'en était plus capable. Elle dut quitter la maison un dimanche et, le mercredi suivant, elle était déjà sous le couperet. Belhomme déplora sincèrement sa perte et la donnait souvent en exemple « de la façon dont on peut devenir victime d'une économie mal entendue ». On affirmait que l'habile docteur était de connivence avec l'accusateur public, Fouquier-Tinville, et qu'il partageait avec lui les gigantesques bénéfices. La méthode Belhomme se termina brusquement, elle aussi, avec le 9 Thermidor. À l'instant où disparut le cauchemar de la Terreur, les clients oublièrent toute reconnaissance envers le docteur et le démasquèrent, ce qui lui valut quatre ans de fers. On ignore comment il a fini, mais les portes de sa maison sont encore là, et le numéro n'a pas encore été effacé de la vieille pierre. Une parcelle du jardin est également restée. Les arbres, qui ont entendu tant de soupirs de désespoir et tant de rires insouciants, fleurissent chaque printemps. Comme si rien ne s'était passé.

Friedrich Sieburg
*De ma fenêtre*, 1938.

Pour être admis à l'hospice des Quinze-Vingts, il faut être né Français, être adulte, et faire preuve d'indigence et d'une cécité complète.

Les dispositions intérieures de l'hospice ont été ménagées de manière à procurer à chaque aveugle un logement particulier. Les chambres à feu sont occupées par les aveugles mariés, et les cabinets par les célibataires. L'administration concède gratuitement aux familles nombreuses des cabinets supplémentaires, ainsi que des greniers pour le combustible : tout voyant, homme ou femme, qui a vécu pendant cinq ans avec un aveugle obtient presque toujours après la mort de son conjoint un petit logement gratuit dans l'établissement. L'établissement hérite, sans exception et sans partage, des célibataires ; mais la famille des membres mariés de l'hospice participe à leur héritage. Il est interdit aux aveugles des Quinze-Vingts d'invoquer en aucune occasion la charité publique.

Émile de Labédollière
*Nouveau Paris*, 1860

C'est une vaste salle, éclairée faiblement. Le long des murailles nues des lits s'alignent. Le bruit du bal ne vient pas jusque-là.

On entend des plaintes qui serrent le cœur.

Des femmes, habillées de gris sombre, vont de chevet en chevet. Elles ont, sous leurs coiffes, des figures douces mais tristes.

Ce sont ici les blessés du plaisir et les martyrs de la misère.

Ces femmes les aident à vivre ou à mourir.

Paris passe pour railler tout, mais il ne s'est jamais moqué de ces femmes.

Paul FÉVAL, « La vie de Paris »,
in *Paris-Guide par les principaux écrivains et artistes de la France*, 1867.

Nous sommes allés ensuite visiter la morgue, cet horrible réceptacle pour ceux qui meurent mystérieusement et gardent le terrible secret sur la façon dont ils sont emportés. Nous avons vu à travers une grille une pièce où partout étaient pendus des vêtements de morts ; des blouses grossières, trempées d'eau ; des vêtements délicats de femmes et d'enfants ; des tenues élégantes déchiquetées, percées de coups de couteau et tachées de rouge ; un chapeau écrasé et sanglant. Sur une pierre inclinée un noyé était étendu, nu, gonflé, violet ; serrant le reste d'un arbuste dans son poing que la mort avait pétrifié de sorte qu'aucune force humaine n'avait pu le desserrer ; témoin muet du dernier effort pour sauver une vie condamnée sans recours.

Mark TWAIN
*Le Voyage des innocents*, 1869.

Les lendemains de crimes mystérieux et de catastrophes dont les victimes n'ont pas été reconnues sont les grands jours de la morgue. Les petites ouvrières qui, en se rendant à leur ouvrage, sont obligées de passer aux environs, font un détour pour venir contempler la moisson de cadavres inconnus que donnent quotidiennement le crime, les accidents de voiture, la Seine et le canal Saint-Martin.

Émile GABORIAU
*Monsieur Lecoq*, 1868.

*11 septembre, rue Toullier.*

EH BIEN, c'est donc ici que les gens viennent pour vivre, j'aurais plutôt pensé que l'on y mourait. Je suis sorti. J'ai vu... des hôpitaux. J'ai vu un homme qui titubait et tombait à la renverse. Les gens se sont amassés autour de lui, cela m'a épargné le reste. J'ai vu une femme enceinte. Elle se traînait péniblement le long d'un haut mur chaud qu'elle tâtait parfois comme pour se convaincre qu'il était encore là. Oui, il y était encore. Et derrière ? Je cherchai sur mon plan : Maison d'Accouchement. Bien. On la délivrera — cela, on sait le faire. Plus loin, rue Saint-Jacques, une grande bâtisse avec une coupole. Le plan indiquait : Val-de-Grâce, Hôpital militaire. Je n'avais, en fait, aucun besoin de le savoir, mais cela ne peut pas nuire. La rue commençait à sentir de toutes parts. Cela sentait, autant qu'on pût distinguer les odeurs, l'iodoforme, la graisse de pommes frites, la peur. Toutes les villes sentent en été. Puis j'ai vu une maison singulièrement aveugle, elle ne figurait pas sur le plan, mais il y avait au-dessus de la porte, assez lisible encore : Asile de nuit. Les prix étaient affichés à côté de l'entrée. Je les ai lus. Ce n'était pas cher.

Quoi d'autre ? Un enfant dans un landau à l'arrêt : il était gros, verdâtre, et il avait sur le front une éruption bien visible. Elle était manifestement en cours de guérison et ne faisait pas mal. L'enfant dormait, sa bouche était ouverte, respirait l'iodoforme, les pommes frites, la peur. C'était ainsi. L'essentiel était de vivre. C'était cela l'essentiel.

Rainer Maria RILKE
*Les Carnets de Malte Laurids Brigge*, 1910.

## *Le spleen de Paris*

Paris, point le plus éloigné du Paradis, n'en demeure pas moins le seul endroit où il fasse bon désespérer.

Emil CIORAN
*Syllogismes de l'amertume*, 1952.

Je suis un pâle enfant du vieux Paris, et j'ai
Le regret des rêveurs qui n'ont pas voyagé...
— C'est vrai : j'aime Paris d'une amitié malsaine ;
J'ai partout le regret des vieux bords de la Seine.
Devant la vaste mer, devant les pics neigeux,
Je rêve d'un faubourg plein d'enfance et de jeux,
D'un coteau tout pelé d'où ma Muse s'applique
À noter les tons fins d'un ciel mélancolique,
D'un bout de Bièvre, avec quelques champs oubliés
Où l'on tend une corde aux troncs des peupliers
Pour y faire sécher la toile et la flanelle,
Ou d'un coin pour pêcher dans l'île de Grenelle.

François COPPÉE
*Promenades et intérieurs*, 1872.

> Je suis triste je suis triste
> J'irai au Lapin agile me ressouvenir de ma jeunesse perdue
> Et boire des petits verres
> Puis je rentrerai seul
> Paris
> Ville de la Tour du grand Gibet et de la Roue.

Blaise CENDRARS, *Prose du Transsibérien et de la petite Jeanne de France*, 1913.

Je me rappelle qu'une nuit traînant avec des camarades en sortant du LAPIN AGILE, nous nous sommes arrêtés devant la basilique pour contempler Paris. En ce temps-là, l'éclairage était pauvre ; on ne distinguait que les gares et la ligne du boulevard. Nous avons gardé un instant le silence puis l'un de nous, poète à cheveux longs, a pointé le doigt vers le cœur de la Cité.

— Quand je serai célèbre, s'est-il écrié, j'habiterai là ! Dans l'île Saint-Louis. Pour rêver seul dans les bras de la Seine !

Personne n'a cherché à lui ravir sa place, mais chacun, après lui, a choisi son quartier. L'un voulait Montparnasse pour rejoindre les copains, un romancier en herbe réclamait Belleville afin de mener la vie de faubourg, un peintre demanda Auteuil pour peindre au Bois, mais la plupart jurèrent de ne pas quitter Montmartre. C'était aussi mon vœu secret. Cependant, pour me distinguer, j'ai désigné l'endroit que nul n'osait réclamer :

— Moi, ce sera les Champs-Élysées !

Ce n'était qu'une boutade, mais la providence l'a prise au sérieux, et m'a finalement exaucé. M'y voici, aux Champs-Élysées. J'y vis depuis plus de vingt-cinq ans. Pourtant, son luxe ne m'a jamais conquis, je m'y sens toujours un étranger. On y fait trop de manières, on y parle trop d'argent. Et je regrette le temps sans façon de la Butte où, riches seulement d'audace, on se partageait Paris.

Roland DORGELÈS
*Au beau temps de la Butte*, 1925.

Il y avait tant d'arbres dans la ville, que vous pouviez voir le printemps se rapprocher de jour en jour jusqu'au moment où une nuit de vent chaud l'installerait dans la place, entre le soir et le matin. Parfois d'ailleurs les lourdes pluies froides le faisaient battre en retraite et il semblait qu'il ne viendrait jamais et que ce serait une saison de moins dans votre vie. C'était le seul moment de vraie tristesse à Paris, car il y avait là quelque chose d'anormal. Vous vous attendez à être triste en automne. Une partie de vous-même meurt chaque année, quand les feuilles tombent des arbres dont les branches demeurent nues sous le vent et la froide lumière hivernale ; mais vous savez déjà qu'il y aura toujours un printemps, que le fleuve coulera de nouveau après la fonte des glaces. Aussi, quand les pluies froides tenaient bon et tuaient le printemps, on eût dit la mort inexplicable d'un adolescent.

Et même si le printemps finissait toujours par venir, il était terrifiant de penser qu'il avait failli succomber.

Ernest HEMINGWAY
*Paris est une fête*, 1964.

Dehors, la nuit semblait couler du fond du ciel ainsi qu'un grand fleuve sombre. Il sentait l'air frais se diviser de chaque côté de son visage de même qu'un flot que coupe une pierre. Un profond silence permettait d'entendre le son des larges feuilles que le vent disputait aux branches des platanes. Elles répandaient l'âcre senteur de la mort végétale et se frottaient l'une contre l'autre comme des paumes sèches. Il écouta cette espèce de frôlement qui parcourait les arbres des hauteurs du Trocadéro jusqu'à la Seine. Plus jeune il aimait ce bruit, cette inquiétude ; à présent tout cela lui serrait le cœur. Pas une étoile ne brillait. Il leva les yeux et distingua bientôt, dans la voûte obscure, la vaste lueur d'incendie qui s'élève chaque soir de Paris et le cerne d'un halo rouge.

Julien Green
*Épaves*, 1932.

Ah, tombe un ennemi séculaire
Sur ma rue du Vieux-Colombier,
Sur les murs blancs comme un aubier,
Les disputes avunculaires
Autour d'une pipe Gambier.

Non loin de la rue des Canettes
Où trois canards s'en vont nageant,
L'amour et les peines des gens
On y voit fleurir sans lunettes
Sous ces ciels vifs, intelligents.

Au confluent de la Croix-Rouge
Les abbés dressaient leur gibet,
Passait Manon, trottait Babet,
Les truands grinçaient dans les bouges
Des crépuscules scarabées.

Dans le soir tournent les colombes
Sur ma rue du Vieux-Colombier,
À pas de velours sur les tombes
Satin de la fête qui tombe
Roses fanées, fleurs de papier.

Tout un passé dans nos mémoires
Chante en aigre flûte à voix d'os,

Tudieu, les siècles ont bon dos
Mais chacun coule dans l'eau noire,
Puis la mort tire les rideaux.

Maurice Fombeure
*Greniers des saisons*, 1946.

Il y a toute sorte de gris. Il y a le gris plein de rose qui est un reflet des deux Trianons. Il y a le gris bleu qui est un regret du ciel. Le gris beige couleur de la terre après la herse. Le gris du noir au blanc dont se patinent les marbres. Mais il y a un gris sale, un gris terrible, un gris jaune tirant sur le vert, un gris pareil à la poix, un enduit sans transparence, étouffant, même s'il est clair, un gris destin, un gris sans pardon, le gris qui fait le ciel terre à terre, ce gris qui est la palissade de l'hiver, la boue des nuages avant la neige, ce gris à douter des beaux jours, jamais et nulle part si désespérant qu'à Paris au-dessus de ce paysage de luxe, qu'il aplatit à ses pieds, petit, petit, lui le mur vaste et vide d'un firmament implacable, un dimanche matin de décembre au-dessus de l'avenue du Bois...

Louis Aragon
*Aurélien*, 1945.

J'écris, la nuit tombe et les gens s'en vont dîner. Ce fut une journée grise, telle qu'on en voit si souvent à Paris. Tout en faisant mon tour dans le quartier, question de m'éclaircir les idées, je ne pouvais m'empêcher de penser à l'énorme contraste qu'il y a entre ces deux villes (New York et Paris). C'est la même heure, une journée semblable, et pourtant, même le mot gris qui fit surgir en moi cette association d'idées, n'a rien de commun avec ce gris qui, à l'oreille d'un Français, peut évoquer tout un monde d'idées et de sensations. Il y a longtemps, lorsque je déambulais dans les rues de Paris, m'attardant aux aquarelles que l'on voyait dans les vitrines, j'étais déjà sensible à cette curieuse absence de ce que l'on dénomme le gris de Payne en peinture. Je fais cette remarque parce que, chacun le sait, Paris est essentiellement une ville grise. Je le mentionne parce que, dans le domaine de l'aquarelle, les peintres américains usent à l'excès et d'une manière obsessionnelle de ce gris préfabriqué. En France, la gamme des gris paraît sans fin ; ici, l'effet même du gris est perdu.

Je pensais à ce vaste monde de grisaille que j'ai connu à Paris, car à cette heure-ci, alors que normalement je serais parti me promener vers les boulevards, je me retrouve avec l'envie de rentrer chez moi et d'écrire : un bouleversement complet de mes habitudes les plus simples. Là-bas, j'aurais terminé ma journée, et d'instinct je me préparerais à sortir pour me mêler à la foule des rues. Ici, la foule, sans aucune couleur, sans nuance, sans caractère, me force à me replier sur moi-même, m'oblige à retourner à ma chambre, pour chercher en imagination les éléments d'une vie qui maintenant me manque, et qui, lorsque j'en serai pénétré, pourra me rendre ces gris doux et naturels, si nécessaires à la création d'une existence pleine et harmonieuse. Un jour comme celui-ci, à pareille heure, je n'avais qu'à regarder le Sacré-Cœur de n'importe où le long de la rue Laffite, pour être absolument transporté. Il en allait ainsi même lorsque j'avais faim et n'avais d'endroit où coucher.

Henry Miller
*Jours tranquilles à Clichy*, 1966.

J'ai le mal de Paris
De ses rues de ses boulevards
De son air triste et gris
De ses jours, de ses soirs
Et l'odeur du métro
Me revient aussitôt
Que je quitte mon Paris
Pour des pays moins gris
J'ai le mal de la Seine

Qui écoute mes peines
Et je regrette tant
Les quais doux aux amants
J'aime me promener
Dans tous les beaux quartiers
Voir au Palais-Royal
Les filles à marier
Traîner à Montparnasse
De café en café
Et monter à Belleville
Tout en haut de la ville
Pour la voir en entier

Marcel MOULOUDJI
*Le Mal de Paris*, 1950.

J'ai la Gare Montparnasse sous mes fenêtres
et tout au bout de ses rails
mon pays

Mais tous les trains passent
sans que j'en suive la trace
mon amour lui habite bien plus loin

dans son nom il y a le mot race
dans son pays il y a le mot glace
dans le mien il y a genêt et foin

dans le quartier du Montparnasse
elle est venue prendre la place
de mille amours défuntes
elle n'avait pas la bouche peinte
en me parlant de sang indien

elle avait le sourire de la victoire
je ne suis pas parti

et les trains passent
comme le leitmotiv tenace
de mon amour du bout des glaces
de mon amour canadien.

Gilles APPERRY
« Mon amour habite bien plus loin »,
*À la tour Montparnasse les bateaux sont morts*, 1967.

Il y a longtemps que j'ai mal à Paris comme d'autres au cœur ou à l'estomac. Parfois, il m'arrive de ne plus tenir ; en état de manque j'ai besoin de boulevard, de frotter ma semelle sur le bitume. Alors, je plonge dans la rue et, tout en marchant jusqu'à l'Opéra, je me dis : « Ah ! Paris ! comme je suis bien chez toi !... » À force d'y vivre, Paris est devenu mon armure, ma force d'être, et si l'on m'agresse, je le mets en avant, je le nomme et prends son accent. Je tutoie tout le monde, même les agents, et c'est mon droit. Fils de Paname, il ne faut pas m'en conter sinon je rue, dans la rue où j'ai tant joué, tant usé mes souliers sur son pavé.

Clément LÉPIDIS
*Le Mal de Paris*, 1980.

Il y eut un moment, sur les quais de la Seine (aujourd'hui, à quatre heures, j'étais là, entre le pont d'Austerlitz et le pont Royal), où j'ai senti, simplement, ceci : vivre ou mourir, si c'est auprès de cette eau-là, n'avait plus d'importance. Je veux dire que je me trouvais au cœur de la beauté comme résultante de la nature et de l'intelligence, pour cette raison, commencer ou finir, pourvu que ce fût *dans cette nature-intelligence*, était égal. Là, me promenant librement entre l'île de la Cité et la place de la Concorde, parmi les vendeurs de livres et de gravures coloriées, avec vue sur les péniches, les nuages, monuments, places aériennes, jardins enchantés, sous un ciel qui est une dilapidation de lointains, dans cet espace et ce calme, cette atmosphère où rien de fruste n'est demeuré, ni brutalité ni raison, de sorte que plus rien ne vous blesse, là, vivre ou mourir était également attrayant.

Anna-Maria ORTESE
*Le Murmure de Paris*, 1978.

*Septième partie*

# DES DEUX CÔTÉS DU MIROIR

*Splendeur et décadence*
*Luxe, calme et volupté*
*La misère*
*Pauvres gens, petites gens*

## *Splendeur et décadence*

Paris est comme la statue de Nabuchodonosor en partie or, en partie fange.

VOLTAIRE
*Lettre à Frédéric II*, 1739.

Monseigneur, l'un des plus puissants seigneurs de la Cour, recevait comme il le faisait deux fois par mois dans son splendide hôtel à Paris. Monseigneur se tenant dans son boudoir, son sanctuaire, tandis que la foule de ses adorateurs, pour qui ce boudoir était le Saint des Saints, attendait dans les salons. Monseigneur allait prendre son chocolat.

(...) S'il avait été entendu que le jour du Jugement dernier serait un jour habillé, tous ceux qui se trouvaient là eussent été la correction même pour l'Éternité. Des perruques si bien frisées, poudrées, échafaudées, des teints si délicats, conservés ou réparés avec tant d'art, des épées si galantes à voir et des parfums si exquis à humer ne pouvaient que faire aller les choses indéfiniment. Ces gentilshommes raffinés, à l'éducation parfaite, portaient de petites breloques qui s'entrechoquaient lorsqu'ils se retournaient avec lenteur ; ces entraves dorées tintaient comme de précieuses petites clochettes ; si bien qu'avec ces cliquetis et le froissement de la soie, du brocart et des dentelles, il y avait dans l'air un frémissement qui chassait bien loin la pensée du faubourg Saint-Antoine et sa faim dévorante.

La parure était le talisman suprême, le charme infaillible que cette classe sociale employait pour maintenir toutes choses à leur place. Chacun était paré pour un bal travesti qui ne devait jamais finir. Depuis le palais des Tuileries en passant par Monseigneur et la Cour, par les Chambres, les Tribunaux et toute la société (sauf les épouvantails), ce bal travesti comprenait jusqu'au bourreau, lequel, pour respecter le charme magique, était prié d'officier « frisé, poudré, en habit galonné d'or avec escarpins et bas de soie blancs ». C'est dans cette tenue d'apparat que « M. de Paris », ainsi désigné sur le mode épiscopal par ses confrères de province, M. d'Orléans et les autres, officiait à l'aide de la potence ou de la roue, rarement de la hache. — Qui donc, parmi toute la compagnie présente à la réception de Monseigneur en cet an de grâce 1780, eût pu douter qu'un système fondé sur un bourreau frisé, poudré, galonné d'or, en escarpins et bas de soie, dût survivre à la disparition des étoiles ?

Charles DICKENS
*Un conte de deux villes*, 1859.

À Paris, la décence est aussi grande dans les usages que l'indécence dans les mœurs.

Président Charles de BROSSES
*Lettres sur l'Italie*, 1799.

À Paris, séjour de la cour, des richards et des grandeurs, où l'on sacrifie tout au présent, les titres ne sont rien pour la foule ; le mérite, peu de chose, et l'argent, tout !

Honoré de BALZAC
*La Caricature*, 1831.

Combien de malheureux, encore aujourd'hui sont victimes de ces funestes appâts, de celui que le budget protège contre la morale ! Il n'y a pas d'armurier au Palais-Royal ; mais Lepage demeure tout auprès. Souvent un joueur désespéré, craignant de hasarder sur le tapis vert sa dernière ressource, entre chez lui par précaution avant que de monter au Cent treize ; alors il fait son va-tout avec assurance, et une détonation, bien connue du voisinage, annonce la fin de la partie. J'achevais l'hiver dernier, un couplet de vaudeville, chez un de mes amis, lorsque le bruit d'un coup de pistolet me fit tressaillir : « Ne vous dérangez pas, me dit-on, ce n'est rien, sinon probablement l'arrêt d'une rouge ou d'une noire qui s'exécute. » J'ouvris la fenêtre, et cette conjecture se trouva vraie. Un jeune homme qui sortait d'une maison de jeu avait escaladé la grille d'un parterre et s'était tué sur le gazon.

*Le Livre des Cent et Un*,
collectif, 1832.

Nulle société n'a été plus dépravée que celle du Premier Empire. Tout naturellement, la courtisane va trouver sa place dans les rangs mêmes de ce qu'on appelle le monde.

Les plus grandes dames donnent l'exemple d'une galanterie effrénée et c'est à qui les imitera. On est si peu difficile, alors, sur le choix de ses relations ! En se retirant, la Révolution a laissé une société désaxée où personne n'est à sa place et où chacun s'arroge celle qu'il prétend tenir de son audace ou de sa fortune. Les nouveaux riches qui pullulent, les anciens émigrés sans le sou, les filles enrichies, les militaires sans scrupules constituent le plus formidable milieu de corruption.

Les officiers en congé qui traversent Paris entre deux campagnes apportent dans la capitale les mœurs des camps au point de vue de l'amour. On se débarrasse des bagatelles pour arriver à l'essentiel, on savoure l'heure présente sans s'occuper du lendemain, on se moque des convenances pour satisfaire son caprice. Ainsi peu à peu s'est instituée la mode du plaisir rapide, du plaisir tout court, sans embarras et sans remords, et chacun y convie chacune, et chacune le propose à chacun. Chaque homme en vue a sa maîtresse officielle. Dans Paris grouillent celles des maréchaux, des financiers et des grands personnages.

(...) Les financiers, les banquiers tenaient table ouverte et recevaient sans arrêt. Chacun affichait, bien entendu, une maîtresse qu'il couvrait de bijoux et qu'il installait d'une façon magnifique dans les nouvelles maisons qui s'élevaient du côté de la rue du Mont-Blanc (aujourd'hui Chaussée d'Antin). Ce quartier était devenu le centre de la haute galanterie, où logeaient celles que nous appellerions aujourd'hui les « demi-castors ».

Jules BERTAUT
*Les Belles Nuits de Paris*, 1927.

Il est midi, Stella s'éveille au fond de cette conque d'amour que le fils de Vénus fabriqua pour elle avec du bois de rose, de l'émail et de l'or. Elle bâille, puis elle appelle. Ses esclaves, attentifs à sa voix, lui apportent tour à tour la richesse de sa gorge, les perles de son sourire, le corail de ses lèvres, les lis et les roses de son teint.

Stella ne couche jamais ni avec ses cheveux si doux, ni avec ses yeux pleins d'éclairs. C'est la plus belle femme de l'Europe, après le rentoilage quotidien.

Du haut de son char, en remontant les Champs-Élysées, elle va éparpiller ses œillades dans la foule. Au bout de chaque œillade il y a un hameçon microscopique, mais capable de pêcher les plus fiers saumons de la politique et de la finance. On ne connaît pas au juste l'âge qui lui donne l'expérience de Nestor. Elle a ruiné plusieurs tribus d'Israël, une princesse et deux gouvernements.

Rien n'est au-dessus d'elle, sinon le cent-garde qui lui donne des coups de botte aux heures de la discrète intimité.

Paul FÉVAL, « La vie de Paris »,
in *Paris-Guide par les principaux écrivains et artistes de la France*, 1867.

La ville n'était plus qu'une grande débauche de millions et de femmes. Le vice, venu de haut, coulait dans les ruisseaux, s'étalait dans les bassins, remontait dans les jets d'eau des jardins, pour retomber sur les toits, en pluie fine et pénétrante. Et il semblait, la nuit, lorsqu'on passait les ponts, que la Seine charriât, au milieu de la ville endormie, les ordures de la cité, miettes tombées de la table, nœuds de dentelle laissés sur les divans, chevelures oubliées dans les fiacres, billets de banque glissés des corsages, tout ce que la brutalité du désir et le contentement immédiat de l'instinct jettent à la rue, après l'avoir brisé et souillé. Alors, dans le sommeil fiévreux de Paris, et mieux encore que dans sa quête haletante du grand jour, on sentait le détraquement cérébral, le cauchemar doré et voluptueux d'une ville folle de son or et de sa chair. Jusqu'à minuit, les violons chantaient ; puis les fenêtres s'éteignaient, et les ombres descendaient sur la ville. C'était comme une alcôve colossale où l'on aurait soufflé la dernière bougie, éteint la dernière pudeur. Il n'y avait plus, au fond des ténèbres, qu'un grand râle d'amour furieux et las ; tandis que les Tuileries, au bord de l'eau, allongeaient leurs bras dans le noir, comme pour une embrassade énorme.

Émile ZOLA
*La Curée*, 1872.

Cette sensualité, qui ne peut plus s'assouvir dans la nudité, s'est portée sur les fards et les corsets, sur l'élégance, sur les vêtements et les manières, sur la conversation et l'art, sur la chansonnette et la plaisanterie, sur cet « esprit de société » grâce auquel les défauts de toute espèce dansent les uns avec les autres en créant un bal splendide ; cet esprit qui permet de pincer les fesses avec chic, et cette affreuse « gaieté », laborieusement cultivée au cours des siècles pour qu'on puisse prendre du bon temps malgré tout...

(...) La grandiose, la véritable beauté du genre humain a été repoussée par les hauts-de-forme dans les statues qui se dressent, silencieuses, au milieu des arbres de Paris ; ce sont les statues que les hauts-de-forme observent en connaisseurs, comme si elles étaient le seul objet de leurs voluptés autorisées.

(...) Dès qu'un haut-de-forme aperçoit une belle femme, il tombe dans un délire de galanterie, son extase ne connaît plus de bornes, il va devenir amoureux et soumettre ses sentiments à une analyse subtile... mais il ne se déshabillera point. Un partage des rôles s'est produit, la nudité est réservée à une seule moitié. Je ne sais si ce qu'on m'a raconté est vrai : il paraît qu'ils mettent des gants pour les caresses et que, tout en déshabillant fébrilement la belle, ils enfilent au plus vite leurs pantalons.

Witold GOMBROWICZ
*Journal*, tome 2, 1959-1969.

Ainsi, une grande ville, tout comme une plante ou un animal, a son anatomie et sa physionomie propres ? Ensuite, le travail de millions d'êtres humains, qui proclament si haut leur libre arbitre, produit les mêmes résultats que le travail des abeilles édifiant leurs alvéoles de cire régulières ou celui des termites élevant leurs tertres pointus, ou des corps chimiques se disposant en cristaux réguliers ? (...) Ce même déterminisme, Wokoulski le saisissait à travers l'histoire de quelques familles les plus célèbres de Paris. Le grand-père, modeste artisan, avait peiné, rue du Temple, seize heures par jour ; son fils, après s'être baigné quelque temps dans le Quartier Latin, avait fondé un atelier plus important rue Saint-Antoine. Le petit-fils, après s'être plongé plus longtemps dans le quartier de la Sorbonne, s'était transporté boulevard Poissonnière pour y devenir un gros marchand. Quant à l'arrière-petit-fils, déjà millionnaire, il avait élu résidence du côté des Champs-Élysées afin que... sa fille ait tout loisir d'entretenir une maladie de nerfs, boulevard Saint-Germain. Et de cette manière, une famille éreintée et enrichie aux environs de la Bastille, usée auprès des Tuileries, agonisait à l'ombre de Notre-Dame. La topographie de la ville correspondait à l'histoire de ses habitants.

Boleslaw PRUS
*La Poupée*, 1887.

# *Luxe, calme et volupté*

Les gens riches à Paris demeurent ensemble, leurs quartiers, en bloc, forment une tranche de gâteau urbain dont la pointe vient toucher au Louvre, cependant que le rebord arrondi s'arrête aux arbres entre le Pont d'Auteuil et la Porte des Ternes. Voilà. C'est le bon morceau de la ville. Tout le reste n'est que peine et fumier.

Louis-Ferdinand CÉLINE
*Voyage au bout de la nuit*, 1932.

Il allait, perdu dans ses pensées, il allait devant lui, regardant les monuments de la place Louis XV. Il faisait beau. De belles voitures passaient incessamment sous ses yeux en se dirigeant vers la grande avenue des Champs-Élysées. Il suivit la foule des promeneurs et vit alors les trois ou quatre mille voitures qui, par une belle journée, affluent en cet endroit le dimanche, et improvisent un Longchamp. Étourdi par le luxe des chevaux, des toilettes et des livrées, il allait toujours, et arriva devant l'Arc-de-Triomphe commencé. Que devint-il quand il vit venir à lui madame d'Espard et madame de Bargeton dans une calèche admirablement attelée, et derrière laquelle ondulaient les plumes du chasseur dont l'habit vert brodé d'or les lui fit reconnaître ? La file s'arrêta par suite d'un encombrement, Lucien put voir

Louise dans sa transformation, elle n'était pas reconnaissable : les couleurs de sa toilette étaient choisies de manière à faire valoir son teint ; sa robe était délicieuse ; ses cheveux arrangés gracieusement lui seyaient bien, et son chapeau d'un goût exquis était remarquable à côté de celui de madame d'Espard qui commandait à la mode.

Honoré de BALZAC
*Les Illusions perdues*, 1843.

Le bois ! le lac ! Calèches sincères, coupés de louage, foire aux sourires, marché des apparences ! Dans l'univers entier, rien ne peut être comparé à cela. Vous mettriez en tas toutes les capitales de l'Europe sans trouver tant de dettes à la promenade.

Mais que d'élégances aussi et que d'éblouissements !

Les dots s'y ramassent à pleins paniers, l'amour y nage en grande eau. Toutes les séductions du globe sont là, travaillant, luttant, trahissant. La candeur y croise sans scandale les hontes les plus illustres.

Saltar y vient quelquefois, quand il a gagné son million de bonne heure. Qui est ce bottier ? demandent les ignorantes. Dès qu'elles savent, elles le trouvent plus beau qu'Apollon.

Saltar passe. Que ne donnerait-il pas pour avoir pendant une heure les appétits vivants de son valet de pied !

Ceux qui le connaissent affirment qu'il irait jusqu'à vingt-cinq centimes ; mais ce sont des imprudents.

Paul FÉVAL, « La vie de Paris »,
in *Paris-Guide par les principaux écrivains et artistes de la France*, 1867.

À ce moment la calèche sortit du Bois. L'avenue de l'Impératrice s'allongeait toute droite dans le crépuscule, avec les deux lignes vertes de ses barrières de bois peint, qui allaient se toucher à l'horizon. Dans la contre-allée réservée aux cavaliers, un cheval blanc, au loin faisait une tache claire trouant l'ombre grise. Il y avait de l'autre côté, le long de la chaussée, çà et là, des promeneurs attardés, des groupes de points noirs, se dirigeant doucement vers Paris. Et tout en haut, au bout de la traînée grouillante et confuse des voitures, l'Arc de Triomphe, posé en biais, blanchissant sur un vaste plan de ciel couleur de suie.

Tandis que la calèche remontait d'un trot plus vif, Maxime, charmé de l'allure anglaise du paysage, regardait aux deux côtés de l'avenue, les hôtels d'architecture capricieuse, dont les pelouses descendent jusqu'aux contre-allées ; Renée dans sa songerie, s'amusait à voir, au bord de l'horizon, s'allumer un à un les becs de gaz de la place de l'Étoile et à mesure que ces lueurs vives tachaient le jour mourant de petites flammes jaunes, elle croyait entendre des appels secrets, il lui semblait que le Paris flamboyant des nuits d'hiver s'illuminait pour elle et lui préparait la jouissance inconnue que rêvait son assouvissement.

Émile ZOLA
*La Curée*, 1872.

Quand on eut pris la duchesse, rue de Varenne, ils filèrent vers les Invalides, traversèrent la Seine et gagnèrent l'avenue des Champs-Élysées, en montant vers l'Arc de Triomphe de l'Étoile, au milieu d'un flot de voitures.

La jeune fille s'était assise près d'Olivier, à reculons, et elle ouvrait, sur ce fleuve d'équipages, des yeux avides et naïfs. De temps en temps, quand la duchesse et la comtesse accueillaient un salut d'un court mouvement de tête, elle demandait : « Qui est-ce ? » Il nommait « les Pontaiglin », ou les « Puicelci », ou « la comtesse de Lochrist », ou « la belle Mme Mandelière ».

On suivait à présent l'avenue du Bois de Boulogne, au milieu du bruit et de l'agitation des roues. Les équipages, un peu moins serrés qu'avant l'Arc de Triomphe, semblaient lutter dans une course sans fin. Les fiacres, les landaus lourds, les huit-ressorts solennels se dépassaient tour à tour, distancés soudain par une victoria rapide, attelée d'un seul trotteur, emportant avec une vitesse folle, à travers toute cette foule roulante, bourgeoise ou aristocrate, à travers tous les mondes, toutes les classes, toutes les hiérarchies, une jeune femme indolente, dont la toilette claire et hardie jetait aux voitures qu'elle frôlait un étrange parfum de fleur inconnue.

« Cette dame-là, qui est-ce ? demandait Anette.

— Je ne sais pas », répondait Bertin, tandis que la duchesse et la comtesse échangeaient un sourire.

Guy de MAUPASSANT
*Fort comme la mort*, 1889.

Vers dix heures du soir les invités arrivent en foule. Devant le portail les lampes jettent un reflet blême sur les visages de ceux qui sortent, tête courbée, des voitures. La pluie a cessé ; des gouttes tombent encore des arbres dénudés, on sent une odeur de terre, le printemps sera bientôt là. Les femmes frissonnent et serrent leurs fourrures autour de leurs épaules nues. Le gravier de l'allée crisse sous les pas des valets.

Au sommet du bel escalier de pierre, la princesse, debout, appuyée sur sa canne, examine les arrivants d'un œil bleu et pénétrant. Elle n'a pas confiance en ses hôtes, elle en soupçonne beaucoup de venir non pour la musique, mais uniquement pour être « parmi les invités ». Pauvre princesse ! Pour elle la musique est tout, elle sait que la musique est d'autant plus belle qu'elle a plus d'auditeurs recueillis. Mais tous ceux qui, en habit et en toilette de soirée, montent l'escalier, lui baisent la main et sourient à ses yeux sévères, sont venus non pas pour entendre un quatuor de Haydn ou des lieder de Brahms, mais pour paraître dans la première maison de Paris et pour y être vus. Dès l'escalier on croit entendre les musiciens accorder leurs instruments, mais le brouhaha des voix est plus puissant. Les mots qui s'échangent ne sont rien d'autre que des sourires audibles. Les hommes ont surmonté la fatigue d'une longue journée de travail ; entre leurs yeux au sourire froid se marque un pli dur. Les femmes ne sont qu'énergie ramassée, que volonté gracieuse, mais dure comme l'acier. Leurs petites têtes frisées s'agitent sur des cous frêles, comme des boutons de fleurs qui ne s'ouvriraient jamais sur leurs tiges.

La salle de réception est rapidement pleine. Les rangées de chaises se garnissent. Chacun voudrait une bonne place, mais redoute, une fois assis, d'être privé du plaisir de se retourner et de dire bonsoir à la ronde. Ce ne sont que mouvements et que bruits auxquels prennent part, sur le plafond, les peintures tumultueuses de génies et de nuages. L'air est lourd et chaud, partout se dressent de grands vases chinois avec des touffes de lilas blanc.

Tout Paris est là, sauf ce qui est à Cannes. Une poignée d'êtres qui constitue la notion insaisissable de « société parisienne », d'hommes et de femmes qui ne sont reliés par rien de commun et qui pourtant forment une unité. Il y a des aristocrates, des écrivains, des fonctionnaires, des oisifs, des gens d'affaires (très peu), des diplomates ; il y a des Français et des étrangers, il y a des silhouettes du siècle passé, solennelles, raides, parées et des jeunes gens sportifs d'aujourd'hui. Mais ils ont tous une chose en commun, l'amour de la vie. Ils rendent tous hommage au mot du Tasse : « Est permis ce qui plaît. »

Friedrich SIEBURG
*De ma fenêtre*, 1938.

Les invités se multipliaient autour de lui ; et ces traits qui leur étaient propres, leur aisance, leur intensité, leur diversité, leur condition qui s'exprimaient en liberté, s'harmonisaient avec l'ambiance admirable des lieux.

L'endroit même faisait grosse impression : petit pavillon très retiré ; façade lumineuse ; parquets luisants, fines boiseries blanches à peine rehaussées d'ors mats, décoration délicate et précieuse, le tout du plus bel effet, et situé au cœur du Faubourg Saint-Germain et à la lisière d'une masse touffue de jardins attenants à de vieilles et nobles demeures. À l'écart des rues passantes, insoupçonné de la foule, à l'extrémité d'un long passage et d'une cour tranquille, ce pavillon constituait, pour l'œil surpris du visiteur, une vision aussi saisissante qu'un trésor que l'on viendrait de découvrir (Strether l'avait immédiatement remarqué). Et cette apparition lui donna, plus que n'importe quoi jusqu'alors, une idée de la gamme de nuances infinies qu'offrait cette ville ; en même temps que se trouvaient emportés, comme d'un ultime et hardi coup de balai, les jalons et les termes qui lui étaient familiers. Ce fut dans le jardin — relique spacieuse et amoureusement entretenue — où une douzaine de personnes étaient déjà passées, que l'hôte de Chad les accueillit bientôt tous deux ; cependant que les grands arbres, peuplés d'oiseaux pépiant follement au beau temps printanier, et les hauts murs de séparation, par-delà lesquels de graves *hôtels*[1] gardaient une réserve distante, disaient la survivance, la tradition, la complicité d'une société, et la force indifférente et têtue d'un ordre. La journée était si tendre que la petite troupe d'invités s'était presque toute transportée en plein air. Mais le plein air lui-même était un salon d'apparat.

Henry JAMES
*Les Ambassadeurs*, 1903.

Le soleil de juin baignait les Champs-Élysées, faisant étinceler les carrosseries des somptueuses bagnoles qui coulaient en un flot ininterrompu. Les trottoirs étaient noirs de monde et la terrasse du Fouquet's en face regorgeait de consommateurs. En haut de l'avenue, le sommet de l'Arc de Triomphe se hérissait de touristes. Les arbres, les gens, les choses, tout respirait la joie de vivre. Quatre étages plus bas juste devant le Cosmopolitan-Hôtel, on avait ouvert récemment un chantier de je ne sais quoi en vertu de la tradition qui veut que Paris soit en tout temps bouleversé par de quelconques travaux de voirie ; et même le manœuvre qui charriait des sacs de sable semblait participer à l'allégresse générale.

1. En français dans le texte.

Il est évidemment plus chic de turbiner aux Champs-Élysées qu'à Ménilmuche même si on n'a droit qu'à un regard vaguement curieux de la part des belles promeneuses. Et, après tout, autant suer là où il y a du beau linge à frôler, entre deux coups de pioche ou deux coltins de fardeau.

Je rejoignis Marc Covert et me servis à boire à mon tour.

Léo MALET
*Corrida aux Champs-Élysées*, 1953.

Henri le Nantais régla son bahut et descendit. La rue de la Faisanderie était presque déserte. Les rupins déjeunaient tard. L'immeuble où créchait Paul suait le fric. Des balcons fleuris cavalaient sur la façade. Des stores jaunes protégeaient les intérieurs du soleil de mai. Il pénétra dans le hall. Du marbre partout. Des cuivres. Des tapis. Ça reniflait les deux cents familles. Il entra dans un ascenseur qui le déposa au quatrième étage. Un seul gourbi par palier. Impossible de se gourer. Il sonna. Une jeune larbine, nichons en avant, vint lui ouvrir.

Le Nantais ôta son chapeau.

— Monsieur Liski ?

— Entrez, monsieur. De la part de qui ?

— M. Lemoine. J'ai rendez-vous.

— Un instant, monsieur, je vais voir.

La soubrette tourna les talons. Elle avait la fesse tentatrice. Elle revint peu après.

— Si vous voulez me suivre.

Un long corridor percé de portes. Des tentures. De jolis tableaux aux murs. De la fraîcheur. Du calme. Presque un sanctuaire, la baraque ! Pour un peu, le Nantais aurait marché sur la pointe des ribouis. La bien roulée poussa l'une des portes et s'effaça. Henri pénétra dans un vaste cabinet de travail, clair et bien aéré. Son œil enregistra des boiseries, des rayons de livres, des tableaux, et pas de la broque.

Auguste LE BRETON
*Razzia sur la chnouf*, 1954.

Peinard, face à la Seine, le palais bourbonne. Paris est célèbre dans le monde entier par le nombre incroyable de ses arrondissements. Ces principaux arrondissements sont : le premier, le deuxième, le troisième, le quatrième, le cinquième, le sixième, le septième, le huitième, le neuvième, le dixième, le onzième, le douzième, le treizième, le quatorzième, le quinzième, le dix-septième, le dix-huitième, le dix-neuvième, le vingtième.

De nombreux plans de Paris font également état d'un seizième arrondissement : mais nous préférons ici le passer sous silence, car c'est un arrondissement extrêmement vulgaire, tape-à-l'œil et gourmetté au point que les passants n'y passent pas, ils cliquettent.

Pierre DESPROGES
*Dictionnaire superflu*, 1985.

Paris je t'aime
D'un amour extrême
Mais sur les Champs-Élysées
Il n'y a pas de vespasiennes
Et l'on se sent martyrisé.

Boris VIAN
cité in *Boris Vian en verve*, 1970.

## *La misère*

Combien l'abord de Paris démentit l'idée que j'en avais ! (...). Je m'étais figuré une ville aussi belle que grande, de l'aspect le plus imposant, où l'on ne voyait que de superbes rues, des palais de marbre et d'or. En entrant par le faubourg Saint Marceau je ne vis que de petites rues sales et puantes, de vilaines maisons noires, l'air de la malpropreté, de la pauvreté, des mendiants, des chantiers, des ravaudeuses, des crieuses de tisane et de vieux chapeaux. Tout cela me frappa d'abord à tel point que tout ce que j'ai vu depuis à Paris de magnificence réelle n'a pu détruire cette première impression, et qu'il m'en est resté toujours un secret dégoût pour l'habitation de cette capitale.

Jean-Jacques ROUSSEAU
*Les Confessions*, livre IV, 1765-1770.

Et maintenant que le nuage, après cette brève éclaircie, s'étendait de nouveau sur le faubourg Saint-Antoine, il l'étouffait de sa lourde tristesse dont le froid, la saleté, la maladie, l'ignorance et surtout le besoin — tous seigneurs très puissants — formaient le noble cortège. On voyait aller et venir à chaque porte, ou paraître aux fenêtres, des créatures qui avaient dû être moulues encore et encore dans une machine terrible, non point la machine fabuleuse d'où les vieux sortent rajeunis, mais bien plutôt celle qui de jeunes hommes fait des vieillards. Les enfants avaient des voix graves et des visages vieillots sur lesquels, comme dans chaque ride de ceux des adultes, se lisait le mot : « Faim » ! C'était elle qu'on voyait partout : elle se montrait dans les misérables vêtements qui pendaient sur des cordes aux fenêtres des hautes bâtisses, ainsi que dans les minables réparations faites avec de la paille, des lambeaux d'étoffe, du bois ou du papier et dans chaque copeau de la petite pile de bois que le scieur sciait ; elle s'exhalait des cheminées d'où ne s'élevait aucune fumée et montait de la rue infecte où, parmi les ordures, il ne restait rien qu'on pût manger. « La Faim » était l'enseigne du boulanger, qui se répétait dans chacune des maigres miches de sa pauvre réserve de mauvais pain ; celle du charcutier qui se lisait sur chaque pâté ou chaque saucisson fait de chiens morts. C'était elle qui entrechoquait ses ossements dans le cylindre tournant où grillaient quelques châtaignes, et qui réduisait en atomes dans chaque écuelle un liard de pommes de terre noires frites dans quelques chiches gouttes d'huile.

Charles DICKENS
*Un conte de deux villes*, 1859.

La rue de la Roquette qui part de la place de la Bastille pour monter tout droit vers le Père-Lachaise, est la principale voie douloureuse de Paris, le chemin des enterrements. Il n'est aucun Parisien d'un certain âge qui ne l'ait suivie à plusieurs reprises, derrière un corbillard chargé de fleurs, en attendant de la parcourir, enfermé lui-même dans la boîte de sapin luisant, ce colis pour l'éternité. C'est une rue pauvre, mais non misérable, abondante en denrées alimentaires de troisième qualité, en rognons de veau douteux, en roastbef frigorifié, en charcuteries d'odeur vague et d'aspect inquiétant, en fruits talés, en fausses huiles d'arachides, en vins d'Algérie simili bordeaux. Par les fenêtres, ouvertes en été sur des logements lugubres et des garnos du genre « dégueulasse », on aperçoit des draps sales, des édredons crevés, des miroirs cassés, des toilettes cernées de noir, des chromos et des photographies agrandies, qui font, de chaque portrait, un signalement anthropométrique, une bobine de délinquant, ou de syphilitique mal guéri. Une marmaille dépenaillée, mais abondamment talochée, verse seule quelque jeunesse, sinon quelque gaîté, à cette route de la Camarde et du faire part, où chaque bistrot a l'air d'une station de purgatoire, peuplée d'alcooliques au teint verdi. En été, cela sent la sueur et le vieux purin. Des commères dépoitraillées conversent, d'un trottoir à l'autre, d'une voix glapissante, racontant dans quelle circonstance elles ont rivé son clou à telle ou tel. Le souteneur est relativement rare, ainsi que la fille ; et le milieu est nettement familial, mais avili par l'intempérance du père. L'extension des métiers féminins par les magasins de mode et la machine à écrire fait que bon nombre de « mannequins » de petit style, de petites ouvrières et de dactylos, ont ici leur taudis fixe, auprès de papa poivrot et ratiocineur, de maman la râleuse et des gosses criards. Des autos de luxe passent, montant vers la nécropole. L'ambiance est de gêne et de malaise social, mais on sent qu'elle deviendrait aisément d'émeute. Le gardien de la paix est rare, distrait et inopérant. Aucun voleur à la tire ne s'aventure rue de la Roquette. Qu'y volerait-il ? Des épluchures, ou des pipis d'enfant ?

Léon DAUDET
*Paris vécu*, 1929.

Du haut des remparts, l'on aperçoit la merveilleuse et terrible vue des plaines qui se couchent, harassées, aux pieds de la ville.

À l'horizon, sur le ciel, de longues cheminées rondes et carrées de briques vomissent dans les nuages des bouillons de suie, tandis que plus bas, dépassant à peine les toitures plates des ateliers couverts de toiles bitumées et de tôle, des jets de vapeur blanche s'échappent, en sifflant, de minces tuyaux de fonte.

La zone dénudée s'étend, renflée de monticules sur lesquels des marmailles, en groupe, enlèvent des cerfs-volants fabriqués avec de vieux journaux et ornés de ces images en couleur que la réclame distribue aux portes des magasins ou aux coins des ponts.

Près de cahutes dont les tuiles d'un rouge pâle bordent les lacs clairs des toits vitrés, de monumentales charrettes dressent leurs bras munis de chaînes, abritant, ici une idylle faubourienne, là une maternité dont un enfant pompe avec acharnement la gorge sèche. Plus loin, une chèvre broute attachée à un piquet ; un homme dort, renversé sur le dos, les yeux abrités par sa casquette ; une femme assise répare longuement l'avarie de ses pieds.

Un grand silence couvre la plaine, car le grondement de Paris s'est éteint peu à peu et le bruit des fabriques aperçues arrive hésitant encore. Parfois l'on écoute cependant comme une horrible plainte, le sourd et rauque sifflet des trains de la gare du Nord qui passent cachés par des talus plantés d'acacias et de frênes.

Au loin enfin, tout au loin, une large route blanche monte se perdant dans le ciel, mettant à son sommet comme un nuage lorsqu'une invisible carriole soulève, masquée par la courbe du terrain, des flocons de poussière.

Vers la brune, par ces temps où les nuées charbonneuses se roulent sur le jour mourant, le paysage s'illimite et s'attriste encore ; les usines ne montrent plus que des contours indécis, des masses d'encre bues par un ciel livide ; les enfants et les femmes sont rentrés, la plaine semble plus grande et, seul, dans le chemin poudreux, le mendiant, le mendigo, comme l'appelle la mouche, retourne au gîte, suant, éreinté, fourbu, gravissant péniblement la côte, suçant son brûle-gueule pour longtemps vide, suivi de chiens, d'invraisemblables chiens superbes de bâtardises multipliées, de tristes chiens accoutumés comme leur maître à toutes les famines et à toutes les puces.

Et c'est alors surtout que le charme dolent des banlieues opère ; c'est alors surtout que la beauté toute puissante de la nature resplendit, car le site est en parfait accord avec la profonde détresse des familles qui le peuplent.

Joris-Karl HUYSMANS
*Croquis parisiens*, 1886.

Vers Saint-Denis,
Sur les quais du canal, du côté où la ville du gaz range huit cheminées,
Où, tripotant dans la graisse de la boue, l'homme respirant
Se nourrit de l'odeur sucrée de la glycérine et de l'engrais,
Sur les boulevards où les femmes vendent leurs propres intestins, à Belleville,
Dans les clapiers où la fillette, épouse de son père,
Met ses bas à un gosse sans chemise, aussi pustuleux que le crapaud, le loupiot dont la peau est aussi mince que celle du lait,
Trop longtemps on a parlé d'une république d'égaux, d'une vie assurée pour tous, et la rue du Moulin-des-Prés en a souri !
Amitié de misère, communauté dans le mal et le malheur,
Qui saura ce dont a murmuré le sale méandre du Camp-des-Pauvres ?
Que vous l'appeliez Immeuble-du-tirant-de-bœuf,
Ou Cité-de-la-Viande-rare et Boulevard-du-Ventre-désert.

Paul CLAUDEL
*La Ville*, 1893.

Paris... Mais au nord, à l'est et au sud, Paris commence et dort, pesamment, écrasé, sans rêves, à perte de vue, Paris, chair vannée, maisons, hommes sans toits, bicoques, fortifications, zone, Paris, Paris qui se poursuit au delà de lui-même dans la suie et le bric-à-brac, dans le désordre pauvre des faubourgs, des chantiers, des usines, de Paris qui s'effile dans sa banlieue interminable, où les édifices espacés surgissent des débris d'un monde de palissades et de démolitions, Paris qui fait autour de lui-même de grands moulinets blancs de routes, qui s'étire à travers des cités de sueur, vers une campagne pelée, comme un souvenir de bonheur.

Louis ARAGON
*Les Beaux Quartiers*, 1936.

La rue Montmartre part des Halles pour monter aux boulevards, puis, de là, à Saint-Pierre de Montmartre et au Sacré-Cœur. Elle est ancienne, sale et d'un grand caractère, par un grouillement commercial qui commence aux fruits et primeurs, pour continuer par un dédale de rues haillonneuses (Saint-Sauveur, Croissant, etc.) où gîtent les imprimeries à odeur d'encre et d'urinoirs. Au delà des boulevards, il y a encore, rue du Faubourg-Montmartre, quelques imprimeries installées dans de vieilles turnes infectes, puis des cafés, des dancings, des mauvais lieux et l'on arrive à l'abcès de Paris, à la putréfaction sociale, qui dure et s'accroît jusqu'au moulin de la Galette et la ruelle en pente Tholozé, laquelle pue la vadrouille, le recel et le crime.

Léon DAUDET
*Paris vécu*, 1929.

C'était la place de la Contrescarpe, où les marchandes de fleurs teignaient leurs fleurs en pleine rue, et où la teinture ruisselait sur les pavés au départ de l'autobus, avec les vieillards, hommes et femmes, toujours saouls de vin et de marc frelaté, et les enfants au nez qui coulait dans le froid ; l'odeur de sueur malsaine, de misère et d'ivrognerie au Café des Amateurs et les putains au bal musette ; elles logeaient au-dessus.

Ernest HEMINGWAY
*Les Neiges du Kilimandjaro*, 1946.

La dernière fois que j'avais entendu parler de la rue de la Blottière, c'était en 1938. On y avait découvert trois morceaux de viande impropre à la consommation, que le jovial Dr Paul, dans son coquet Institut médico-légal du bord de la Seine, avait identifiés comme étant le tronc, le bras droit et la cuisse gauche d'une vieille femme, n'ayant plus sa tête à elle. À l'époque, c'était tout à fait le genre d'endroit fait sur mesure pour la pratique de cet art si délicat du dépeçage humain. Depuis, ça c'est amélioré (je parle rayon urbanisme) bien que quelques vestiges du pittoresque d'antan subsistent. La maison où demeurait Ferrand, par exemple. C'était bien la masure sordide, annoncée par le locataire dégoûté. Haute de deux étages bas de plafond, plongée dans le sommeil ou une attente équivoque, sa façade lépreuse prenant vue sur un chantier abandonné et son arrière sur la voie ferrée de la gare aux marchandises, elle défiait, entre autres lois, celles de l'équilibre. En dépit des arcs-boutants goudronnés qui la flanquaient, elle ne paraissait pas devoir résister des masses au moindre coup de vent un peu violent. Entre les madriers et le pied du mur qu'ils soutenaient, poussait un de ces fourrés de végétation vénéneuse que l'on trouve plus particulièrement dans les terrains vagues de la zone, un bel échantillon dont je ne vous dis que ça, de ces plantes éternellement poussiéreuses, malsaines d'aspect autant que d'odeur. Un de ces antiques becs de gaz en voie de disparition, vraiment à gaz, et à la potence desquels on s'étonne toujours de ne pas voir se balancer le corps d'un pendu, montait une garde aveugle devant la porte et la baraque...

Léo MALET
*Les Rats de Montsouris*, 1955.

Au retour, je mettais invariablement le cap sur la place de Rungis, qui, par quelque mystère, me faisait penser à certaines parties du film *L'Âge d'or* et encore plus à Luis Buñuel lui-même. Avec ses noms de rues bizarres, son atmosphère de dépaysement, son assortiment particulier d'une tapée de gosses et de monstres, surgis d'un autre monde, c'était pour moi un quartier irréel et séduisant. Souvent, je m'asseyais sur un banc, fermais les yeux pendant quelques minutes pour me laisser couler sous la surface, puis, brusquement, je les ouvrais et regardais la scène d'un œil vide de somnambule. Chèvres de la banlieue, appontements, bocks à injections, ceintures de sûreté, mulets, passerelles et sauterelles flottaient devant mes yeux vitreux avec des volailles décapitées, des bois de cerf enrubannés, des machines à coudre rouillées, des icônes et autres phénomènes incroyables.

Henry MILLER
*Un Diable au Paradis*, 1956.

# *Pauvres gens, petites gens*

Là-bas, justement, du côté du Panthéon, en quelque endroit où nul boulevard ne rase encore, voici une maison de cinq étages, noire et pauvre, relique de cette vieille ville bâtie en boue et en crachat il y a vingt ans.

Il est minuit. Deux lumières brillent à deux petites fenêtres mansardées. Paul, penché sur son méchant papier, dépense sa fièvre à écrire des vers qui ne seront pas lus.

Peut-être n'en valent-ils pas mieux pour cela.

Virginie, dans l'autre mansarde, pique des bretelles.

Ils sont jeunes tous deux. Les bretelles de Virginie lui donnent du pain sec à manger ; les vers de Paul lui permettent de mourir de faim.

Paul FÉVAL, « La vie de Paris »,<br>in Paris-Guide par les principaux écrivains<br>et artistes de la France, 1867.

Située au centre d'un quartier marchand et populeux, cette maison n'offrait rien de particulier dans son aspect ; elle se composait d'un rez-de-chaussée occupé par un rogomiste, et de quatre étages surmontés de mansardes.

Une allée sombre, étroite, conduisait à une petite cour ou plutôt à une espèce de puits carré de cinq ou six pieds de large, complètement privé d'air, de lumière, réceptacle infect de toutes les immondices de la maison, qui y pleuvaient des étages supérieurs, car des lucarnes sans vitres s'ouvraient au-dessus du plomb de chaque palier.

Au pied d'un escalier humide et noir, une lueur rougeâtre annonçait la loge du portier ; loge enfumée par la combustion d'une lampe, nécessaire même en plein midi pour éclairer cet antre obscur où nous suivrons Rodolphe, à peu près vêtu en commis marchand non endimanché.

Il portait un paletot de couleur douteuse, un chapeau quelque peu déformé, une cravate rouge, un parapluie et d'immenses socques articulés. Pour compléter l'illusion de son rôle, Rodolphe tenait sous le bras un grand rouleau d'étoffes soigneusement enveloppé.

Il rentra chez le portier pour lui demander à visiter la chambre alors vacante.

Un quinquet, placé derrière un globe de verre rempli d'eau qui lui sert de réflecteur, éclaire la loge. Au fond, on aperçoit un lit recouvert d'une courtepointe arlequin, formée d'une multitude de morceaux d'étoffes de toute espèce et de toute couleur ; à gauche, une commode de noyer, dont le marbre supporte pour ornement : un petit saint Jean de cire, avec son mouton blanc et sa perruque blonde, le tout placé sous une cage de verre étoilée, dont les fêlures sont ingénieusement consolidées par des bandes de papier bleu ; deux flambeaux de vieux plaqué rougi par le temps, et portant, au lieu de bougies, des oranges pailletées, sans doute récemment offertes à la portière comme cadeau du jour de l'an ; deux boîtes, l'une en paille de couleurs variées, l'autre recouverte de petits coquillages ; ces deux objets d'art sentent leur maison de détention ou leur bagne d'une lieue (Espérons, pour la moralité du portier de la rue du Temple, que ce présent n'est pas un hommage de l'auteur).

Enfin, entre les deux boîtes, et sous un globe de pendule, on admire une petite paire de bottes à cœur, en maroquin rouge, véritables bottes de poupée, mais soigneusement et savamment travaillées, ouvrées et piquées.

Ce chef-d'œuvre, comme disaient les anciens artisans, joint à une abominable odeur de cire rance et à de fantastiques arabesques dessinées le long des murs avec une innombrable quantité de vieilles chaussures, annonce suffisamment que le portier de cette maison a travaillé dans le neuf avant de descendre jusqu'à la restauration des vieilles chaussures.

Lorsque Rodolphe s'aventura dans ce bouge, M. Pipelet, le portier momentanément absent, était représenté par Mme Pipelet. Celle-ci, placée près d'un poêle de fonte situé au milieu de la loge, semblait écouter gravement chanter sa marmite (c'est l'expression consacrée).

L'Hogarth français, Henri Monnier, a si admirablement stéréotypé la portière que nous nous contenterons de prier le lecteur, s'il veut se figurer Mme Pipelet, d'évoquer dans son souvenir la plus laide, la plus ridée, la plus bourgeonnée, la plus sordide, la plus dépenaillée, la plus hargneuse, la plus venimeuse des portières immortalisées par cet éminent artiste.

Le seul trait que nous nous permettrons d'ajouter à cet idéal, qui ne peut manquer d'être une merveilleuse réalité, sera une bizarre coiffure composée d'une perruque à la Titus ; perruque originairement blonde, mais nuancée par le temps d'une foule de tons roux et jaunâtres, bruns et fauves, qui émaillaient pour ainsi dire une confusion inextricable de mèches dures, roides, hérissées, emmêlées. Mme Pipelet n'abandonnait jamais cet unique et éternel ornement de son crâne sexagénaire.

Eugène SUE
*Les Mystères de Paris*, 1842-1843.

Depuis dix ans qu'elle était dans l'immeuble, il ne lui avait jamais dit autre chose que « bonjour, madame » et « bonsoir, madame », et puis « merci, madame » quand elle lui tendait son courrier. (...) Elle était comme toutes les concierges : d'un âge indéfinissable, entre la cinquantaine et soixante-dix ans ; comme toutes les concierges, elle avait le pas traînant, la silhouette massive, le teint blafard, et elle sentait le renfermé. Quand elle n'était pas en train de sortir ou de rentrer les poubelles, de nettoyer les escaliers ou de faire rapidement quelques courses, elle était assise sous l'éclairage au néon de sa petite loge donnant sur le couloir entre rue et cour, laissait sa télévision toujours allumée, faisait de la couture, du repassage ou bien la cuisine (...). Il était parfaitement impossible de passer devant Mme Rocard sans qu'elle s'en aperçût, ne fût-ce que d'un infime coup d'œil à peine perceptible. Même lorsqu'elle s'était assoupie sur sa chaise, dans sa loge (...), le discret grincement de la porte d'entrée suffisait à l'éveiller pour quelques secondes et à lui faire observer qui passait. Nul être au monde ne remarquait Jonathan aussi souvent et aussi précisément que le faisait Mme Rocard. (...) À cette occasion, elle était en mesure d'apprendre sur son compte les choses les plus intimes : quels vêtements il portait ; combien de fois par semaine il changeait de chemise ; s'il s'était lavé les cheveux ; ce qu'il rapportait pour son dîner ; s'il recevait du courrier, et de qui.

Patrick SÜSKIND
*Le Pigeon*, 1987.

Il y a quelques fois, du côté de Clichy, d'énormes tuyaux de gaz préparés pour servir plus tard, et qu'on laisse en dehors parce qu'ils défient toute tentative d'enlèvement. Ce fut le dernier refuge des vagabonds, après la fermeture des grandes carrières. On finit par les déloger ; ils sortaient des tuyaux par séries de cinq ou six. Il suffisait d'attaquer l'un des bouts par la crosse d'un fusil.

Un commissaire demandait paternellement à l'un d'eux depuis combien de temps il habitait ce gîte.

— Depuis un terme.

— Et cela ne vous paraissait pas trop dur ?

— Pas trop... Et même, vous ne me croiriez pas, monsieur le commissaire, le matin, j'étais paresseux au lit.

Gérard de NERVAL
*Les Nuits d'octobre*, 1855.

Quand tout l' monde doit êt' dans son lit
Mézig trimarde dans Paris
Boïaux frais, cœur à la dérive
En large, en long, su' ses deux rives
En été les arpions brûlés,
En hiver les rognons cinglés.

La nuit tout' la Ville est à moi,
J'en suis comm' qui dirait le Roi
C'est mon pépin... arriv' qui plante
Ṣa n' peut fair' de tort à la Rente.
À chacun son tour le crottoir
J' vas dans l' silence et le désert
Car l' jour les rues les plus brillantes
Les pus pétardièr's et grouillantes
À Minoch' sont qu' des grands couloirs
Des collidors à ciel ouvert.

J' suis l'Empereur du Pavé,
L' Princ' du Bitum', l' duc du Ribouis,
L' marquis Dolent de Cherche-Pieu,
L' comt' Flageolant-des-Abattis,
L' baron d' l'Asphalte et autres lieux.

J' suis l' balladeur... le bouff'-purée,
Le rôd'-la-nuit... le long'-ruisseaux,
Le marque-mal à gueul' tirée
Le mâche-angoiss'... le cause-tout-haut.

Si jamais vous êt's dans l'ennui
Et forcé comm' moi je le suis
À c' que ça s' passe à la balade,
J' vas vous ess'pliquer mon manège :

Mettons qu'y lansquine ou qu'y neige,
Eh ben ! allez rue d' Rivoli
Malgré qu'y ait des vents-coulis
On est pas mal sous ses arcades.

Mais si c'est l'été... pas la peine,
Y vaut mieux s' filer vers la Seine.

Là su' eun' berge ou sous un pont,
Vous pouez eun' bonn' couple d'heures
Dans la flotte qu'est un vrai beurre,
Mette à tremper vos ripatons.
Tâtez, l'essai n'en coûte rien,
Car moi j' connais tous les bons coins,
Tous les trucs... on peut pas me l' mette
À forc' comm' çà d' trouver des joints
Et d' boulotter mes kilomètes.

Aussi des fois su' la grand' Ville
Du haut en bas, du sud au nord,

Y a si peu d' pétard et d' poussière
Et tout y paraît si tranquille

Qu'on s' figur' que Pantruche est mort,
Qu'on voyag' dans un grand cim'tière
Et qu'y s' réveill'ra pus jamais.
(Ah ! nom de Dieu si c'était vrai !)

Mais des fois juste à ce moment
Là-bas... en banlieue... loin du centre,
Y vous vient de longs hurlements,
C'est le chien d' fer ou l' remorqueur
Hou... yaou... on dirait mon ventre !
Ya haou... on jur'rait mon cœur.

Seul'ment ces cris-là m' fout'nt la trouille ;
Ça m'occasionn' des idées noires,
Et me v'là r'parti en vadrouille
À r'tricoter des paturons,

Pou' pas risquer d'êt' fait marron
Par les escargots de trottoir.

On rencont' ben des attardés,
Des clients en train d' rouspéter,
Que leurs pip'lets laiss'nt poireauter
Eune heure à leur cordon d' sonnette.

Des chiffortins, des collignons,
Des tocass's qu'a pas fait leur plâtre.

Des cabots qui rent'nt du théâtre,
Des magistrats qui r'vienn'nt du claque,
Des poivrots, des flics ou des macs.

(Mais, marioll', quand on est honnête
On néglig' ces fréquentations.)

Des fois que j' traîne mes arpions d' plomb,
J' m'arr'pos' et j' m'adosse à un gaz
Pour voir « à quel point nous en sommes »
Tout fait croir' que j' suis vagabond :

Et d' Charonne au quartier Monceau,
Au milieu du sommeil des Hommes,
Me v'là seul avec ma pensée
Et ma gueul' pâl' dans les ruisseaux !

Les nuits où j'ai la Lun' dans l' dos,
J' piste mon Ombr' su' la chaussée

Quand qu' j'ai la Lun' en fac' des nuits,
C'est mon Ombre alorss qui me suit ;

Et j' m'en vas... traînaillant du noir,
Y a quét' chose en moi qui s' lamente,
La Blafarde est ma seule amante,
Ma Tristesse a m' suit... sans savoir.

Jehan RICTUS
*Les Soliloques du pauvre*, 1897.

Certes, mon col est propre, mon linge aussi, et je pourrais, tel que je suis là, entrer dans une pâtisserie réputée, peut-être même sur les grands boulevards, mettre la main dans une assiette à gâteaux et prendre quelque chose. On n'y verrait rien d'étrange, on ne m'insulterait pas et on ne me mettrait pas dehors, car c'est tout de même une main qui appartient à un bon milieu, une main qui est lavée quatre ou cinq fois par jour. Oui, il n'y a rien sous les ongles, l'index n'est pas maculé d'encre, et les poignets surtout sont irréprochables. Les pauvres ne se lavent pas jusque-là, c'est un fait notoire. On peut donc tirer certaines conclusions de leur propreté. Et on les tire. C'est dans les magasins qu'on les tire. Mais il y a quelques existences, sur le boulevard Saint-Michel par exemple, ou dans la rue Racine, qui ne se laissent pas induire en erreur, qui se fichent bien des poignets. Ils me regardent et ils le savent. Ils savent qu'en fait je suis des leurs, que je me contente simplement de jouer un peu la comédie. Aussi bien est-ce le carnaval. Et ils ne veulent pas me gâcher l'atmosphère ; ils grimacent seulement un petit sourire et me font des clins d'œil. Personne n'a rien vu. Pour le reste, ils me traitent comme un monsieur. Il suffit qu'il y ait quelqu'un à proximité, et ils deviennent même obséquieux. Ils font comme si j'avais une pelisse et comme si ma voiture me suivait. Parfois, je leur donne deux sous et je tremble de les voir refuser ; mais ils les prennent. Et tout serait parfait s'ils n'avaient pas fait des clins d'œil et grimacé un petit sourire.

Rainer Maria RILKE
*Les Carnets de Malte Laurids Brigge*, 1910.

La crasse et la poussière composent sur son corsage une carte de géographie suspecte et compliquée. Elle est tête nue, et ses cheveux sans couleur pendent en mèches inégalement coupées sur sa nuque en boudin. Des quantités insoupçonnées d'alcool ont culotté sa trogne, dont la teinte violette s'avère le ton majeur de son masque vermillon ; une gueule de grenouille fend sa face d'une oreille à l'autre, et son sourire découvrant ses chicots est proprement terrifiant. Une odeur abominable monte d'elle, de son lapin mangé par les mites, de ses hardes, de son corps, masse informe et « jujubant » à chaque pas.

Léon MARTIN
*Les Coulisses de l'hôtel Drouot*, 1943.

Col du veston relevé, Yves Tréguier, à l'abri sous un porche, guettait l'arrivée du dernier taxi. Les trois autres chauffeurs attendaient déjà, dans la tiédeur du bureau de tabac, leur partenaire pour la belote journalière. Si l'on pouvait nommer ainsi une partie qui se déroulait à deux heures du matin.

La pluie qui tombait sans arrêt depuis deux jours assombrissait les contours de la Porte de Saint-Ouen, déserte à cette heure. Seule la lumière du « Tabac » mettait un peu de vie sur l'asphalte humide du trottoir. Adossé dans l'encoignure du porche, Tréguier se tassait au maximum pour condenser sa chaleur. Ses orteils gelés se crispaient dans des espadrilles à la corde usée. L'un d'eux, le gauche, perçait le tissu du chausson.

Par la poche trouée de son pantalon, il grattait d'un ongle entraîné, la vermine qui le rongeait. Car des morpions il en avait... jusque dans les sourcils. Tout entier à son manège, il ne vit pas arriver une rafale. La pluie lui cingla les joues. Des gouttes d'eau roulèrent sur sa poitrine amaigrie. Écartant sa chemise sans boutons, il se frictionna la peau avec la vieille serviette qui lui servait de cache-col. Il jura. Un courant d'air s'infiltrait sous sa braguette, juste à l'endroit où la déchirure s'agrandissait de jour en jour. Il faudrait qu'il songe à y mettre une seconde épingle à nourrice pour en rapprocher les bords...

Il se pencha un court instant et fouilla la nuit dans l'espoir d'y découvrir les deux phares qui annonceraient la venue de son domicile ambulant. Rien. Il tourna la tête. Son regard s'attarda, nostalgique, vers la droite, sur l'immense voie conduisant aux faubourgs de Saint-Ouen... à la province... à la mer... à une autre vie.

Auguste LE BRETON
*La Loi des rues*, 1955.

LES PAUVRES GENS

Dans les toilettes du métro
à la station Palais-Royal
on peut lire ces quelques mots
ça me paraît monumental
l'usage de cette cabine
est strictement réservé
aux économiquement faibles
et aux indigents notoires...

Raymond QUENEAU
*Courir les rues*, 1967.

Si miséreux qu'ils soient, les crève-la-faim préfèrent l'usine au travail des champs. Ils se plaignent d'être exploités, ils se rebiffent, mais ils consentent ! Combien sont-ils dans Paris, parmi ceux qui chôment, parmi ceux qui réclament du travail et du pain, qui admettraient de retourner à la terre pour arracher des betteraves, de vivre dans une forêt pour faire du charbon de bois ?

Je sais que pas un ne quitterait pour la solitude son petit logement du cinquième, ses petites habitudes, le métro et le café du matin, le coup de vin blanc, la manille, le ciné, les rigolades avec les femmes. Ils gueulent, ils réclament, ils sont malheureux, mais ils chérissent leur misère. De leur vie fausse, frelatée, ils aiment tout : le lait baptisé, les frôlements dans les transports en commun, les ersatz... Ils aiment à se sentir en troupeau, en tas. Ça les rassure, ça les soutient, ça les excite. La Vie, pour eux, c'est ça ! S'ils se plaignent, ce n'est pas qu'ils souffrent, mais c'est pour dire quelque chose ! Ah ! s'ils pouvaient seulement être « bourgeois » !...

Maurice VLAMINCK
*Le Ventre ouvert*, 1937.

*Huitième partie*

# LES MYSTÈRES DE PARIS

*Les dessous de Paris*
*Paris-canaille*
*Boulevard du crime*
*Paris disparu*

# *Les dessous de Paris*

Paris a sous lui un autre Paris ; un Paris d'égouts ; lequel a ses rues, ses carrefours, ses places, ses impasses, ses artères et sa circulation, qui est de la fange... Le sous-sol de Paris, si l'œil pouvait en pénétrer la surface, présenterait l'aspect d'un madrépore colossal. Une éponge n'a guère plus de pertuis et de couloirs que la motte de terre de six lieues de tour sur laquelle repose l'antique grande ville. Sans parler des catacombes, qui sont une cave à part, sans parler de l'inextricable treillis des conduits du gaz, sans compter le vaste système de la distribution d'eau vive qui aboutit aux bornes-fontaines, les égouts à eux seuls font sous les deux rives un prodigieux réseau ténébreux ; labyrinthe qui a pour fil sa pente.

Victor HUGO
*Les Misérables*, 1862.

Le passage n'est guère plus large que tout à l'heure, mais au moins n'est-il pas de ceux que dessert une simple échelle, et ses quelque douze marches ont été bientôt descendues, n'est-ce pas ? Vous êtes, Madame, dans les égouts de Paris.

À la lueur des lanternes et au jour vague qui tombe, à distance réglées, par les « regards » démasqués au dehors tout exprès pour nous, nous distinguons une galerie sans fin, bâtie de meulière rougeâtre. On dirait que l'humidité rouille la pierre.

Un trottoir étroit borde de gauche et de droite une canalisation plus profonde que large : cette éclusée de liquide impur, à épiderme épais, est ourlée de chaque côté d'une marge de rails.

Dans ce petit wagon découvert, dont une lampe à l'avant doit éclairer la marche, nous attend déjà l'employé chargé de nous faire les honneurs de ces lieux, et les quatre convoyeurs, deux de ci, deux de là, qui feront office de locomotive, sont également à leur poste la main tendue sur les barres d'appui de notre wagon. Vous pourrez remarquer en passant, Madame, la discipline et l'irréprochable politesse de tous ces ouvriers résignés aux plus humbles travaux, politesse qui en remontrerait parfois à messieurs les commis, petits ou gros, de nos administrations publiques.

À peine avons-nous pris place sur le wagon, qu'un long coup de trompe, signal de marche, résonne sous les voûtes pour être répété de loin en loin devant nous : nos quatre coureurs nous poussent en avant — et nous voilà partis sur nos rails de toute la vitesse de leurs huit jambes avec un roulement de tonnerre qui ne nous empêche d'entendre ni le grondement sourd des voitures qui circulent au-dessus de nos têtes, ni le fracas des plaques qui retombent sur les « regards » à mesure que nous les avons dépassés. Sur toute notre ligne, dessus comme dessous, la consigne veille sur nous ! Permettez-moi de garantir avec ce plaid votre cou et vos épaules : l'atmosphère moite que nous traversons à toute lancée s'est faite glaciale ; elle pourrait devenir meurtrière.

Si vite roulons-nous qu'à peine avons-nous le temps de distinguer sur les écriteaux du Municipe, lettres blanches et fonds bleus, les noms répétés des voies publiques sous lesquelles nous glissons.

Un énorme tuyau de fonte d'un mètre de diamètre, soutenu par de solides potences et maintenu encore par des crampons solidement scellés, nous tient compagnie suivie tout le long du mur : c'est la conduite principale des Eaux de la Ville. Une simple fissure à cette conduite, et, par le déchirement subit, nous serions en peu d'instants sans rémission engloutis.

De temps à autre, une cascade immonde tombe à notre gauche ou à notre droite par un chenal ménagé : un groupe d'égoutiers au labeur se range à notre approche contre la muraille et, muet, nous regarde passer. De droite et de gauche aussi, nous laissons derrière nous nombre de galeries diagonales, autres artérioles de cette vaste circulation dont tous les vaisseaux réunis ne mesurent pas moins de soixante lieues.

NADAR
*Le Dessus et le Dessous de Paris.*

À Paris même, catacombes et souterrains divers n'existent que parce qu'on a tiré du sous-sol les matériaux pour bâtir sur place. Le gypse de Montmartre a longtemps fait concurrence aux plâtres indigènes sur des marchés lointains. Jusqu'au dernier moment, — en 1860, où elles furent fermées parce que la solidité de la Butte, où l'on bâtissait, était compromise, — ces carrières furent peuplées par une singulière population de gouapeurs. Les galeries leur servaient d'abri ; par les nuits fraîches ou froides, ils couchaient sur les fours à plâtre. Ils ne diffèrent absolument pas, d'ailleurs, de la pègre qui a toujours peuplé Paris, et ces carrières, comme celles de plusieurs autres « villages », suburbains jusqu'au 1er janvier 1860, ne furent qu'autant de Cours des miracles. Ceux et celles qui les peuplent vivent d'expédients, de vols. Passons sur le reste. Il y a des équipes qui se relaient pour les expéditions nocturnes en plein Paris, formées de gouapeurs d'âges très différents, de l'adolescent au vieillard. Ils ne font aucun mal à leurs refuges. Les exploitants ne les chassent pas, dans la crainte de représailles. La police seule y fait des rafles.

Henri BACHELIN
*Collines et buttes parisiennes*, 1944.

De l'allée du Memento à l'allée de Job, de la crypte de Caton à celle de l'Éternité...

*Tel est donc de la mort l'inévitable empire !*
*Vertueux ou méchant, il faut que l'homme expire ;*
*La foule des humains est un faible troupeau,*
*Qu'effroyable pasteur le Temps mène au tombeau.*

Legouvé, auteur de ces vers peu badins, n'en était pas moins fier. Ils sont présentés entre des pensées de Marc-Aurèle et des sanglots de Jérémie, les célèbres stances de Malherbe, un quatrain d'Anacréon et quelques fragments de La Fontaine. C'est une anthologie surprenante qu'un voyage aux Enfers révèle sous la place Denfert-Rochereau, l'avenue d'Orléans, l'avenue du Parc-Montsouris, le boulevard Saint-Jacques. Orphée et Dante parcoururent ces couloirs avant nos ingénieurs des Ponts et Chaussées, s'arrêtant au tombeau de Gilbert, à la fontaine de la Samaritaine, ou à la Fosse aux Lions ; ils ne rédigèrent pas une pensée sur le registre de sortie, à l'instar des premiers visiteurs, et ne purent saluer les ombres qu'ils croisèrent car elles ont toutes revêtu le même voile.

Dès l'origine, aucune distinction de personnalité ne fut observée. Les restes confondus, mélangés, sans identification possible, se retrouvèrent pêle-mêle dans les corridors bas et interminables. En y songeant un tant soit peu, quel sujet de réflexion pour tous les Hamlet que nous sommes ! Le prince de Bismarck, en 1867, ne résista pas à la curiosité et descendit les marches de l'escalier qui permet de frôler Louise de La Vallière et Rabelais, saint Merry et Marguerite de Bourgogne, la marquise de Pompadour et Frédégonde, Madeleine de Scudéry et Cartouche, Mirabeau et Philippe-Égalité. On dit que Broca descendit un jour avec l'espoir d'identifier quelque crâne mais ses recherches restèrent vaines...

René HÉRON DE VILLEFOSSE
*Pèlerinages parisiens*, 1947.

Sans irrévérence, c'est un dépotoir où sont entassés les restes de dizaines de générations qui se sont succédé dans une ville de plus en plus peuplée. Toutes les catégories sociales y seraient représentées, si l'on pouvait dire qu'après des siècles un peu de phosphate de chaux témoigne encore d'une personnalité. Ces crânes proviennent de la rue de la Ville-Lévêque où furent enfouis une partie des exécutés de 1793. Cet amas vient de Picpus ; cet autre, des Cordeliers ou du marché des Innocents. Ici, ce sont les victimes du combat aux Tuileries du 10 août 1792, là, de la place du Trône des 28 et 29 août 1798.

Henri BACHELIN
*Collines et buttes parisiennes*, 1944.

Le sous-sol mérite une étude à part, car la naissance plutonienne de Saint-Germain a été à la source d'une floraison de cavernes ou d' « avens » actuellement bien connus à la suite de recherches hardies effectuées par des spécialistes. Comme les « dolines » et « polje » des pays balkaniques, les gouffres de Saint-Germain taraudent son sous-sol, lui donnant l'aspect alvéolaire cher au fromage de Gruyère.

À l'exploration de ces vides souterrains, se sont attachés des disciples de Norbert Casteret, fondateur de cette science excitante et hardie qu'est la spéléologie. Suivant une tradition dont l'origine reste vague (selon de bons esprits, celle-ci doit être attribuée aux « pisse-copie », spécimens d'une faune pullulant au voisinage des rotatives et dont la vie, en contact partiel avec les organismes vivants des sous-sols, constitue un curieux exemple de symbiose fragmentaire), on a pris l'habitude de désigner ces grottes, de dimensions variables, sous le vocable générique : caves existentialistes.

Nous croyons devoir souligner, d'ores et déjà, l'importance essentielle d'une distinction rigoureuse entre les acceptions différentes du qualificatif « existentialiste » selon qu'il est accolé au mot « cave » ou qu'on le rencontre dans les ouvrages d'éminents philosophes dont Jean-Paul Sartre est l'exemple le plus connu. Ce dernier, d'habitudes relativement sédentaires, se cantonne en général sur les coteaux avoisinant la place de l'Église et fréquente fort peu les caves. Il y fut parfois attiré par la curieuse analogie phonétique que nous rapportons ici, sans tenter une seconde de lui trouver une signification raisonnable ou logique. À Saint-Germain, en effet, un nombre considérable de caves servent à mettre du vin ou du bois. Mais dans certaines autres, en infime minorité, se sont établies des peuplades d'origine diverse dont nous étudierons la répartition au chapitre « Population ».

Boris VIAN
*Manuel de Saint-Germain-des-Prés*, 1974.

## LES ENTRAILLES DE LA TERRE

La bonne et douce chaleur du métro
dehors il pleut il vente il neige
il y a du verglas il y a de la boue
il y a des ouatures qui veulent vous mordre
et puis voilà le métro qui vous attend la bouche ouverte
oh ! la bonne la douce haleine
on descend gaiement l'escalier
il fait de plus en plus chaud
on oublie la pluie le vent la neige
le verglas la boue les ouatures
une femme charmante ou un bon noir
fait un petit trou bien rond
dans votre rectangle de carton
et vous voilà bien au chaud
dans la bonne et douce chaleur du métro

Raymond QUENEAU
*Courir les rues*, 1967.

François aime, dans les récits des grands voyages transatlantiques, le moment où l'auteur hume pour la première fois l'odeur des terres inconnues : c'est ainsi que dans un petit livre bleu qu'il vient de lire, Jean-Louis Vaudoyer, en route voici soixante ans vers La Havane sur un joli paquebot, raconte que « le Cancer franchi, l'haleine des Antilles chargea l'air d'un parfum organique ». Mais nul besoin pour cela de franchir un tropique : l'arôme organique flotte en permanence dans la station Châtelet-Les Halles. L'ami Yves Lacoste, le grand géographe, l'a affirmé à François : « À la RATP les ingénieurs s'arrachent les cheveux, ils n'arrivent pas à trouver d'où ça vient, ils ont tout essayé, ils n'y comprennent rien. » Anaïk, et avec elle les millions de gens qui passent par là, persiste à croire que ce sont les égouts. L'une des maximes élémentaires du voyageur étant de se méfier des explications qui vous sautent au nez, François, lui, qui fait toujours dans le culturel, suggère que cela vient de loin, de la station Auber, par le tunnel : c'est le fantôme de l'Opéra qui se promène en barque sur le lac souterrain de la Grange-Batelière en agitant de ses rames les boues pestilentielles.

Depuis une dizaine d'années les trains du RER portent, selon leur destination, des petits noms de quatre lettres. De A à J, ils vont tous vers le nord ; de K à Z, vers le sud. Ou le contraire, je ne me rappelle jamais. Il y en a de tendres : LILY, EMMA, PAPY. De carréments farouches : KNUT. Un temps il y eut PRUT, et puis un beau jour, allez savoir ce qui s'est passé dans la tête aux cheveux arrachés des ingénieurs de la RATP (ou de la SNCF, parce qu'il ne faut pas oublier que ce RER-là, c'est une interconnexion), un beau jour, pfuitt ! PRUT a disparu, volatilisé. PRUT, KNUT, PAPY, LILY. Chacun de ces petits noms correspond à une mission. Ainsi entre Gare du Nord et Aulnay-sous-Bois, GUSS ne s'arrête pas aux stations où s'arrête ÉPIS, sauf au Bourget, et vice versa naturellement. Ou le contraire, je ne sais plus. Des trains qui jouent à saute-mouton. Mission : c'est probablement cela, le vocabulaire de la modernité. Et puis il y a un petit côté Saint-Exupéry, le conducteur doit se sentir un peu comme sur les lignes de l'Aéropostale, traversée de l'Atlantique sud, les Andes, aucune bête au monde, le courrier avant tout. Mission sacrée, mission Marchand, Fachoda, terres de mission, saints martyrs : mission, missionnaires, ce sont des mots qui veulent dire plein de choses, y compris qu'on part chez les sauvages.

François MASPERO
*Les Passagers du Roissy-Express*, 1990.

# *Paris-canaille*

Hors de Paris, il n'y a pas de salut pour les honnêtes gens.

MOLIÈRE
*Les Précieuses ridicules*, 1659.

Dans Paris, il y a deux cavernes, l'une de voleurs, l'autre de meurtriers ; celle de voleurs c'est la Bourse, celle de meurtriers c'est le Palais de Justice.

Pétrus BOREL
*Champavert, Contes immoraux*, 1833.

Un amas confus de maisons,
Des crottes dans toutes les rues,
Ponts, églises, palais, prisons,
Boutiques bien ou mal pourvues ;

Force gens noirs, blancs, roux, grisons,
Des prudes, des filles perdues,
Des meurtres et des trahisons,
Des gens de plume aux mains crochues ;

Maint poudré qui n'a point d'argent,
Maint homme qui craint le sergent,
Maint fanfaron qui toujours tremble,
Pages, laquais, voleurs de nuit,
Carrosses, chevaux et grand bruit,
C'est là Paris. Que vous en semble ?

Paul SCARRON
(1610-1660).

Car, sitôt que du soir les ombres pacifiques
D'un double cadenas font fermer les boutiques ;
Que, retiré chez lui, le paisible marchand
Va revoir ses billets et compter son argent ;
Que dans le Marché-Neuf tout est calme et tranquille,
Les voleurs à l'instant s'emparent de la ville.
Le bois le plus funeste et le moins fréquenté
Est, au prix de Paris, un lieu de sûreté.
Malheur donc à celui qu'une affaire imprévue
Engage un peu trop tard au détour d'une rue !
Bientôt quatre bandits lui serrant les côtés :
La bourse !... il faut se rendre ; ou bien non, résistez,
Afin que votre mort, de tragique mémoire,
Des massacres fameux aille grossir l'histoire.

Nicolas BOILEAU
*Satire VI, Les Embarras de Paris*, 1660.

L'éclairage public de Paris consistait... en une seule lanterne accrochée devant l'image de Notre-Dame, à la porte d'entrée du Châtelet, le château-prison qui formait le passage de la Cité à la Ville ; il est vrai qu'il était défendu de sortir la nuit sans porter de lumière. On n'abusait pas de cette faculté, car les mauvais garçons abondaient et ce n'est pas le Guet, composé d'une vingtaine d'archers faisant une ronde par nuit, qui eût pu les tenir en respect.

Le quartier général des mauvais garçons, truands, ribauds, coupeurs de bourse et tire-laine, se trouvait à la Cour des Miracles qui était plus qu'une cour, un vrai quartier, sis aux environs de notre passage du Caire. Son nom lui était venu du fait qu'un grand nombre de ses habitants simulaient des infirmités pour apitoyer les passants et que, le soir, en rentrant, leur journée faite, faux aveugles, faux manchots, faux bancals retrouvaient, « comme par miracle », l'usage de leurs membres.

Ces truands avaient leur jargon, l'argot, et ils étaient si redoutables que le Guet n'osait pas s'approcher de leur repaire.

Lorsque la police réussissait à mettre la main sur un de ces individus, il était jugé au Châtelet et enfermé dans les prisons qui s'y trouvaient, à moins que son cas ne fût pendable, ce qui lui valait un voyage sans retour au gibet de Montfaucon, à la porte de la ville, ou à la place de Grève où il était roué, ou encore au pilori des Halles où il était fustigé.

A. de MONTGON
*Paris*, 1935.

La nuit avait enveloppé Paris de ses ombres. La lune lui versant sa lumière tremblante et argentée, suppléait les réverbères (...) ; l'armée des cinquante mille filles publiques qui font à Paris l'éducation de la jeunesse, occupait, déployée en ordre de bataille, les avenues et les portes des maisons. Le silence universel était quelquefois interrompu par les coups de sifflet aigus et prolongés, qui sont la voix ou le signal du crime...

Publicola CHAUSSARD
*Le Nouveau Diable boiteux,*
*Tableau philosophique et moral de Paris*, 1797.

Mais c'est la chasse, la chasse dans Paris, la chasse avec tous ses accidents, moins les chiens et le taïaut ! Il n'est de comparable à ces scènes que celles de la vie des joueurs. Point besoin n'est d'un cœur gros d'amour ou de vengeance pour s'embusquer dans Paris comme un tigre qui veut sauter sur sa proie.

Honoré de BALZAC
*Ferragus*, 1834.

Allez vous promener, si vous avez le goût du danger, à partir de neuf heures du soir dans les environs de l'église Saint-Merri, rue Quincampoix, rue Aubry-le-Boucher, rue de Venise (la plus sale et la plus impressionnante de Paris), rue de La Reynie, etc. Numérotez vos os, ayez votre « feu » tout prêt dans votre poche. On ne compte plus les assassinats impunis, ou punis, perpétrés dans ces masures, datant de cinq ou six siècles, dont la forte odeur ne cesse ni nuit, ni jour, et où foisonnent les fourgats receleurs, les détrousseurs, les monte-en-l'air, tous les protozoaires de la pègre internationale et nationale.

(...) Toute cette lie se déverse aussi, comme celle de Montmartre, dans les boulevards. Troisième foyer de même carie, et fonte purulente et sociale, le triangle de la rue Poissonnière, de la rue de la Lune, de la rue d'Aboukir. Il y a là plusieurs souricières, bien connues de la police des mœurs, qui y opère des rafles fructueuses ; je veux dire où sont pincés des magistrats, des politiciens, des journalistes, des gens du monde, des financiers, désormais prisonniers de la « Boîte » et qu'en cas d'alerte, on fait marcher à la baguette. Ces mauvais endroits, ce sont les garde-manger de la Sûreté politique. On pourrait relever ainsi, en dehors du cloaque montmartrois, à droite et à gauche des grands boulevards, une demi-douzaine de poches infectées et qui contaminent l'artère centrale.

Léon DAUDET
*Paris vécu*, 1929.

Il y a un coin de Paris (pas tout à fait au cœur) qui ne ressemble à nul autre. C'est le trottoir entre la Madeleine et l'Opéra. Dans ce parc aux biches, parmi les vrais piétons qui se dépêchent, flânent les putains et les tapettes. Les tapettes, seules ou bras dessus, bras dessous, avec des hanches et des profils inquiets, car ces jeunes esclaves portent de faux uniformes, soit de zouaves, soit de marins, et craignent qu'on ne leur demande leur livret militaire. Un agent de la sûreté, déguisé en cul-de-jatte (sic), surveille ces bêtes de luxe. (...)

Pâles jockeys, toréadors, pouliches de l'amour en cinq minutes, ne me regardez pas comme une proie. Je vous aime. Je suis votre frère parisien. Je connais vos tours de cartes. Asseyons-nous dans la coulisse, dans la cuisine, et trinquons pendant que le client honteux marchande et paye le champagne.

Jean COCTEAU
« Trottoir », in *Tableaux de Paris*, 1927.

Paris marlou
Aux yeux de fille
Ton air filou
Tes vieill's guenilles
Et tes gueulant's
Accordéon
Ça fait pas d'rent's
Mais c'est si bon.
Tes gigolos
Te déshabillent
Sous le métro
De la Bastille
Pour se soûler
À tes jupons
Ça fait gueuler
Mais c'est si bon.

Léo FERRÉ
*Paris-canaille*, 1950-1956.

Il a cloué une tête de Christ à la tête de son lit
et est descendu dans la rue pour conquérir Paris.
Il sait bien que tout lui sera pardonné,
ses mensonges, sa fourberie, sa cruauté,
ses saletés, ses lâchetés,
et, que tout lui est permis
puisqu'il a cloué une tête de Christ à la tête de son lit.
Et lorsqu'il eut beaucoup pillé, escroqué, dépouillé,
et s'être gavé d'argent jusqu'à s'en faire crever,
manqué à sa parole, et trahi ses amis,
bien gentiment il est remonté chez lui
où pour rassurer sa conscience, près de la tête de Christ, il a mis
une belle branche de buis, ce buis cent fois bénit.
Il aurait tort de se gêner
de ne pas continuer d'abuser,
tort de s'arrêter d'escroquer, et de piller
puisqu'il a cloué une tête de Christ à la tête de son lit,
et que si le matin il fait sa prière, le soir il prie.

Auguste Le Breton
« La tête du Christ à la tête du lit »,
*Du vent... et autres poèmes*, 1968.

Une avenue devant toi, bordée de réverbères étincelants. Elle te semble à l'image de l'avenir : chargée de belles promesses comme on dit. L'ivresse te coupe le souffle au seuil de cette voie Royale, mais il ne s'agit que de l'avenue des Champs-Élysées avec ses bars cosmopolites, ses poules de luxe et le Claridge, caravansérail hanté par le fantôme de Stavisky. Tristesse du Lido. Étapes navrantes que sont le Fouquet's et le Colisée. Tout était truqué d'avance. Place de la Concorde, tu portes des chaussures en lézard, une cravate à pois blancs et une petite gueule de gigolo. Après un détour par le quartier « Madeleine-Opéra », tout aussi vil que les « Champs-Élysées », tu poursuis ton itinéraire et ce que le médecin appelle ta dé-com-po-si-tion mo-ra-le sous les arcades de la rue de Rivoli. Continental, Meurice, Saint James et d'Albany où j'exerce le métier de rat d'hôtel. Les riches clientes me font quelques fois monter dans leur chambre. À l'aube je fouille leur sac à main et leur dérobe quelques bijoux. Plus loin, Rumpelmayer aux parfums de chairs flétries. Les tantes que l'on agresse, la nuit, dans les jardins du Carrousel, pour leur piquer bretelles et portefeuille. Mais la vision se fait tout à coup plus nette : me voici au chaud, dans le ventre de Paris.

Patrick MODIANO
*La Ronde de nuit*, 1970.

Peut-être que les Hemingway bouffaient bien, baisaient bien, buvaient bien et sortaient bien à Paris, mais nous autres, voyons ! nous autres, à Paris, nous crevons la dalle, nous sommes ratiboisés et insultés comme pas un ! Suffit de voir quelques frères s'acharnant sur une vitrine, la bousillant à quatre heures du matin, vous pulvérisant ça comme s'il ne s'était jamais agi que de flanquer son gros sabot dans un tas de sable. Quelques frères à qui tout est refusé à commencer par un vulgaire papier d'identité ! Quelques frères qui finissent, parce qu'ils s'éternisent ici, par ramper vers la plus grande dépravation.

Khaïr EDDINE
*Une vie, un rêve, un peuple toujours errant*, 1978.

Mettez-vous dans ma peau. J'ai quatorze piges, je sors d'un collège de curetons. Pour du changement, c'est du changement. Faire son trou, impératif. À côté on n'hésite pas à vous marcher sur les arpions. T'es costaud tu résistes, tu l'es pas tu dégages. Je me suis fait enguirlander plus d'une fois. Halles ou passage Pecquay, du kif, tartes et coups de pompe dans le fion, on regarde pas à la dépense. Tout mouflet j'ai appris à me battre. Sur le tas. En plus j'avais le genre mignon, juvénile, vous me suivez... Les lopes, hop ! la main aux noix... J'ai dérouillé mais jamais je n'ai calté. Pas dans mon caractère, plutôt crever la bouche ouverte. Chaque trempe me durcissait, ma façon à moi d'encaisser. Je serrais les dents, je serrais les poings, et je me foutais dans le cabochon qu'un jour, Robert, tu aurais la gagne.

On ne s'engueule pas seulement aux Halles, souvent on se la donne. Les poulets ne se pressent pas pour séparer les combattants, ça fait partie des habitudes. Pas de flingue, pas de rapière, ça se châble à la loyale à coups de poing dans le portrait. Georges Carpentier c'est tout près, la boxe anglaise se porte à merveille... À coups de boule, ça devient plus viceloc, un coup de tartine, des fois, dans les joyeuses... Après on va boire un gorgeon avec le rombier en question. Sans rancune. Enfin, ça dépend...

Un jour, à toute blinde avec mon petit diable je rentre dans le cul d'un triporteur.

— T'es miro, bordel de merde ?

« Miro », c'est pas méchant mais le zèbre il s'arrête pas là, il m'insulte. Je suis pas d'humeur.

— Terrine de gelée de con !

Je lui balancetique, assez fier de moi. C'est le déclic. L'autre me saute sur le paletot. On roule dans le caniveau, dans la merde, dans la flotte. À un moment je suis sur le gars, et des pralines je lui en colle. Quelqu'un, je sens, me tire par le bénouse. Dans la mêlée je lâche une ruade, manque de pot... un flic. Immédiat je me calme, mais lui, le flic, il m'emmène sans ménagement au quart de la rue des Prouvaires. Dégueulasse ce commissariat on disait, des gaspards longs comme le bras montraient le museau... J'ai pas le temps de gaffer le panorama. Mon flic, il raconte aux autres flicards, résultat une sacrée avoine ! La première de la journée, because j'en reçois une deuxième en rentrant à la maison. Ma mère, celle-là...

— Ça t'apprendra à te battre comme un chiffonnier dans les rues !

Robert LAGEAT
*Robert des Halles*, 1980.

# *Boulevard du crime*

Il aimait la nuit, la rue, il flairait son odeur comme un chien de chasse et tremblait de faim et d'excitation...

Hugues PAGAN
*Boulevard des Allongés*, 1984.

Pourquoi le boulevard du Temple a-t-il été surnommé le boulevard du Crime ? En raison de l'attentat de Fieschi, disent les uns ; parce que les théâtres rassemblés en ce coin de Paris ne jouaient que des drames très sombres, prétendent les autres. Ceux-ci, seuls, selon nous, ont raison.

Un entrefilet de l'almanach des spectacles de 1823 nous prouve que ce surnom germait en certains esprits douze ans avant l'attentat du 28 juillet 1835.

« Une âme sensible voulait qu'on appelât le boulevard du Temple, boulevard du Crime. Hélas ! ce nom ne serait que trop mérité. On a fait le recensement de tous les crimes qui s'y sont commis depuis vingt ans. En voici le résultat : Tautin a été poignardé 16 302 fois, Marty a subi 11 000 empoisonnements avec variantes, Fresnoy a été immolé de différentes façons 27 000 fois, Mlle Adèle Dupuis a été 75 000 fois innocente, séduite, enlevée ou noyée, 6 400 accusations capitales ont éprouvé la vertu de Mlle Levesque, et Mlle Olivier, à peine entrée dans la carrière, a déjà bu 16 000 fois dans la coupe du crime et de la vengeance ; voilà sauf erreur 132 902 crimes à partager entre cinq individus qui, cependant jouissent au fond d'une santé excellente et de l'estime générale. Ô mélodrame ! ô type admirable de scélératesse et de vertu ! et tu trouves d'obscurs blasphémateurs. »

Henri BEAULIEU
*Les Théâtres du boulevard du Crime*, 1905.

Les rues étroites exposées au nord, où le soleil ne vient que trois ou quatre fois dans l'année, sont des rues assassines qui tuent impunément...

Honoré de BALZAC
*Ferragus*, 1834.

D'ailleurs on commençait à éteindre partout. Sous les arbres des boulevards, dans une obscurité mystérieuse, les passants plus rares erraient, à peine reconnaissables. Parfois l'ombre d'une femme qui s'approchait de lui, lui murmurant un mot à l'oreille, lui demandant de la ramener, fit tressaillir Swann. Il frôlait anxieusement tous ces corps obscurs comme si parmi les fantômes des morts, dans le royaume sombre, il eût cherché Eurydice.

Marcel PROUST
*Du côté de chez Swann*, 1913.

Aux Halles, l'aube arrivait si vite que sa mélancolie surprenait des soupeurs qui n'avaient pas encore eu le temps d'être ivres, dont l'âme était encore mal protégée. Boulevard MacDonald, des apaches, trouvant qu'il faisait trop chaud pour dormir, et redoutant plus l'ennui que la police, organisaient des batailles rangées, bande contre bande. Assises sur le talus, les dames assistaient, muettes d'anxiété, au tournoi de leurs amants, n'osant lâcher un juron que lorsque sifflait de leur côté une balle perdue. Les homosexuels se faisaient des coquetteries, boulevard Rochechouart, ou prolongeaient leurs entrevues dans les fourrés du Bois. Des maniaques, portant un quignon de pain enveloppé dans un journal, méditaient scrupuleusement sur le choix d'une vespasienne.

Jules ROMAINS
*Les Hommes de bonne volonté*, 1932-1947.

En y réfléchissant bien, tandis que sous les arbres des Champs-Élysées nous marchions à pas mous, je croyais deviner un but, celui de tous les promeneurs nocturnes de Paris : nous étions partis à la recherche d'un cadavre.

Si tout à coup nous avions rencontré un être sans vie gisant sur le trottoir, baignant peut-être dans son sang ou appuyé contre un mur, nous nous serions immédiatement arrêtés, et cette nuit aurait été terminée. Mais c'est cette rencontre et seulement cette rencontre qui aurait pu nous contenter.

Je sais, nous savons qu'à Paris la mort seule est assez puissante pour éteindre cette passion sans objet, pour achever une promenade sans but. Un cadavre nous fait buter contre l'éternel.

Ô secret inviolable de Paris !

Philippe SOUPAULT
*Les Dernières Nuits de Paris*, 1928.

« Vous parlez d'une prise... » Puis, tout en roulant une cigarette :

— Ce qu'il faudrait, c'est récurer le canal. Si ça continue, on pourra bientôt plus naviguer. Sans compter que l'été, au soleil, toute cette pourriture... Ah ! quand on fait que passer, bien sûr, on réfléchit pas à tout ça, on regarde les péniches. Ça amuse l'œil. Mais faut pas croire que tout soit rose pour les riverains...

— Si le canal pouvait parler, déclare alors un client. Il en connaît des histoires !

Julot a un mouvement d'épaules. « On s'y fait. » Il repose son verre vide.

— Salut, les gars ! Reste encore à porter la gosse à la Morgue. Faut que j'aide à la glisser dans le fourgon.

Le soir est venu. Lecouvreur regarde devant lui le grand coude du canal ; un bruit de cascade monte de l'écluse. Le souvenir de la noyée ne l'a guère quitté de tout l'après-midi. Il y songe encore ce soir. Il pense aussi à Renée.

— Je vais faire un tour, dit-il à sa femme.

Jamais il n'a eu la curiosité de se promener à la tombée du jour. Il traverse le pont tournant et remonte le quai. L'eau est calme ; les péniches, immobiles et pansues, sont allongées comme des bêtes.

Il va lentement. Il contourne un homme étendu qui repose, la tête appuyée sur un sac de ciment. Un « clochard ». L'asile du quai de Valmy est là-bas, sombre et nu comme une caserne. Des êtres marchent, les épaules repliées, la poitrine creuse, des vieux qui triment, traînent leur existence comme le palefrin. Un à un, en courbant l'échine, ils franchissent la porte de l'asile.

« Y sont tout de même mieux là-dedans que sous les ponts », pense Lecouvreur.

Sur un tas de sable, des amoureux se tiennent embrassés. Il surprend leurs baisers, leurs chuchotements. Il s'arrête et pousse un soupir. Des rôdeurs le frôlent. On entend, de loin, le métro passer sur le viaduc dont les piliers se perdent dans l'ombre ; des convois éblouissants rayent le ciel comme des comètes.

Lecouvreur se retourne. Il respire profondément l'odeur de son canal, tend l'oreille aux bruits troubles qui montent des rues. Les lumières clignotent. D'un coup d'œil il embrasse le quartier plongé dans la nuit et dont l'Hôtel du Nord lui semble être le centre. Puis il repart à petits pas.

Eugène DABIT
*Hôtel du Nord*, 1929.

Mais c'est le soir seulement que le quartier enfile son véritable costume et prend cet aspect fantastique et sordide que certains romanciers ont su rendre de chic, comme on dit, et sans risquer le voyage. Le soir, quand les rapides semblent prendre leur vitesse dans le cœur même de Paris, quand les jeunes sportifs se rassemblent devant les boutiques d'accessoires pour automobiles et se mettent à parler vélo ou plongeon, quand les matrones consentent à lâcher leur mari pour une partie de cartes entre copains et que les cinémas s'emplissent selon une cadence que l'on retrouve à la consultation gratuite des hôpitaux, alors la Chapelle est bien ce pays d'un merveilleux lugubre et prenant, ce paradis des paumés, des mômes de la cloche et des costauds qui ont l'honneur au bout de la langue et la loyauté au bout des doigts, cet Éden sombre, dense et nostalgique que les soldats célèbrent le soir dans les chambrées pour venir à bout de l'ennui solitaire. C'est aussi la Chapelle nocturne que je connais le mieux et que je préfère. Elle a plus de chien, plus d'âme et plus de résonance. Les rues en sont vides et mornes, encore que le cri des trains de luxe lui envoie des vols de cigogne... La file indienne des réverbères ne remplace pas la disparition de cette accumulation de boutiques qui, de jour, rend le quartier comparable à des souks africains. L'arrondissement tout entier trempe dans l'encre. C'est l'heure des appels désespérés qui font des hommes des égaux et des poètes. Rue de la Charbonnière, les prostituées en boutique, comme à Amsterdam, donnent à l'endroit un spectacle de jeu de cartes crasseuses. Des airs d'accordéon, minces comme des fumées de cigarettes, s'échappent des portes, et le Bal du Tourbillon commence à saigner de sa bouche dure...

Léon-Paul FARGUE
*Le Piéton de Paris*, 1939.

— Lorsque je lançai l'adresse : 36, quai des Orfèvres, le chauffeur devint vert.

— Ne vous bilez pas, le tranquillisai-je, je ne suis pas un roussin. J'ai simplement coupé ma femme en morceaux et je vais expliquer aux gars de la tour pointue comment je m'y suis pris.

Léo MALET
*La Cinquième Empreinte*, 1946.

Paris, Paris, vois-tu, c'est à cause de lui, à cause de la ville sans les gens, que je ne suis pas aux trav' à perpète. C'est drôlement chouette pour moi que Paris m'ait à la bonne.

— Je voudrais que tu m'expliques. Je voudrais aussi savoir pourquoi on a le droit de tout dire sauf de déconner, ici plutôt qu'ailleurs.

— Madame Rita, z'auriez pas un plan des rues ?

— Mais bien sûr, monsieur Édouard.

— Je vous le débigoise. Tenez, au matin vous en rachèterez un autre.

Il lâcha une poignée de petits billets.

Il arracha les feuilles pliées — une par arrondissement — et se mit à les assembler sur les deux tables rapprochées.

De son stylo il cocha des points qui correspondaient à des places, des carrefours. Et rapidement, sûr de lui, il traça deux lignes à peu près droites, parallèles : une de chaque côté de la Seine. Deux autres droites, celles-là transversales. Enfin une courbe irrégulière qui sensiblement suivait le tracé de l'ancienne enceinte, celle du XIIIe siècle. « Voilà le circuit. C'est là-dedans que tout est grave », dit-il.

Ça devenait passionnant. Je fis :

— Raconte.

Il prit son temps.

— Bien sûr que tu connais le Vieux-Chêne ?

— Bien sûr.

— Et qu'est-ce que tu en sais ?

— Des tas de choses. L'ancien lavoir... Casque d'Or, Leca et Manda, les bagarres...

— Et puis encore ?

— Périodiquement c'est comme si les têtes y prenaient feu

toutes seules : coups de surin pour un oui pour un non, même des meurtres...

Il ménageait son effet.

— Écoute bien : *tous les sept ans*, bagarre rangée ou effusion de sang, un poinçon dans le lard, y'a pas, faut que ce soit grave et que ça coule. Et *tous les onze ans*, c'est officiel, c'est prouvé, meurtre avec mort d'homme. Et *il faut* qu'il y en ait au moins un qui passe l'arme à gauche. C'est la rue, c'est l'endroit qui veut ça.

Jacques YONNET
*Enchantements sur Paris*, 1954.

# *Paris disparu*

> Le vieux Paris n'est plus (la forme d'une ville
> change plus vite, hélas ! que le cœur d'un mortel).
>
> Charles BAUDELAIRE
> « Le Cygne », *Les Fleurs du mal*, 1857.

La forme extérieure de ce kiosque représente un éléphant au retour d'une conquête, richement harnaché, chargé des dépouilles de nos ennemis, et portant sur une espèce de tour antique ou piédestal, la figure de Sa Majesté.

(...) Sur le devant, entre les épaules, est une salle très spacieuse, avec trois cabinets, dont celui du milieu, qui est dans la tête et qui fait amphithéâtre, a pour objet un trône superbe et fort élevé. Cet endroit convient pour l'administration de la justice, pour tenir des assemblées, et pour donner des concerts, des bals et d'autres fêtes. Plus haut, dans les côtés, sont des logements complets destinés au repos. Dans la croupe est une salle à manger, ornée par des sculptures et des peintures mariées ensemble, de façon qu'elle ressemble au rendez-vous sauvage d'une forêt... Un ruisseau y sort avec impétuosité du fond d'une roche, et, après avoir formé plusieurs détours, l'eau, qui paraît fuir dans un lointain, se distribue pour les offices et les bains, d'où elle échappe par la trompe de l'animal, comme par une espèce de syphon, pour alimenter la fontaine extérieure...

Comme les oreilles de l'éléphant répondent positivement sur l'orchestre dans la salle de bal, j'y ai ménagé des ouvertures, afin d'y placer des cornets ou porte-voix qui porteraient dans l'occasion au loin dans la campagne le son des instruments.

RIBART
*Architecture singulière*, 1758.

Cette maquette, ébauche prodigieuse, cadavre grandiose d'une idée de Napoléon que deux ou trois coups de vent successifs avaient emportée et jetée à chaque fois plus loin de nous, était devenue historique, et avait pris je ne sais quoi de définitf qui contrastait avec son aspect provisoire. C'était un éléphant de quarante pieds de haut, construit en charpente et en maçonnerie, portant sur son dos une tour qui ressemblait à une maison, jadis peint en vert par un badigeonneur quelconque, maintenant peint en noir par le ciel, la pluie et le temps. Dans cet angle désert et découvert de la place, le large front du colosse, sa trompe, ses défenses, sa tour, sa croupe énorme, ses quatre pieds pareils à des colonnes faisaient, la nuit, sur le ciel étoilé, une silhouette surprenante et terrible. On ne savait ce que cela voulait dire. C'était une sorte de symbole de la force populaire. C'était sombre, énigmatique et immense. C'était on ne sait quel fantôme puissant, visible et debout à côté du spectre invisible de la Bastille...

Victor HUGO
*Les Misérables*, 1862.

Le vieux Louvre de Philippe-Auguste, cet édifice démesuré dont la grosse tour ralliait vingt-trois maîtresses tours autour d'elle, sans compter les tourelles, semblait de loin enchâssé dans les combles gothiques de l'hôtel d'Alençon et du Petit-Bourbon. Cette hydre de tours, gardienne géante de Paris, avec ses vingt-quatre têtes toujours dressées, avec ses croupes monstrueuses, plombées ou écaillées d'ardoises, et toute ruisselante de reflets métalliques, terminait d'une manière surprenante la configuration de la Ville au couchant.

Victor HUGO
*Notre-Dame de Paris*, livre III, 1831.

Notre-Dame est bien vieille : on la verra peut-être
Enterrer cependant Paris qu'elle a vu naître ;
Mais, dans quelque mille ans, le Temps fera broncher
Comme un loup fait un bœuf, cette carcasse lourde,
Tordra ses nerfs de fer, et puis d'une dent sourde
Rongera tristement ses vieux os de rocher !

Bien des hommes, de tous les pays de la terre
Viendront, pour contempler cette ruine austère,
Rêveurs, et relisant le livre de Victor ;
— Alors ils croiront voir la vieille basilique,
Toute ainsi qu'elle était, puissante et magnifique,
Se lever devant eux comme l'ombre d'un mort !

Gérard de NERVAL
*Notre-Dame de Paris*, 1831.

« Je l'ai eu, allez, votre âge. Fallait me voir danser. Paris, monsieur, Paris. N'est plus ce qu'il était non plus, Paris. L'année de l'Exposition. Votre âge à peu près. C'était encore l'Empire, le luxe. À peu près. J'avais des chevaux. Allée de l'Impératrice, le dimanche matin. C'était les derniers temps de l'Empire, les derniers, les plus beaux. Paris... » Il eut un geste qui prenait circulairement à témoin tout le Louvre, puis grimaça dans la direction du jardin :

« ... A bien changé. Regardez-moi çà : un trou. Y a là quelque chose qui manque. Je ne me souviens plus. Ah oui ! un trou... Le palais des Tuileries. Vous êtes bien trop jeune, vous n'avez pas connu... bien entendu... J'ai vu brûler çà, mon bon monsieur, la populace ! Une chose horrible, la populace... parce que l'incendie, comme incendie, c'était un bel incendie. Une chose bien triste, mais un bel incendie, on ne peut pas dire. La populace... »

Il arrangea le petit bout de journal qui lui tenait lieu de mouchoir : « ... Du feu partout, du feu ! Mon bon monsieur, là-bas, là-bas... rue Royale, rue de Castiglione... sur la rive gauche, rue du Bac... il pouvait être quatre, cinq heures du matin, et puis pan, pan, pan ! de tous les côtés. Tout à coup, qu'est-ce que je vois ? Ils brûlent le Louvre, le pavillon de Flore ! Une fumée qui sort comme si on n'avait pas ramoné des siècles... des grandes langues rouges... le Palais-Royal... les Tuileries... ah çà, les Tuileries, ils les ont eues, ils les ont eues jusqu'au trognon, mon bon monsieur... il n'en restait que des pierres noires... et puis, pan, pan, pan ! On tuait à son tour la populace. Ah, il y a une justice, il y a une justice, c'est un grand soulagement de penser qu'il y a une justice. Pan, pan, pan sur la populace ! Rue de Rivoli, des fenêtres, les gens bien tiraient sur les mégères dans la rue, les pétroleuses ! Il y a une justice, n'en doutez pas. Vous êtes jeune, mais vous verrez ! »

Louis ARAGON
*Les Beaux Quartiers*, 1936.

La grosse horloge de la gare d'Orsay, celle de gauche, marquait trois heures, heure singulière entre toutes et comparable seulement à la neuvième à cause de leur commune ambiguïté.

La gare était froide. J'allai en vain à la recherche d'un alcool salutaire. On n'annonçait l'arrivée d'aucun train, et seules quelques lumières veillaient encore. Mais, comme après une catastrophe, la gare semblait plus déserte que les quais. Personne n'attendait personne.

Philippe SOUPAULT
*Les Dernières Nuits de Paris*, 1928.

Le « Mont-Parnasse » viendrait, paraît-il, du temps de François Villon ; lorsque les escholiers, las des ruelles étroites du Quartier Latin, allaient taquiner la lyre buissonnière sur les collines toutes proches... Mont-Parnasse... Mont-Souris et Mont-Rouge. Oui, parler d'amour et de poésie, boire et chanter, et, sans doute, trousser tout bonnement les filles.

Mais qu'était-il au juste ce mont ? Colline naturelle, ou une butte d'immondices ?

Qu'importe ! La butte, d'ailleurs, n'a disparu tout à fait que vers 1760, lors du percement du boulevard de Montparnasse. N'empêche que juste cent ans après, en 1860, les restes de la butte, vers la rue de Vanves, atteignaient encore dans les soixante-cinq mètres ! (Contre les cent vingt-huit mètres de la butte Montmartre.)

D'ores et déjà, ce n'étaient que des moulins à vent, « broyeurs de farine » qui tournaient partout et qui se doublaient de cabarets. (...) Des moulins, il y en avait donc à profusion. Le moulin de la Tombe-Issoire ; le grand et le petit moulin de Montrouge ; ceux des Carrières et de Bel-Air ; ceux du Fort-Vestu et de Ficherolles ; le moulin de Notre-Dame-des-Champs ; le Vieux, le Neuf, de Beurre, de la Vierge, du Crèvecœur, etc., dont il ne reste plus, en fin de compte, que deux ou trois rues dans le quartier portant précisément les noms de ces moulins.

Anatole JAKOVSKY
*Les Feux de Montparnasse*, 1957.

L'ÉTERNEL BOULEDOSEUR

S'il y avait encore quelques cabanes gauloises
on pourrait les aller visiter
ce serait une sacrée curiosité
mais les urbanistes romains
les architectes romans
les promoteurs gothiques

ont tout démoli sans pitié
ah ! s'il y avait quelques huttes celtiques
qu'on pourrait encore visiter

Raymond QUENEAU
*Courir les rues*, 1967.

Du milieu du pont de Grenelle, démoli et reconstruit, à peu près à l'endroit où lady Beltham, la maîtresse de Fantômas, fit stopper le sinistre fiacre de nuit, je contemple ces nouveaux temples de l'an 2000. Je ne vais pas pleurer la disparition des usines Citroën, mais je pense à tout ce lacis de petites rues anéanties, à ce labyrinthe mythique de romans populaires. Où est le bal de la Marine ? Où est la rue des usines ? Où est le Vel' d'Hiv' ?

Léo MALET
Préface à *Paris noir*, 1980.

Si Montmartre est moins jeune
Si Montparnasse est triste
Si les Champs-Élysées ne brillent plus la nuit
Si dans les bals musette on n'voit plus de touristes
Si place de l'opéra on n'entend plus de bruit
Si boul'vard Saint-Germain il n'y a plus de douairières
Si la fête à Neu-Neu n'vend plus de berlingots
Si la Bourse n'est plus le centre des affaires
Il nous reste pour nous un coin très parigot
Quartier latin chez toi rien n'a changé
Quartier latin toujours aussi léger
Quartier latin pays de mes folles amours
Quartier latin où j'ai connu mes meilleurs jours
(...)

Quand on revoit la Sein', les Tuil'ries et le Louvre
On sent au fond du cœur un frisson de plaisir
Quand on r'voit le Chât'let où pour vingt sous mesdames
On faisait tranquill'ment le tour du monde assis,
Et la plac' Saint-Michel, le Boul'Mich', ô Paname
Je suis à toi ce soir, adieu tous mes soucis...

Charles TRENET
*Quartier latin*, 1945.

LA RUE SOUFFLOT

Notre petite journée sera bientôt finie : les dernières
Années s'ouvrent devant nous comme ces rues ;
Et le collège est toujours là, et cette place
Quadrillée, et la vieille église où nous avons vu
Entrer Verlaine mort. Au fond, malgré la mer
Et tant de courses, nous ne sommes jamais sorti
D'ici, et toute notre vie aura été
Un petit voyage en rond et en zigzag dans Paris.
Et même après nous resterons encore ici,
Invisible, oublié, mais habitant toujours
La ville de l'enfance et du premier amour.

Valery LARBAUD
*Jaune, Bleu, Blanc,* 1927.

# *Épilogue*

Mais Paris guérit tout et les absents ont tort.

Louis GRESSET
*Le Méchant*, acte II, 1747.

# *Bibliographie*

APOLLINAIRE Guillaume, *Alcools*, 1913 ; articles in *Le Mercure de France*, 1913.

APPERRY Gilles, *À la tour Montparnasse les bateaux sont morts*, Éd. Saint-Germain-des-Prés, 1967.

ARAGON Louis, *Les Beaux Quartiers*, Denoël, 1936 ; *Les Voyageurs de l'Impériale*, Gallimard, 1939 ; *Les Yeux d'Elsa*, Cahiers du Rhône, 1942 ; *Aurélien*, Gallimard, 1944.

ARNOLD Matthew, *Mixed Essays*, 1879.

AYMÉ Marcel, *Silhouette du scandale*, Grasset, 1973.

BACHELIN Henri, *Collines et buttes parisiennes*, Éd. Firmin-Didot et Cie, 1944.

BACULARD D'ARNAUD François, *La Jolie Femme*, 1770.

BALZAC Honoré de, *La Caricature*, signé « Henri B... », 6 janvier 1831 et 10 mars 1831 ; *La Caricature*, signé « Eugène Morisseau », 12 mai 1831 ; *Ferragus*, 1834 ; *La Fille aux yeux d'or*, 1834-1835 ; *Les Illusions perdues*, 1837 ; *Le Diable à Paris*, 1844.

BARBIER Auguste, *Iambes et poèmes*, 1831.

BARTHES Roland, *La Tour Eiffel*, Seuil, 1989.

BAUDELAIRE Charles, *Les Fleurs du mal*, 1857 ; *Vers retrouvés*, 1929 ; *Curiosités esthétiques, Le Peintre de la vie moderne*, 1962.

BEAULIEU Henri, *Les Théâtres du boulevard du Crime*, Éd. H. Daragon, Paris, 1905.

BENACQUISTA Tonino, *Trois carrés rouges sur fond noir*, Gallimard, 1990.

BENSERADE Isaac de, *Œuvres*, 1697.

BERTAUT Jules, *Les Belles Nuits de Paris*, Flammarion, 1927.

BILLY André, *Le Badaud de Paris et d'ailleurs*, Fayard, 1959.

BLUM André, *Paris reste Paris*, Éd. du Mont-Blanc, Genève, 1946.

BOILEAU Nicolas, *Satire I* (*Adieu d'un poète à la ville de Paris*) et *Satire VI* (*Les Embarras de Paris*), 1660.

BOREL Pétrus, *Champavert, Contes immoraux*, 1833 (cité par André Breton, in *Anthologie de l'humour noir*, Pauvert, 1966).

BOURGET Paul, *La Vie inquiète*, 1874.

BREL Jacques, *Les Prénoms de Paris*, 1961, Productions musicales « Alleluia Gérard Meys ».

BROSSES Président Charles de, *Lettres sur l'Italie*, 1799.

CADOU René Guy, *Œuvres poétiques complètes*, tome 2, Seghers, 1973.

CAIN Georges, *À travers Paris*, Flammarion, 1907.

CAPUS Alfred, *Notes et pensées*, ouvrage établi par R. Chouard, Le Cherche-Midi, 1988.

CARADEC François, *La Compagnie des zincs*, Ramsay, 1986.

CARCO Francis, *Poèmes en prose*, 1913 ; *Nostalgie de Paris*, 1945 ; *La Romance de Paris*, 1953.

CARNÉ Marcel, *Les Enfants du Paradis*, scénario de Jacques PRÉVERT, 1945, publié in *L'Avant-Seine*, 1967.

CASANOVA DE SEINGALT Giovanni Giacomo, *Histoire de ma vie*, 1785-1798 (rééd. Plon, 1960).

CÉLINE Louis-Ferdinand, *Voyage au bout de la nuit*, Denoël et Steele, 1932 ; *Mort à crédit*, Denoël et Steele, 1936.

CENDRARS Blaise, *Prose du Transsibérien et de la petite Jeanne de France*, Éd. les Hommes nouveaux, 1913 ; *Au cœur du monde, Poésies complètes, 1924-1929*, Gallimard, 1944.

CHAUSSARD Publicola, *Le Nouveau Diable boiteux, Tableau philosophique et moral de Paris*, 1797.

CHRISTIAN Arthur, *Études sur le Paris d'autrefois. Les juges, le clergé*, 1904.

CIORAN Emil, *Syllogismes de l'amertume*, Gallimard, 1952.

CLAUDEL Paul, *La Ville*, 1893.

CLÉBERT Jean-Paul, *Paris insolite*, Denoël, 1952.

COCTEAU Jean, *Tableaux de Paris* (ouvrage collectif), 1927.

COLETTE, *La Vagabonde*, 1917.

COLETTE et WILLY, *Claudine à Paris*, 1901.

COLLINS Larry et LAPIERRE Dominique, *Paris brûle-t-il ?*, Laffont, 1964.

COMBESCOT Pierre, *Les Filles du Calvaire*, Grasset, 1991.

COPPÉE François, *Promenades et intérieurs*, 1872 ; *Le Cahier rouge*, 1873.

DABIT Eugène, *Hôtel du Nord*, Denoël, 1929.

DANSEL Michel, *Les Lieux de culte au cimetière du Père-Lachaise*, Éd. G. Trédaniel, 1999.

DAUDET Léon, *Paris vécu*, 1929.

DELVAU Alfred, *Les Dessous de Paris*, 1860.

DESAUGIERS Marc-Antoine, *Tableau de Paris*, in *Chansons et poésies diverses*, Librairie Ladvocat, 1827.

DESNOS Robert, *Journal*, 21 février 1944, in *Destinée arbitraire*, Poésie-Gallimard, 1975.

DESPROGES Pierre, *Dictionnaire superflu*, Seuil, 1985.

DESTIGNY J.-F., *Histoire de Paris racontée à la jeunesse*, Éd. C. Warée, Paris, 1844.

DICKENS Charles, *Un conte de deux villes*, 1859.

DIETRICH Marlène, *Marlène D. par*, Grasset, 1984.

DORGELÈS Roland, *Au beau temps de la Butte*, Albin Michel, 1925 ; *Le Marquis de la Dèche*, Albin Michel, 1971.

DU CAMP Maxime, *Paris, ses organes, ses fonctions, sa vie...*, in *La Revue des Deux Mondes*, 1869-1875.

DUHAMEL Georges, *Confession de minuit*, Mercure de France, 1920 ; *Chronique des saisons amères*, Mercure de France, 1940-1943 ; *Biographie de mes fantômes* (*Lumière sur ma vie*), Mercure de France, 1901-1906.

DUMAS Alexandre père, *Mes Mémoires*, 1852.

DUTRONC Jacques, LANZMANN Jacques, SEGALEN Anne, *Il est cinq heures, Paris s'éveille*, Éd. musicales Alpha, 1968.

EDDINE Khaïr, *Une vie, un rêve, un peuple toujours errant*, Maroc, 1978.

ÉLUARD Paul, *Au rendez-vous allemand*, 1942.

FALLET René, *Paris au mois d'août*, Denoël, 1964.

FARGUE Léon-Paul, *Le Piéton de Paris*, Gallimard, 1939 ; *Haute solitude*, Gallimard, 1941.

FERRÉ Léo, *Paris-canaille*, chanson parue in *La Mauvaise Graine*, Le Livre de Poche, 1995.

FEYDEAU Georges, *Occupe-toi d'Amélie*, 1908.

FLAUBERT Gustave, *Madame Bovary*, 1857 ; *L'Éducation sentimentale*, 1869 ; *Bouvard et Pécuchet*, 1881.

FORNELLES Albert, *La Crue à Paris*, 1910.

FOURNEL Victor, *Le Vieux Paris, fêtes, jeux, spectacles*, 1887.

FRÉDÉRIC II, *Épître à son frère*, citée par Voltaire en note de l'*Épître CXI à l'Impératrice de Russie Catherine II*, 1777.

FOMBEURE Maurice, *Greniers des saisons*, Seghers, 1946.

GABORIAU Émile, *Monsieur Lecoq*, 1868.

GENET Jean, *Notre-Dame-des-Fleurs*, Gallimard, 1946.

GIRAUDOUX Jean, *Juliette aux pays des hommes*, 1927 ; *De pleins pouvoirs à sans pouvoirs*, Julliard, 1994.

GOETHE Wolfgang, *Hermann et Dorothée*, chant VI, 1797.

GOMBROWICZ Witold, *Journal*, t. 2, 1959-1969, Julliard.

GONCOURT Edmond et Jules de, *La Société française pendant la Révolution*, 1854.

GRESSET Louis, *Le Méchant*, 1747.

GREEN Julien, *Paris*, Champ Vallon, 1983 ; *Épaves*, La Pléiade, t. 2 des *Œuvres complètes*, 1932.

GUY Christian, *Une Tour nommée Eiffel*, 1957.

HARDELLET André, préface in *Paris, ses poètes, ses chansons*, anthologie composée par B. Delvaille, Seghers, 1983.

HAUSSMANN Georges, *Mémoires*, tome 3, 1890-1893.

HEMINGWAY Ernest, *Paris est une fête*, années 1921-1926 (posthume, Gallimard, 1964) ; *Les Neiges du Kilimandjaro*, in *Dix Indiens*, Gallimard, 1946.

HÉRON DE VILLEFOSSE René, *Pèlerinages parisiens*, Éd. des Saints-Pères, 1947 ; *Couronnes de Paris*, Grasset, 1952 ; *Le Cœur battant de Paris*, Laffont, 1968.

HUART Louis, *Paris au bal*, 1845.

HUGO Victor, *Notre-Dame de Paris*, 1831 ; *Les Misérables*, 1862 ; *L'Année terrible*, 1871 ; *Les Années funestes, 1851*, 1869 ; *Choses vues*, 1870-1885 ; *Tas de pierres* (posthume), 1942.

HUYSMANS Joris-Karl, *Croquis parisiens*, 1886.

JAKOVSKY Anatole, *Les Feux de Montparnasse*, Bibliothèque des Arts, 1957.

JAMES Henry, *Les Ambassadeurs*, Stock, 1903.

JARRY Paul, *L'Âme des vieux logis*, Mercure de France, 1945.

JEAN de MEUNG, *Le Roman de la Rose*, XIIIe siècle.

JÜNGER Ernst, *Premier journal parisien*, 1941-1943, trad. par M. Betz et H. Plard, Bourgois, 1980.

KADARÉ Ismaïl, *Invitation à l'atelier de l'écrivain*, Fayard, 1991.

KARR Alphonse, *Le Diable à Paris, Paris et les Parisiens*, 1845 ; *Paris insolite*, 1952.

KEROUAC Jack, *Satori à Paris*, Gallimard, 1966.

KESSEL Joseph, *Nuits de princes*, Gallimard, 1928.

KRACAUER Siegfried, *Jacques Offenbach ou le secret du Second Empire*, 1937 (rééd. Le Promeneur, 1994).

KUNSTLER Charles, *Paris souterrain*, Flammarion, 1953.

LABÉDOLLIÈRE Émile de, *Nouveau Paris, histoire de ses vingt arrondissements*, Paris, Barba, 1860.

LAGEAT Robert (avec la collaboration de Claude Dubois), *Robert des Halles*, 1980.

LAPIERRE Dominique et COLLINS Larry, *Paris brûle-t-il ?*, Laffont, 1964.

LAPOINTE Savinien, *L'Écho de la rue*, 1850.

LARBAUD Valery, *Jaune, Bleu, Blanc*, Gallimard, 1927.

LE BRETON Auguste, *Razzia sur la chnouf*, Gallimard, 1954 ; *Le rouge est mis*, Gallimard, 1955 ; *La Loi des rues*, Presses de la cité, 1955 ; *Du vent... et autres poèmes*, Plon, 1968.

LE PETIT Claude, *Paris ridicule*, 1655.

LÉPIDIS Clément, *Le Mal de Paris*, Arthaud, 1980.

LOOS Anita, *Les hommes préfèrent les blondes*, 1928.

LORRAIN Jean, *Journal*, 1897.

MALET Léo, *La Cinquième Empreinte*, 1946 ; *Énigme aux Folies-Bergère*, 1952 ; *Corrida aux Champs-Élysées*, 1953 ; *Les Rats de Montsouris*, 1955 ; *Paris noir*, rééd. 1980.

MARCHANT DE BEAUMONT F.-M., *Itinéraire du curieux dans le cimetière du Père la Chaise, ou l'indicateur de ses plus beaux monuments et de ses plus grands souvenirs*, Éd. Delaforest, 1825.

MARTIN Léon, *Les Coulisses de l'hôtel Drouot*, 1943.

MARTIN DU GARD Roger, *Jean Barois*, Gallimard, 1913.

MASPERO François, *Les Passagers du Roissy-Express*, Seuil, 1990.

MAUPASSANT Guy de, *Les Dimanches d'un bourgeois de Paris*, 1880 ; *Une aventure parisienne*, 1881 ; *En famille*, 1881 ; *Ce cochon de Morin*, 1882 ; *Rouerie*, 1882 ; *L'Odyssée d'une fille*, 1883 ; *Tombouctou*, 1883 ; *Deux amis*, 1883 ; *Garçon, un bock !...*, 1884 ; *Fort comme la Mort*, 1889.

MERCIER Louis Sébastien, *Tableau de Paris*, 1781.

MILLER Henry, *Un Diable au Paradis*, 1956 ; *Jours tranquilles à Clichy*, 1966.

MITCHELL Donald Grant, *Fresh Gleanings, or A New Scheaf, from the Old Fields of Continental Europe*, 1847, cité *in* G. Bertier de Sauvigny, *La France et les Français vus par les voyageurs américains, 1814-1848*, 2 volumes, Flammarion, 1982 et 1985.

MODIANO Patrick, *La Ronde de nuit*, Gallimard, 1970.

MOLIÈRE, *Les Précieuses Ridicules*, 1659 ; *Le Misanthrope*, 1666.

MONTAIGNE Michel de, *Essais*, III, 9, 1580.

MONTGON A. de, *Paris*, Nathan, 1935.

MORAND Paul, *Ouvert la nuit*, Gallimard, 1957.

MOULOUDJI Marcel, *Le Mal de Paris*, 1950, chanson publiée in *Complaintes*, Seghers, 1976.

MUSSET Alfred de, *Les Deux Maîtresses*, in *La Revue des Deux Mondes*, 1er novembre 1837 (le texte cité p. 191-192 est un fragment manuscrit devant servir de préface à la nouvelle).

NADAR, *Le Dessus et le Dessous de Paris*, La Découverte (rééd. partielle), 1983.

NERVAL Gérard de, *Promenades et souvenirs*, 1854 ; *Les Nuits d'octobre*, 1855 ; « Notre-Dame de Paris », *Odelettes*, in *Poésies*, texte établi par G. Antoine, éd. Fernand Hazan, 1947.

NEUKOMM Edmond, *Fêtes et spectacles du vieux Paris*, 1886.

ORTESE Anna-Maria, *Le Murmure de Paris*, trad. par C. Schmidt et V. Orlandi, Gallimard, 1978.

PAGAN Hugues, *Boulevard des Allongés*, Fleuve noir, 1984.

PAILLERON Marie-Louise, *Le Ruisseau de la rue du Bac*, Firmin-Didot, 1930.

PATRICK Emmanuel, *Le Courrier français*, 16 mars 1886.

PIAF Édith, « C'est nous les mômes, les mômes de la cloche » (paroles de Decage, musique de V. Scotto), éditions Fortin, 1936. Paru in *L'Hymne à l'amour*, d'E. Piaf, Livre de Poche, 1994.

PIERRE-GAUTHIEZ, *Paris*, Éd. B. Arthaud, Grenoble, 1929.

PILLEMENT Georges, *Destruction de Paris*, Grasset, 1941.

PONCY Charles, *Poésies*, 1840.

PRÉVERT Jacques, *Paroles*, Gallimard, 1946 ; *Les Enfants du paradis* (dialogues), 1945, scénario publié in *L'Avant-scène*, 1967 ; *Histoires*, Gallimard, 1963.

PROUST Marcel, *Les Plaisirs et les Jours*, 1896 ; *Du côté de chez Swann*, 1913 ; *À l'ombre des jeunes filles en fleurs*, 1919 ; *Le Temps retrouvé*, 1927.

PRUS Boleslaw, *La Poupée*, trad. par S. Deligne, 1887.

QUENEAU Raymond, *Courir les rues*, Gallimard, 1967 ; *Zazie dans le métro*, Gallimard, 1959.

RABELAIS François, *Gargantua*, 1534 ; *Pantagruel*, 1534

RAMUZ Charles-Ferdinand, *Vie de Samuel Belet*, 1913, in *Œuvres complètes*, 23 volumes, Slatkine, 1986.

RAYNAL Patrick, *Paris, rive noire*, Gallimard, 1996.

RENARD Jules, *Journal*, Gallimard, La Pléiade, 1895.

RESTIF DE LA BRETONNE Nicolas, *Les Contemporaines du commun*, XXIV, 1780 ; *Les Nuits de Paris*, 1789.

RIBART, *Architecture singulière : l'éléphant triomphal, grand kiosque, à la gloire du Roi*, 1758.

RICTUS Jehan, *Les Soliloques du pauvre*, 1897.

RILKE Rainer Maria, *Les Carnets de Malte Laurids Brigge*, 1910.

ROMAINS Jules, *Les Hommes de bonne volonté*, 1932-1947 ; *La Vie unanime*, poèmes, 1904-1907, Gallimard.

ROUSSEAU Jean-Jacques, *Les Confessions*, livre IV, 1765-1770.

ROZIER Victor, *Les Bals publics de Paris*, 1855.

SACHS Maurice, *Chronique joyeuse et scandaleuse*, 1948.

SAINTE-BEUVE, *Correspondance générale*, publiée en 1935-1949.

SARTRE Jean-Paul, *Les Mots*, Gallimard, 1964.

SAUVAL Henri, *Chronique scandaleuse de Paris*, 1724 ; *Histoire et recherches des Antiquités de la ville de Paris*, tome 2, 1724.

SAVINIO Alberto, *Souvenirs*, trad. de J.-M. Laclavetine, Fayard, 1986.

SCARRON Paul, poème paru in *Manuel d'histoire de Paris*, d'Henri Lemoine, Albin Michel, s.d.

SCHILLER Friedrich, *Chant de la cloche*, 1799.

SIEBURG Friedrich, *De ma fenêtre*, 1938.

SOUPAULT Philippe, *Les Dernières Nuits de Paris*, 1928.

SUE Eugène, *Les Mystères de Paris*, 1842-1843.

SÜSKIND Patrick, *Le Pigeon*, trad. de B. Lortholary, Fayard, 1987.

TAINE Hippolyte, *Vie et opinions de Thomas Graindorge*, 1867.

TEXIER Edmond, *Tableau de Paris*, 1852.

THIBAUDET Albert, *Intérieurs*, 1924.

TRENET Charles, *Quartier latin*, 1945 ; *Le Cœur de Paris*, 1952, in *Charles Trenet extraordinaire*, Librairie générale française, 1993.

TWAIN Mark, *Le Voyage des innocents*, 1869 (rééd. La Découverte, 1982).

VALLÈS Jules, *Le Tableau de Paris*, 1882-1883.

VARGAS LLOSA Mario, *L'Orgie perpétuelle*, Gallimard, 1978.

VERHAEREN Émile, *Les Villes tentaculaires*, 1895.

VERLAINE Paul, *Poèmes saturniens*, 1866.

VIAN Boris, *Manuel de Saint-Germain-des-Prés*, 1974. Le texte cité p. 282 est inédit, cité in *Boris Vian en verve*, Pierre Horay, 1970.

VILLON François, *Ballade des femmes de Paris*, 1461.

VLAMINCK Maurice de, *Le Ventre ouvert*, Corrêa, 1937.

VOLTAIRE, *Lettre à Frédéric II*, 1739.

YONNET Jacques, *Enchantements sur Paris*, Denoël, 1954.

ZEROMSKI Stefan, *Gens sans maison*, 1900.
ZOLA Émile, *La Curée*, 1872 ; *Au Bonheur des dames*, 1883 ; *Paris*, 1899.
ZWEIG Stefan, *Le Monde d'hier*, trad. de S. Niemetz, Belfond, 1942.

## OUVRAGES DIVERS

*Dictionnaire de l'humour et du libertinage*, Maurice Maloux, Albin Michel, 1983.

*Dites-nous, Monsieur Blaise Cendrars*, Réponses aux enquêtes littéraires de 1919 à 1957, recueillies, annotées et préfacées par H. Richard, Éd. Rencontre, Lausanne, 1969.

*Guide de Paris mystérieux*, sous la direction de F. Caradec et J.-R. Masson, Tchou, 1972.

*Histoire de Paris*, 1735.

*Le Livre des Cent et Un*, ouvrage collectif, 1832.

*Le Moniteur universel*, 17-20 juillet 1789, réimpression de 1847, tome 1.

*Lettre adressée en février 1887 à M. Alphand, directeur général des Travaux de l'Exposition de 1889 et signée par* Gounod Charles, Garnier Charles, Sardou Victorien, Dumas Alexandre, Coppée François, Leconte de Lisle, Prudhomme Sully, Maupassant Guy de...

*Paris pittoresque*, collectif sous la direction de G. Sarrut et Saint-Edme, Urtubie Worms et Cie, Imprimeurs-Libraires, Paris, 1842.

*Paris ridicule et burlesque au dix-septième siècle*, collectif, sous la direction de P.L. Jacob, Éd. Adolphe Delahays, 1859.

*Paris-Guide par les principaux écrivains et artistes de la France*, Éd. A. Lacroix, 1967.

# *Index des auteurs cités*

# *Index des thèmes, des lieux et des noms*

# *Table*

*Troisième partie*

## *VIVRE À PARIS... ÊTRE DE PASSAGE*



*Quatrième partie*

## *PARIS EN FÊTE*



*Cinquième partie*

## *DE BRUIT ET DE FUREUR*

*Sixième partie*

## *PARIS EN LARMES*



*Septième partie*

## *DES DEUX CÔTÉS DU MIROIR*



*Huitième partie*

## *LES MYSTÈRES DE PARIS*

## DU MÊME AUTEUR

*Les Aventuriers du nouveau-monde,* Albin Michel, 1986.

*Brûlante Nue. Poésies,* Éditions du Pont de l'Épée, 1960.

*À la Tour Montparnasse les bateaux sont morts,* Poésies, Saint-Germain-des Prés, 1971.

*D'autres trois-mâts dans tes cheveux. Poésies,* Saint-Germain-des-Prés, 1985.

*Dans le vert voyou des prés. Poésies,* Le Milieu du Jour, 1995

*Jean-Paul Belmondo. Trente ans et vingt-cinq films,* Plon, 1963.

*Farandole : Roger Pierre — Jean-Marc Thibault,* Seghers.

*Édith et Marcel,* Ramsay, 1983.

*Tabarly, un marin pour l'éternité,* Le Rocher, 1998.

*Le Grand Livre de la pétanque,* Albin Michel, 1997.

*Ex-voto à l'or muscade. Poésies,* Préface de Pierre Perret, Le Cherche-Midi, 2000.

*Cet ouvrage a été réalisé par la*
*SOCIÉTÉ NOUVELLE FIRMIN-DIDOT*
*Mesnil-sur-l'Estrée*
*pour le compte des Éditions Albin Michel*
*en septembre 2000*

Ouvrage composé par
Nord Compo (Villeneuve-d'Ascq)

*Imprimé en France*
Dépôt légal : septembre 2000
N° d'édition : 19000 – N° d'impression : 52502